築地と豊洲

「市場移転問題」という名のブラックボックスを開封する

澤 章

都政新報社

二〇一七（平成二九）年一月某日
新宿区西新宿
東京都庁第一本庁舎七階知事執務室

「胃が痛い…」

小池百合子東京都知事は中央卸売市場長からの説明を聞くなり、そううめいた。豊洲市場用地で二年間にわたって実施されてきた地下水モニタリングの最終結果が報告された直後のことだった。調査地点二〇一か所のうちの一か所から環境基準の七九倍のベンゼンが検出された。この地点も含め合計七二か所でベンゼン、シアン、ヒ素が基準値を超過した。

想定外の結果だった。

説明の途中、知事は自らの気持ちを落ち着かせるように、「胃薬、あげよか？」と、同席していた安藤副知事のほうに顔を向けて関西弁のイントネーションで弱弱しくオヤジギャグをかました。執務室内の誰ひとり笑うものはいなかった。そして、市場当局からの説明が終わると、知事は再び「胃が痛い」と独りごちた。

平成が幕を閉じようとしていた最後の数年間、東京のみならず日本中を騒がせた「築地市場の豊洲への移転問題」が、誰も予想しなかった方向に転がり始めた瞬間だった。それは同時に、小池知事が就任直後から練り上げてきた「移転延期・短期終結シナリオ」がもろくも崩れ去ったことをも意味していた。

あの騒動はいったい何だったのか。

小池都政最大のブラックボックスである市場移転問題を開封するにあたり、迷走に迷走を重ねた事件のアウトラインを、まずは以下にまとめておく。

二〇一六（平成二八）年夏の都知事選で圧勝した小池知事は就任直後の八月三一日、同年一一月七日に予定されていた築地市場の豊洲新市場への移転を急きょ延期、その直後に豊洲市場の主要建物下にあるべき盛土がなく地下空間の存在が発覚した。安全性への不安、都庁への不信感が一気に噴き出し、知事が設置した外部有識者による二つの組織（市場問題プロジェクトチームと専門家会議）がスタート、都議会では市場問題特別委員会が設置されるなど、オール東京都の検証が実施され、一一月には幹部職員の更迭・処分も断行された。明けて二〇一七（平成二九）年一月、最終回となる第九回地下水モニタリング調査結果で環境基準の七九倍のベンゼンが豊洲市場用地の地下から検出され、これに市場業界（なかでも水産仲卸）が猛反発、移転反対運動がさらに勢いを増した。三月には百条委員会で石原元知事らが証人尋問され、専門家会議が反対派の妨害によって休会に追い込まれるなど、混乱に拍車がかかった。東京都議会議員選挙を翌月に控えた六月下旬、築地か豊洲かの選択を迫られた小池知事は基本方針「築地は守る、豊洲を活かす」を発表。どっちつかずとの批判をよそに、知事肝入りの都民ファーストの会は猛烈な追い風に乗って都議選に大勝したが、一〇月の衆議院議員選挙では知事自ら陣頭指揮をとった希望の党が敗北する。その後、築地市場の業界や地元・江東区との調整、追加対策工事の入札が難航したものの、年末には一年後の一〇月一一日に移転・開場することが決定した。知事の「食のテーマパーク」発言で一時は撤退も危ぶまれた「にぎわい施設」事業者とも、二〇一八(平成三〇)年五月にオリンピック後の整備で合意した。また、夏から秋にかけて地下の追加対策工事が完了し、農水省の許可も下りた。そして迎えた一〇月六日、築地市場は八三年の歴史に幕を下ろし、大規模な引っ越しののち、同月一一日、豊洲市場が開場した。当初の予定より約二年遅れの開場だった。この間、マスコミは連日連夜、手を変え品を変えて騒動の様子を報じ、都民・国民の耳目を集め続けた。

今では、市場最大のドタバタ劇がまるで夢幻だったかのように、旧築地市場跡地では二〇二〇年東京オリンピック・パラリンピック大会の「デポ」と呼ばれる車両基地の整備が進められ、豊洲市場は連日、国内外からの観光客で賑わっている。

終わってみれば、すんなり元のさやに収まったようにも思えるあの騒動、多くの人にとっては、「ああ、そういえば、そんなこともあったたねぇ」といった程度の出来事だったかもしれないが、ことはそう単純ではなかった。

騒動が始まった二〇一六(平成二八)年九月から、収束の兆しが見えてきた二〇一八(平成三〇)年三月末までの一年半、図らずも中央卸売市場に投入された東京都の一管理職の目を通して「つい、このあいだ経験した」近過去を振り返り、封印されたブラックボックスの中に分け入ってみるのも、あながち無駄なことではないだろう。

目次

第一部 パンドラの箱（二〇一六年八月から一二月まで）

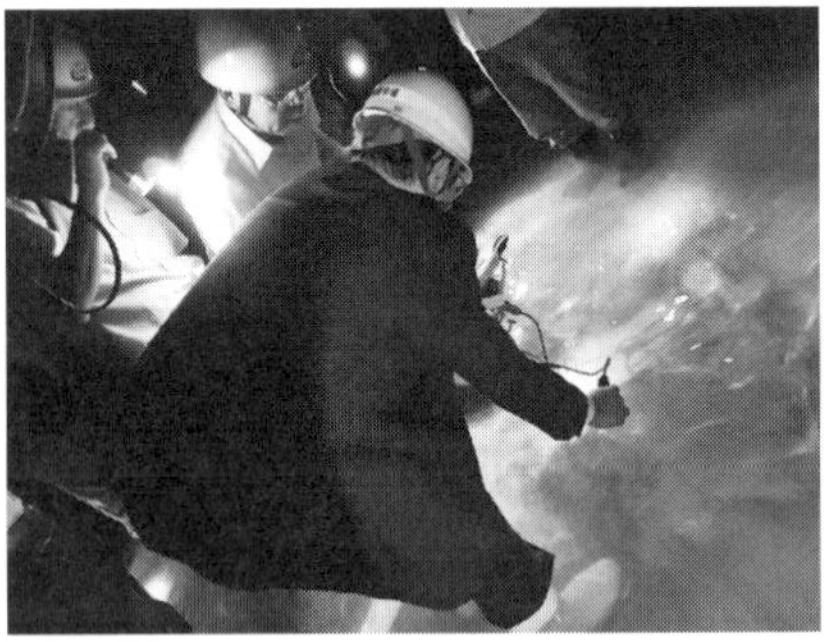

第二部　反転と反撃（二〇一七年一月から六月まで）

第三部 続く余震（二〇一七年七月から二〇一九年三月まで）

第一部

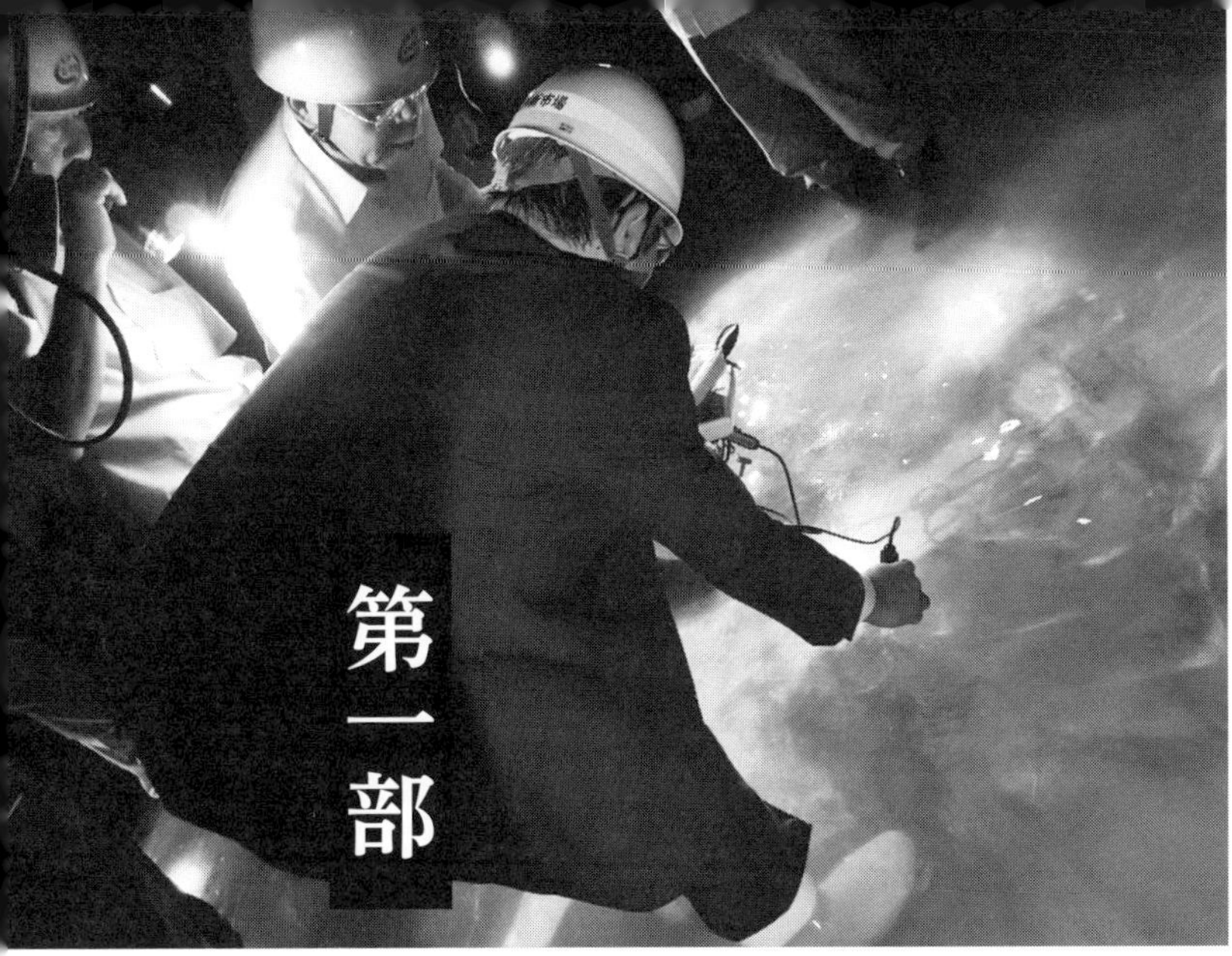

豊洲市場の主要建物下に地下空間が存在することが発覚

パンドラの箱

（二〇一六年八月から一二月まで）

小池百合子、崖から飛び降りる

初登庁

二〇一六（平成二八）年月八月二日。

都庁第一本庁舎二階正面玄関前には、この城の新しい主を出迎えようと多くの都庁職員が二重三重の人垣をつくっていた。その片隅に環境局次長の肩書の私も局長級の幹部職員らとともに手持ち無沙汰で立っていた。

人の肩越しに、都議会少数会派「かがやけｔｏｋｙｏ」所属の音喜多駿、上田令子、両角穣の三議員が車寄せにいちばん近い位置に陣取る姿が見えた。議会局からは、職員による出迎えセレモニーなので都議会議員の出席は遠慮いただきたいと要請されているはずだったが、三羽烏の面々はこの申し入れを押し切ったらしい。上田都議は上下グリーンのツーピース姿でビシッと決め、音喜多都議はやや紅潮した面持ちで背筋を伸ばしていた。

歩道の脇には百合子追っ掛け隊と思しき中高年女性の集団がスターの入りを今か今かと待っていた。やがて白のワゴン車が車寄せに横付けされ、小池百合子新知事が降り立つ。割れるような拍手が起こる。駆け寄る三名の都議と固い握手を交わし、続いて四名の副知事とあいさつを交わし、小池知事は都職員からの拍手と熱い視線を浴びながら都庁第一庁舎の中に吸い込まれていった。

去り際

何度も目にした風景だった。

石原慎太郎も猪瀬直樹も、舛添要一でさえもそうだった。初登庁は新知事にとって晴れがましい第一歩であり、新知事が誰であろうと祝福の嵐で迎えられる。が、肝心なのは初登庁の高揚感ではない。都庁舎を去る時にこそ、その人物の地金が見える。つまりは去り際である。都知事としての評価は、都知事選を勝ち抜いた勝者を迎える時ではなく、都知事を辞めると決意し、都庁を去るときにはじめて定まるのではないか。

石原慎太郎は辞め時を間違えた挙句に四期目の途中で老体の身となって、東京消防庁の音楽隊の演奏に送られて都庁を後にした。自らリクエストした演奏曲は「ロッキーのテーマ」だった。猪瀬直樹は予算特別委員会の場で五〇〇〇万円の札束がバッグに入る入らないの三文喜劇を演じた末に、女性職員から受け取った花束を高々と掲げて引きつり気味の歪んだ笑顔を残して去っていった。どケチぶりと小理屈好きで自ら墓穴を掘った舛添要一は退任セレモニーを拒否し、第一庁舎二階出口に陣取る報道陣からの呼びかけには一切応えず、逃げるように都庁からいなくなった。見送りは知事周りの数名の職員だけだった。

ちなみに、本人もまさか当選するとは思っていなかった青島幸男は独りきりで「二期目出馬せず」を決断してサバサバした心持ちで一期四年を全うした。退任セレモニーも人柄通り明るいものだった。四期一六年を全うした鈴木俊一の退任式は誰よりも晴れがましかった。有楽町から西新宿への都庁移転を成し遂げた当の本人が、真新しさの残る新宿本庁舎を最初に去る栄誉に預かったのである。

ＪＲ有楽町駅前の東京国際フォーラムの場所に都庁があったことを覚えている人は少ない。明治・大正・昭和を通じて首都東京の行政府と言えば、東京府・東京市役所の時代から有楽町と決まっていた。東京府と東京市を廃止し、東京都が置かれたのは第二次世界大戦最中の一九四三（昭和一八）年。東京都という名称も含め都制が戦時体制強化の一環として設置されたことを物語っている。

美濃部亮吉は大衆の人気だけは最後まで衰えることがなかったが、巨額の財政赤字を残しての「散々たる幕引き」となった。美濃部ほど「大衆」という言葉が似合う知事はいなかった。しかし実態はおよそ大衆とはかけ離れたセレブなインテリ学者だった。この美濃部が体現した「大衆が幻視する」知事像がそののち半世紀近くの間、東京都知事のイメージを決定づけることになった。

国益を死守するマッチョを演じ続けた石原慎太郎は本人が毛虫より嫌いな美濃部の写し鏡であったし、その後継者たる猪瀬や舛添は所詮スケールの二回りも小さい劣化コピーにすぎなかった。石原を国民の敵に仕立て上げようとした小池知事もまた、男社会に立ち向かう女性闘士のイメージを駆使して大衆の喝采を浴び、二〇一六（平成二八）年の夏、こうして都庁の門をくぐった。大衆が求めるイメージを演じ続けることこそが東京都知事最大の仕事なのだと言わんばかりに。

この時、小池百合子にとって、東京都知事という一世一代の大芝居の幕はまだ上がったばかりだった。

キラーコンテンツ

築地市場の豊洲市場への移転が世間の耳目を集めはじめたのは、いつごろからだったか。

二〇一五（平成二七）年の暮れと言えば、もともと予定された移転開場日十一月七日まで既に一年を切っていた時期である。これで築地市場の活気も見納めのはずだった。師走の築地をいくつものメディアが取り上げた。年が明ければ明けたで、築地「最後」の初セリを「すしざんまい」の社長が本マグロ一本一四〇〇〇万円で競り落とした。あまり景気のいい値段ではなかった。

そして、「さようなら、築地市場」のムードに変化が見えてきたのは、年度が変わった春以降のことである。

二〇一六（平成二八）年六月、あるワイドショーが移転先となる豊洲市場の特集を組んだ。事前に質問状が中央卸売市場（都内の十一市場を統括する局組織。以下、「市場当局」と表記）に届けられ、所管の課長が取材に応じていた。が、放映された内容は豊洲市場がいかに使い勝手が悪い欠陥市場であるかをあげつらうものだった。取材に応じた課長のコメントも都合よく切り張りされて使われた。

前後してマスコミ各社も豊洲市場に目をつけはじめた。豊洲市場はどうもヤバいらしい。取材が徐々にヒートアップしていく。その延長線上に、偶然なのか必然なのか、都知事選が待ち受けていた。五月、六月のワイドショーは舛添知事の公金不正利用問題で持ち切りだった。頭は良いがとことんセコい、このいじりやすいキャラがお茶の間の失笑を買っていた。

きっかけは週刊文春の一連の報道、いわゆる文春砲だった。「公用車で湯河原の別荘通い」とのスクープ記事はSNSによる拡散も手伝って、ワイドショーのキラーコンテンツと化していた。とはいえ、公用車問題以外は、公費で中国の書道具やクレヨンしんちゃんの絵本を購入しただとか、みみっちい話のオンパレードだった。

舛添知事にはワイドショーの視聴者が見えていなかった。毎週金曜の定例記者会見でも、小理屈をこね回してムキになって説明するものだから、視聴者の反感と不信感はいやが上にも増し、辞任に追い込まれるのは時間の問題だった。

だがしかし、自民党東京都連は、本人が望んでいるなら八月のリオ五輪閉会式でのフラッグ・ハンズオーバー・セレモニー（次の開催都市への五輪旗受け渡し式）まではやらせよう、と余計な情けをかけた。これがいけなかった。辞任の時期をずるずると先延ばしして世論を完全に敵に回した。六月一五日に舛添知事が辞職願を東京都議会議長に提出した後も、自民党は後任選びでモタつく。いつものこととはいえカッコが悪い。アイドルグループの父親の名前も候補者として飛び出し、案の定、後任選びは迷走した。

これは断言してもいいが、自民党東京都連は自分たちで都知事候補者を決められない団体である。あるいは、決めてもパッとしない候補者しか選べない団体である。鈴木俊一が四選を果たした一九九一（平成三）年の磯村尚徳しかり、青島幸男が初当選した一九九五（平成七）年の石原信雄しかり、石原慎太郎が初当選した一九九九（平成一一）年の明石康しかり。大衆の望む虚像とはおよそ縁のない、真逆の地味なおじさん候補者たちばかりだった。

ここは一度立ち止まって

こうした自民党東京都連の構造的な欠陥を見透かし、間隙を突いて動いたのが小池百合子だった。東京都知事選挙告示日わずか三日前の七月一一日、小池候補は都庁会見室で崖から飛び降りてみせた。

そして出馬会見後のぶら下がり取材に応じた彼女は、築地市場の豊洲移転問題に関して「なかなか豊洲に移らないのはむしろ跡継ぎの問題」と、なんとも的外れな返答をしている。確かに事業者の高齢化や後継難は課題としてあったが、のちに世を騒がせる豊洲市場の安全性や整備費問題から比べれば枝葉末節の事柄にすぎない。小池候補は七月一七日に実施した豊洲での街頭演説の際にも市場移転問題には一切言及しなかった。

選挙戦の序盤、市場移転問題への認識が希薄な小池候補を尻目に、むしろ豊洲市場用地の液状化や土壌汚染問題を理由に移転中止や一時的な移転もあり得ると明確に主張していたのは鳥越俊太郎候補であった。この段階では、反対派の情報は小池陣営よりも鳥越陣営に持ち込まれていたとみることもできるし、少なくとも小池陣営は市場移転問題を明確に争点化し切れていなかったのであろう。

ところが、そんな小池候補の言動がある日を境にガラッと変わる。


同月二二日の朝、小池候補は民放のワイドショー番組に、増田寛也、鳥越俊太郎両候補とともに生出演した。オリンピック・パラリンピックと比較する文脈の中で「築地市場も東京の宝」という表現を使った。そしてこの発言の直後、小池候補は初めて市場移転問題で一歩踏み込む。

「まず、市場関係者の方々から直接話を聞いたうえで、答えを出していきたい。お話次第で延期もあり得る。その可能性もある」

そう発言した小池候補は、テレビ出演の数時間後、築地四丁目の交差点に立っていた。街頭演説ではこれまでとは打って変わって市場移転問題の核心を雄弁に語った。卸売市場法に基づく農水大臣の移転許可、土壌汚染対策法による形質変更時要届出区域の指定解除、さらには豊洲市場の使い勝手の問題にも言及し、フォークリフトなどが十分に使えないこと、濾過海水の問題、道路によって鮮魚と青果が分断されている豊洲市場の状況、買い回りの利便性の課題などなど、問題点を立て板に水の勢いで指摘しまくり、「そこで私は提案させていただきたい」と切り出した。

「ここは一度立ち止まって考えるべきだ」

演説が終わると、市場移転に反対する「躍進する市場の会」の関戸富夫会長が小池候補に要望書を手渡し、開場時期の見直しを訴えた。これに対して小池候補は「ここはいったん立ち止まって、みんなが納得する結論を出したい」と即座に応じた。

何という変わり身の早さであろうか。

態度が曖昧だった選挙戦序盤から七月二二日までの十日間に、小池陣営で大きな方針決定が行われたのは確実だ。おそらくは市場移転問題を巡って突っ込んだ議論が行われ、選挙の争点とした場合の利点や選挙後もにらんだ戦略が念入りに練られていったと見るのが自然である。たとえ情報源が偏っていたとしても、である。

選挙期間中、小池陣営内で重大な動きが進行していることなど知る由もない市場当局は、一一月七日に迫った豊洲市場開場日に向けて準備を急ピッチで進めていた。都知事選投開票日の前日に当たる七月三〇日土曜、豊洲市場開場一〇〇日前イベントが豊洲市場の水産卸売場棟で華々しく開催された。市場当局の職員は誰一人として百日後の移転を信じて疑わなかった。嵐は突然やってくる。そして、やってくるまで誰にもわからない。

明けて七月三一日午後八時ジャスト、テレビ各局は一斉に「小池氏当選」を速報した。崖から飛び降りると大見得を切ってからわずか二一日目の快挙。得票数二九一万票、いずれの対抗馬も足元にも及ばぬ、まさにぶっちぎりの大勝利だった。

初会見

初登庁の日の午後、さっそく記者会見が開かれた。「第二〇代東京都知事に就任いたしました小池百合子でございます」とあいさつした知事は、冒頭で「都政改革本部」の設置を表明し、改革本部の下に「情報公開チーム」と「オリンピック・パラリンピック調査チーム」を置くことを明らかにしたが、市場移転問題への言及はなかった。

八月三日。

市場当局が第一庁舎七階の知事執務室に呼ばれた。知事からは、築地市場業界とのこれまでの協議回数、反対派の主張、店舗が狭くマグロが解体できないとされる件、ろ過海水の使用方法、地下水モニタリングの次回結果の時期など、極めて専門的・個別的かつ具体的な質問がなされた。

通常であれば、就任直後の知事に対しては、各局が順次、事業概要や予算・組織など基本的な事項を説明する。重要案件を説明するにしても、ここまで重箱の隅をつつくような質疑が行われることは極めて稀である。就任早々、知事は事前に十分な準備を積んだ上で市場移転問題に突っ込んできたのである。

八月五日。

週末の金曜、小池知事にとって初めての定例記者会見が開かれた。当然、記者からは質問が相次いだ。

「いったん立ち止まるとのことだが、一一月七日の移転日をずらす考えがあるのか」とある新聞記者が質問すると、知事は「すでにオンゴーイング（現在進行形）の話だが、何ができ、何ができないのかを見極める。築地の方々から話を聞く時間を設けたい」と答えた。

各社からの質問は切れ目なく続き、一六番目にやっと指名されたひとりの記者がいた。フリーの横田一記者である。築地関係者の納得が得られなければ延期もあり得るのかとの横田記者の問いに対して、知事は反対する方々の声も聞く、いろいろな声があるうちは都民の本当の納得にはつながらないと返答。「延期はあり得ると理解していいのか」との二の矢に対し知事は「仮定の話」と軽くかわした。

横田一記者の名前はひとまず記憶の片隅にとどめておいていただきたい。

ドクターK

反対派・推進派

移転延期はあるのかないのか、市場関係者の動きが俄然慌ただしくなる。八月一〇日、「築地市場・有志の会」及び「守ろう！築地市場パレード実行委員会」のメンバー約二〇人が都庁七階知事室前に集まり要望書を提出し、数か月の移転延期や補償の検討など四項目を要請した。一二日には、築地市場関係者との意見交換・ヒアリングが各団体三〇分、非公開で実施された。

反対派・慎重派の三名（関戸富夫氏・躍進する市場の会、三浦進氏、鈴木章夫氏・築地場外市場商店街振興組合理事長）は、物流の非効率性や交通アクセスの不便さ、店舗スペースの狭さなど、豊洲市場の問題を口々に訴えた。土壌の安全性への言及もあるにはあったが、専ら自分たちの商売上の使いにくさを言い募っている点が興味深い。

一方、推進派の築地市場協会の代表者三名（伊藤裕康氏・築地市場協会会長、伊藤淳一氏・東京魚市場卸協同組合、泉未紀夫氏・築地商業協同組合理事長）は、次世代のことを考えて移転を決断したのであり、移転日の変更は大きな混乱を招くと主張し、不安払しょくのために安全宣言を、と迫った。

これに対して小池知事は「これから農水大臣と話を進めて事実上の安全宣言を」と返答した。小池知事の頭の中では当初から「安全宣言イコール農水大臣認可」であって、知事自らリスクを取って安全宣言することは念頭になかったことをうかがわせる発言である。この先、知事は幾度となく自身による安全宣言を各方面から求められるが、最後の最後まで言を左右にして煮え切らない態度をとり続けた。就任一か月目にしてその兆候は表れていたことになる。

築地市場の事業者、業界団体との意見交換を終えた知事は、その日の会見で移転延期について問われると、「まさしく総合的な判断をする」と応じるにとどめた。

Gブリ

週明けの月曜、市場当局からGブリが実施された。Gとはガバナーの頭文字で、都庁内では知事を暗喩する。ブリはブリーフィングの日本語的な略。ふたつの言葉を組み合わせたGブリとは、都知事に対する報告・説明を意味する都庁内業界用語である。

この日のGブリで、卸売市場の仕組みや財政・予算、組織など基本的な事項に加え、豊洲市場の整備事業費の推移、千客万来施設、築地市場の跡地処分について説明を受けた知事は、翌一六日火曜、お盆休みの築地市場を初めて公式に視察した。

午後一時半、正門から入ってまず勝どき立体駐車場の七階屋上から全体を俯瞰した。薄もえぎ色のスーツを着込んだ知事の横には説明役の築地市場の場長がいた。その後、知事は水産仲卸売場の一部を徒歩で移動し老朽化の状況を確かめ、青果部二階駐車場で一部アスベストが露出している状況を確認したのち、青果門から退場した。正味三〇分間だった。

豊洲市場には午後二時半前に到着。六街区水産仲卸売場棟、七街区水産卸売場棟、五街区青果棟の順で視察を行った。水産卸売場では、大柄な新市場整備部長が知事に説明する様子がニュース映像で確認できる。知事から少し離れたところには、書類がいっぱい詰まってずっしり重たそうなグレー色の鞄を手にぶらさげた知事最側近の小島顧問や所在なげにたたずむ中西副知事の姿もあった。

視察後のぶらさがり取材で小池知事は豊洲市場の整備費に言及。もともとの予算から五八〇〇億円に変わってきている、どうしてこんなに膨らんだのか確認されなければならないと批判の言葉を口にした。前日の知事説明資料には、豊洲市場の整備事業費が平成二一年二月の当初計画四三〇〇億円から平成二八年度五八〇〇億円へ推移したと明示されていた。前日のG

ブリがストレートに反映された発言だった。

翌八月一七日、市場当局は急きょ知事に呼び出された。開場に係る業界団体との契約書の有無、市場の利用についての事業者との賃貸契約の有無を確認するものであった。業者との契約……市場の設置者である東京都が決定する行為や場内の使用指定・使用許可といった行為を契約行為と同等にとらえようとする知事の姿勢は、行政を預かる市場当局にとっては困惑の種であった。

リオ出張

東京で小池知事サイドがある目的に向かって着々と情報収集を進めていたちょうどそのころ、地球の裏側ではオリンピックが開催されていた。リオデジャネイロ五輪の大会期間は八月五日から二一日まで。知事は閉会日のフラッグ・ハンズオーバー・セレモニーに出席する必要があった。

初登庁からリオ出発の十八日までの二週間に、知事は市場当局から精力的に説明を受け、築地市場事業者との意見交換や築地市場と豊洲市場の視察など、ハードスケジュールをこなした。二日に一回は貴重な時間を市場移転問題に割いた勘定になる。東京オリンピックに向けての準備や待機児童問題、人口減少・少子高齢社会への対応など重要課題が目白押しの都政にあって、市場移転問題に費やした時間と労力の多さは異様に映る。

さらに、八月一八日から二四日までのリオ出張中は、小池知事に代わって特別秘書や顧問らによる集中的なヒアリングが頻繁に実施された。

特徴的なのは、豊洲市場に関する事項だけでなく、築地市場の跡地利用計画の有無についての質問もあったという点である。邪推すれば、政権始動期に既に、築地再開発と言う最終目的が組み込まれていたことになる。

さらにもうひとつ、知事サイドが持ち出してきた論点があった。それが豊洲市場の土壌汚染対策についてである。二年間の地下水モニタリングの検査結果が出る前に開場するのはルール違反ではないか。区域指定解除のための二年間モニタリングが法律的に必要なかったとしたら実施しなくてもいい土壌汚染対策になぜ大金をかけたのか、住民訴訟にもなりかねない等々、環境法令に精通していなければ到底発し得ない質問ばかりであった。地下水モニタリングについては別途説明する。

SSと顧問

ここで特別秘書と顧問について一言触れておきたい。条例では知事専任の秘書を二人以内で指定できるとされている。通常、特別秘書と呼ぶ。スペシャル・セクレタリーの頭文字を取ってSS（エスエス）と略称することが多い。決してヒトラーの親衛隊のことではない（が、まあそんなものだと言えなくもないが……）。年俸は一四〇〇万円を超える。石原都政時代の浜渦SS（のちに副知事）がつとに有名である。

片や、東京都顧問の役割は「都政運営のあり方について助言・進言を知事に行う」ことと定められている。知事就任後の一か月ほどの間に一〇名以上の顧問が矢継ぎ早に任命された。あまりの多さにいつまで経っても顔と名前が一致しない顧問が何人もいた。

当選直後から都庁内には妙な噂が流れていた。小池知事のブレーンに大阪方面で名を馳せた人物や、国のある省庁で事務次官になれなかった元キャリア官僚の名前が取りざたされていた。このふたりは顧問団の中でも重責を担うことになる。

以下、個人が当然に特定される場合を除き、顧問を総称して「ドクターK」と表記することとしたい。ドクターKは、単独でも複数形でも使用する。特定の人物を示す言葉ではないことをお断りしておく。

八月を通じて（特に知事がリオ出張中）、市場当局はドクターKからの質問攻めにあった。ある時はプランBの検討を求められた。プランAが予定通りの一一月七日移転、プランBとは移転を延期した場合の対応策のことである。延期の理由、開場日を再設定する場合の条件整理、市場関係者が被る損失・損害への対応、信頼回復の方策など、極めて具体的な事項が列挙された。

また、あるとき、あるドクターKが市場当局にこんなことを漏らしたとも伝えられている。

「移転延期は二月か五月の選択肢がある……」

もしこの発言が本当なら、二〇一六（平成二八）年八月時点では、一一月七日の開場を延期した場合でも延期の期間はせいぜい半年程度で、翌年の二月か五月には豊洲市場を開場する腹積もりだったことがうかがえる。

ここまでの知事サイドの動きを総括すれば、知事の意を受けたドクターKらは、八月の政権発足時点から市場移転延期を所与のものとして様々な論点整理を行い、そのための基礎情報を市場当局を通じて収集していた。しかも、移転延期はせいぜい長くて半年、つまりは短期決戦。ダラダラと移転を先延ばしするつもりなど毛頭なく、一気に問題点をあぶり出し、一気に敵を叩いてけりをつけ、一気に成果を上げる。政権発足直後の大手柄を狙って万端の準備を進めていたのは、ほぼ間違いない。

有事という認識

ブラジル現地時間の八月二一日、雨のエスタジオ・ド・マラカナンで五輪旗を大きく振った和装の知事は日本時間二五日に帰国、直後に市場に関するGブリが行われた。この日は地下水モニタリングに関連して環境局が、環状第二号線に関連して建設局が同席した。

環状第二号線とは、江東区有明から新橋、四谷を経由して神田に至る都市計画道路である。地図に落とすと「?」マークを左右反転したような形状の道路である。略称、環二、「カンニ」と呼ぶ。途中、築地市場用地を突き抜けるため、市場移転問題と密接不可分な関係にあった。

もし市場移転が延期された場合、環二の完成が大幅に遅れることは、八月の時点で建設局から知事に詳細な説明が十分になされていた。知事は建設局の説明に対して「環二の工事はどうなるの？　できないという返事はいらない」と厳しい注文を付けた。

リオ帰国後はじめての定例記者会見で知事は、豊洲市場の安全性の確認を強調し、さらに二年間モニタリングの終了前に開場することに大きな疑問がある、お構いなしに日程を決めたのはいかがなものか、と市場当局を強く批判した。

政権発足当初の一か月間、知事とドクターKらは明確なターゲットと壮大な見取り図を描きながら様々な疑問・質問を市場当局にぶつけ、「裏取り」に余念がなかった。市場当局は相手の意図を深読みする余裕もなく（予定通り一一月七日に移転することを前提に）最低限の誠意をもって真摯に説明を重ねた。

結果、築地市場の豊洲市場への移転に関する課題・論点は八月末の時点でほぼ出尽くした。言い換えれば、知事サイドはオールマイティーのジョーカー一枚を隠し持ったまま、手持ちのカード（問題認識）すべてを市場当局に対して惜しげもなく披瀝していたとも言える。

それに対して、市場当局の対応は場当たり、その場しのぎ、個別的反応に終始し、組織を挙げて戦略的に対応した形跡は残念ながら見当たらない。あとから目線で振り返れば、そういうことになる。

市場当局に決定的に欠けていたのは何か。「有事」だという認識だったのではないか。小池知事当選の瞬間から、都庁、なかんずく市場当局は有事に突入していた。大げさだと思われるかもしれないが、事実そうだったのだ。

が、平時の状態に慣れきった組織はそう簡単には切り替わらない。外部から想定外の問題点を矢継ぎ早に投げつけられたとき、当の組織はその真意を理解できず、または理解しようとせず、あるいは問題を矮小化して、組織として十分な対応を怠る傾向にある。これが人間組織の習性であり、市場当局も概ねこの基本法則に則って「適切に」対応したに過ぎない。

当時の市場当局にも言い分はあるだろう。突然、嵐のように襲ってきた正体不明の相手に対して局面局面では精一杯の対策を講じたのだ。そうするしか手立てはなく時間も人も足りなかったのだ。これ以上何をすればよかったというのだ、と。

しかし有事であるとの認識の欠如はこの先、過大なつけとなって長く重く市場当局にのしかかり、組織と職員に深いダメージを負わせることになる。

地下空間劇場

移転延期表明

八月の最終日は水曜だった。三一日午後一時三〇分、知事は緊急記者会見を開き、築地市場の豊洲市場への移転を延期すると表明した。

「一一月七日に予定されております、築地市場の豊洲市場への移転については延期といたします。また、十一月二日に予定されております築地場内市場の閉鎖、およびその後の解体工事も延期とさせていただきます」

「小池都政では既定路線は通らない」とした知事は自らパワーポイントの資料を説明し、延期の理由を安全性への懸念、巨額で不透明な費用、情報公開の不足の三つだと断定した。

土壌汚染の安全性については、小島顧問を中心に「市場問題プロジェクトチーム」を立ち上げ、二年間の地下水モニタリングの結果を確認してから判断するとした。加えて、巨額の費用に関して建設費だけで二七〇〇億円余は異常に高い、その理由を私も知りたいと、第三者の目線で批判の口調を強めた。会見後の午後二時過ぎから詳細な説明がプレスに対して行われた。説明者は小島顧問だった。

同日午後四時、一般社団法人築地市場協会が会見を開き、豊洲市場への移転延期再考を知事に要望した。水産卸の伊藤会長は「今回の要望が受け入れられなかったら、大きな混乱となる」と危機感を露わにし、青果の泉理事長は「大変クレバーな知事が大変クレバーな表明をされたが、残念としか言いようがない」と泉理事長特有の言い回しで知事の言動を揶揄した。

困惑が市場関係者の間で一気に広がった。その一方で、知事の移転延期表明によって移転反対を唱える人々は俄然勢いづいた。移転延期の発表によって、寝た子が起きたのだ。いや、海底に眠っていたゴジラが目を覚ましたと表現したほうがいい。ことの重大さに多くの関係者が身震いするのはまだ少し先のことである。

土曜の緊急会見

九月九日金曜夜、市場当局の管理部長のケータイが鳴った。市場当局のトップ、岸本市場長からだった。

市場長へは特別秘書から直電が入っていた。豊洲市場の建物下に空間があるかどうかを至急調べよとのことだった。市場長の指示には一分一秒を争うひっ迫感があった。

残業で残っていた職員は何のことだか要領を得ないまま、総出で豊洲市場の関係資料、主に設計図を片っ端からあさった。建物の断面図には確かに地上から下の部分に空間らしきものが明記されていた。

同時刻、広報担当課長にも別ルートで同様の情報がもたらされていた。情報源は複数の記者からだった。記者たちは特別秘書から連絡を受けていた。地下空間は本当か、と詰問されても、知らないものは知らないとしか答えようがなかった。

管理部総務課のある第一庁舎南側三九階の一階下には豊洲市場を建設・管理する新市場整備部が臨時で陣取っていた。元来、新市場整備部の職場は築地市場にあった。緩やかに湾曲した事務所棟の二階に築地市場の事務室、その斜め上の三階の細長いスペースが彼らの本拠地だった。

都知事選の最中から、移転反対派が豊洲市場を問題視し、水産仲卸売場の店舗の間口が狭い、包丁が使えないと主張。ワイドショーがこれに食いつき、連日の報道となっていた。八月に入ると豊洲市場に関する知事説明が続き、そのたびに資料の作成や事前の市場長説明の機会が急増した。

三八階フロアのわずかな空きスペースに資料の山と二〇名前後の部隊が詰め込まれ、さながら野戦病院と化していた。九月九日の夜も、地下空間をめぐるやり取りが階上の総務課との間で頻回に行われた。こうして市場長の指示による確認作業は明け方まで続いた。

築地市場の豊洲新市場への移転延期を表明する小池知事

日本共産党都議団が週明けにも緊急会見を開くらしい。

知事サイドがこの未確認情報に接したのは九日金曜の午後だった。豊洲市場の建物下には土壌汚染対策の一環として全面的に盛土がされているはずだが、実際は巨大な空間が存在している。共産党は会見でこの新事実を白日の下にさらそうとしているというのである。知事サイドの動きは速かった。共産党の動きに先んじて翌一〇日の土曜に緊急会見を開くことを即決した。土曜の会見など例外中の例外、前代未聞のことだった。

明けて、九月一〇日土曜午前。

中西副知事室のドアは固く閉ざされていた。中央卸売市場を担任する中西副知事は前日の深夜、すでに記者会見を所管する部局に指示を出していた。副知事室の中には市場長以下、市場当局幹部が集合していた。知事への説明資料を徹夜で準備して待機していたが、知事が緊急会見でどんな資料を使うのか、事前にまったく知らされていなかった。

午後五時、緊急記者会見が始まった。知事は「豊洲市場の青果棟、水産棟などにおいて、四・五メートルの盛土がなされていないのではないかという疑問が出てきた」と表明。豊洲市場の地下空間の存在を東京都が初めて公式に認めた瞬間だった。そのうえで、「専門家会議の平田先生にもう一度改めて聞く必要がある。小島PT（市場問題プロジェクトチーム）にはセカンドオピニオンの役割を担ってもらう。急がば回れで安全性の確認をしっかりとしていきたい」と発言した。

急きょ会見を開き「地下空間」の存在を共産党に先んじて公にしたことで、知事サイドは共産党の目論見をつぶすことにひとまず成功した。肉を切らせて骨を切るがごとき殺法である。が、本当の意味で一撃のもとに切られたのは知事サイドでも共産党でもなく、市場当局に代表される都庁の官僚組織そのものであったことを忘れてはならない。

もうひとつの会見

九月一二日月曜。

午前一一時過ぎ、七階大会議場に関係各局が招集された。土曜の緊急会見で知事が「週明けに関係局を集めた上で指示をする」と発言したことを受けての緊急会議だった。中央卸売市場、環境局、建設局、オリンピック・パラリオンピック準備局、それに官房三局（政策企画局、総務局、財務局）の計七局の局長たちが神妙な面持ちで知事の到着を待っていた。

この時、環境局が出席を求められたのは、豊洲市場の整備に当たっての環境影響評価、いわゆる環境アセスを所管していたからである。二〇一〇（平成二二）年一一月に事業者である東京都中央卸売市場から環境局に提出された「環境影響評価書案・豊洲新市場建設事業」には、「土壌汚染対策の概要」として豊洲市場用地の断面イメージ図が添付されている。きれいな土と入れ替える二メートルの層及びきれいな土を盛る二・五メートルの層があり、その上をアスファルトが覆っていた。

市場の建物はアスファルトと同じ厚さの「コンクリート」と表示された薄い帯の上にちょこんと乗っかるように描かれていた。もちろん、地下空間はどこを探しても見当たらなかった。

環境局の立場は、事実と異なる内容（「敷地全面に盛土」とされていたにもかかわらず、実際には地下空間が存在していた）の環境影響評価書案を市場当局から受け取った被害者のようなものだった。確かに嘘を見抜けずアセスを通してしまった責任はあったものの、環境局次長の私にしてみれば、所詮は他局が持ち込んだ厄介ごと程度の認識しか持ちあわせていなかった。

知事からは「都政にとって重大な局面。誰が盛土をしないと判断したかを調査する」とこわばった表情で指示があった。二〇〇八（平成二〇）年七月で活動を終えていた専門家会議（正式名称・豊洲市場における土壌汚染等対策に関する専門家会議）の再開も決められた。座長は当時も座長だった平田建正氏、そのほかも同じメンバーが指名された。

同日午後、日本共産党都議団が予定通り会見を開いた。共産党には、小池知事に先を越された悔しさはあっただろう。だが、会見で明らかになった情報の確度は知事会見の比ではなかった。

尾崎あや子議員が掲げた大判のパネルには、豊洲市場水産仲卸売場棟の地下空間の写真が大写しされていた。薄暗い空間の底面は水で覆われ、黒光りして見えた。

「深さ一・二センチの水があふれている」

尾崎議員は人差し指を水面に差し込むしぐさを交えて説明した。パネルには「2016・9・7日本共産党都議団撮影」とクレジットが付されていた。つまり、知事が土曜に緊急会見を開いた三日前に現地で撮影されたものということだ。逆算すると、九月七日、共産党が豊洲市場を視察し、地下空間に入って写真を撮影、この動きを何らかのルートで察知した知事サイドが九日夜、市場当局に事実確認を指示。翌十日土曜、異例の緊急会見を開き共産党の動きに先手を打った。……すんなりつながる。が、疑問が残る。

なぜ共産党は九月七日に地下空間の写真を撮影できたのか。そもそもなぜ「ないはず」の地下空間の存在を知っていたのか。地下空間は市場内をふらふら歩いていただけでは気づかない。市場の係員に誘導され、メンテナンス用の階段を下り、施錠された鉄製の扉を開けなければ、地下空間の内部には入れないのである。

パンドラの蓋

地下空間劇場の幕は上がった。市場移転問題は移転延期の発表からわずか一〇日で、地下空間発覚という、誰も想定し得なかったフェーズに突入した。

新聞各紙の紙面に「盛り土せず」の活字が躍った。モリツチ、ではなくモリドと読む。細かいことを言えば、都庁内部では送り仮名の「り」を省略して「盛土」と表記する。とにかく、土木工事の専門用語「盛土」がお茶の間を席巻した。

九月十二日月曜の夜、NHKの九時のニュース番組は一〇分間をさいて詳細に報道、翌朝のあるワイドショーは四〇分ぶっ通しで「衝撃の豊洲市場・地下空間の謎の水」を取り上げた。市場当局の電話は早朝から鳴りっぱなしで、たちまち日常業務が麻痺した。急きょ、狭い会議室に十本の電話回線を引き込み、臨時のコールセンターを設置し、職員が交代で対応しなければならなくなった。

地下空間の演出効果は十分すぎるほどだった。どこまでも続く薄暗い地下空間、足元は一面水浸し。繰り返し流された映像は強烈な負のイメージを瞬く間に都民・国民の脳裏に焼き付けた。マスコミ各社からは地下空間の取材依頼が殺到し、都議会各会派の視察合戦が始まった。中には謎のたまり水を勝手に採取して勝手に調査するところも出た。

決定的だったのは、市場当局が事実と異なる説明をし続けてきたことである。土壌汚染対策の柱として四・五メートルの盛土をすると都民に約束し、対策工事の一環として盛土がなされ、その上に市場の建物が建てられた。そう都議会に対してもホームページ上でも説明してきた。ところが肝心の盛土はなく、代わりに正体不明の（と誰もが思ってしまうような）地下空間が存在し、濁った水が一面に溜まっていた。

これまで積み重ねてきた説明の信ぴょう性は一瞬にして泥にまみれ、市場当局の信頼は地に落ちた。この時を契機に「嘘つき」市場当局の悪評が固定化された。市場当局が何を言おうが、どう説明しようが懐疑と不審の目を向けられるようになった。

「お前らの言うことなんか、一切信用できない」

こんな感情がすべての関係者の心に巣食った。

なかでも深い傷を負ったのが築地市場で働く人々だった。築地市場協会の伊藤会長は「なんですか、このざまは」と顔を真っ赤にしてテレビカメラの前で吠えた。大半の事業者は一一月七日に迫った移転に備えて準備を進めていた。九月一日からは、移転予定日直前の本格的な引っ越しに先立って実施する事前引っ越し作業がスタートするはずだった。それが何の説明もないままに移転延期を突如告げられ、さらに追い打ちをかけるように地下空間の存在が明らかになった。先行きは全く見えなくなった。

そんな中、知事サイドの動きは急だった。一四日には知事が専門家会議の平田座長と面会。一六日、小島顧問をトップとする市場問題プロジェクトチームとともに、専門家会議の設置（再開）を発表した。こうして、平田座長と小島顧問という相反する思考回路を持つキーパーソンふたりがそろって表舞台に登場した。

ある新聞社は移転延期と盛土なしの急展開を「パンドラの箱が開いた」と表現した。「一一月七日移転開場」が合意・決定されるまでには何年にもわたる意見集約の歳月がかかっていた。築地市場の各団体は業者間にくすぶる反対意見や不平不満を抑え込んでなんとか移転に持ち込もうとしていた。あと一歩のところで業界内バランスが瓦解した。反対派は俄然息を吹き返し、懐疑派も不満を爆発させ、推進派でさえ知事や市場当局に対する不信感を露わにした。

一度開けられたパンドラの箱の蓋を再び閉じるのは容易でないことぐらい誰もがわかっていた。しかし、この箱には単に「地下空間」が隠されていたのではなかった。二重底、三重底の底なし沼が口を開けていることにまだ誰も気づいていなかった。

異動内示

市場観光

市場移転を巡り都庁内で深刻な事態が進行している頃、環境局次長の私はどうしていたのかといえば、環境局としてアセス手続の問題は抱えていたものの、いつもと変わらぬ淡々とした日々を送っていた。

敬老の日を含む九月の三連休も盛土問題どこ吹く風で、いたってのんびりと過ごした。連休を利用して妻の母が東京に遊びに来ることになっていた。前の週、庁内では市場当局のマンパワー補強のため近々人事異動があるらしいと噂されていたが、そんなことを気に留めることもなく、せっかく上京してきた義母をどこか話題の場所に連れていこうという話になった。

築地市場観光に妻ははじめ乗り気でなかったが、しつこい私に押し切られた。観光客で込み合う築地場内では行き交う小型運搬車ターレをよけながらの散策を楽しみ、場内の寿司屋にできた長蛇の列を横目に場外で寿司をほお張った。満腹状態の三人は豊洲経由で新交通ゆりかもめに乗車した。車窓からほぼ完成した豊洲市場が見えた。

「ほら、あそこですよ、お母さん、謎の地下空間が見つかったたっていう今話題の場所は！」

私は興奮気味に義母に話しかけた。

三連休の最終日。義母が帰った午後四時過ぎ、環境局の総務課長からメールが届いた。発信者を確認した時から嫌な予感はあった。連休直前の一七日、知事は出張先のリオデジャネイロでの会見で「局長級を含む人員の増員」を示唆していた。そして予感は見事に的中した。

「明日九時半に中西副知事の部屋に行ってください。

よろしくお願いします」

たったそれだけのメールだったが、それで十分だった。副知事から異動の内示があることは一〇〇%間違いなかった。異動先が中央卸売市場であることも一〇〇%間違いなかった。その夜、共働きの妻には、当分、家で夕食は食べられなくなることを告げ、最後の晩餐には程遠いささやかな夕食の食卓を囲んだ。妻は冷えた缶ビールを空け、下戸の私はペットボトルの緑茶で杯を交わした。

ということでよろしく

九月二〇日午前九時三〇分。

第一庁舎六階の副知事専用の応接室でぽつんとひとり待っていると、中西副知事が「いやあ、すまないね」と頭をかきながら入ってきた。やはり中央卸売市場次長への異動内示だった。

「次長」とは大きな局などに設置される局長級のポストで、その局のナンバー2の位置づけである。もともと中央卸売市場に次長のポストはなかった。次長を置く規模でも設置する理由もなかったが、今は違う。直面する危機を乗り切るための急造ポスト。「市場長をサポートしてくれ」と副知事から指示があった。いつからですかと私が問うと、副知事は事もなげに「明日から」と言った。

「あ、あしたですか？」

最速でも週末の異動と踏んでいた私は面食らった。都庁の幹部異動は通常であれば内示から異動までに一週間程度の猶予期間がある。だが、市場の置かれた状態は待ったなし。内示翌日の異動は異例といえたが、それが人事異動というものである。請われて行くのだから文句を口にできるはずもない。副知事と私は多くを語ることなく応接室を出た。

夕刻、招集がかかった。第一庁舎六階の安藤副知事の部屋に出向くと、すでに主要メンバーがそろっていた。私はこの日の午後一一時五九分五九秒までは環境局次長の身分であるが、実質的に中央卸売市場次長として呼ばれたのだから、そのように振る舞わなければならない。

楕円形の長テーブルには、安藤副知事のほか、市場担当の中西副知事、政策企画局の局長、次長、枢要部長らが、また奥には都市整備局の東京都技監、局技監らが陣取っていた。

「……ということなんで、よろしくね」

安藤副知事がいつもの人懐こい笑顔で切り出した。知事の市場移転延期発表から三週間、地下空間の発覚からも十日が経過していた。秘密のプロジェクトは出席者メンバーでとっくに始動しており、資料作成も道半ばまで進められていた。私は走り始めた汽車にひとり飛び乗らなければならなかった。

異動初日

九月二一日午前八時四五分、都庁第一庁舎北側三九階のフロアに到着した私は秘書担当の課長代理に迎えられ、市場長室や管理部のある一角とは反対側の北西角部屋に通された。がらんとした部屋だった。一応、個室の体はなしているが、ついこの間まで会議室だったスペースを次長室に慌てて用意したものだった。なにせ中央卸売市場には次長ポストはなかったのだから贅沢は望めない。

市場当局の職員に対する異動の挨拶は省略され、午前九時半、私は岸本市場長とともに安藤副知事の部屋に向かった。この日から、三九階の次長室と六階副知事室、そして七階知事執務室が私の戦場となった。

午後、政策企画局がGブリを行った。末席に私も同席した。中央卸売市場に在籍した市場長以下枢要管理職に対するヒアリングの概要と調査のポイントとして五つの論点が、副知事室で最終確認された資料に沿って説明された。結論部分では、組織の連携不足、ガバナンスの欠如、セクショナリズムが原因とされていた。新参者の私にとって奇異に感じられたのは、論点の一番目に石原元知事との関連性が掲げられていたことである。

九月一〇日に地下空間が発覚して以降、政策企画局主導で調査が進められるなかで、最も重視された事項のひとつが石原元知事の関与の有無だった。建物下に盛土をせず、空間を設置することを初めに言い出したのはいったい誰か。「言い出しっぺ」の候補としてイの一番に名前が挙がったのが石原慎太郎元都知事である。

二〇〇八（平成二〇）年五月、石原知事（当時）は定例記者会見で、豊洲市場用地に関連して「地下にコンクリートの箱を埋め込む」工法について言及していた。同年二月、豊洲市場予定地の土壌から環境基準の四万三千倍のベンゼンが検出され、社会に衝撃が走った。石原知事は「全く新しい発想、技術がある」と吹聴し、高濃度汚染を克服できると会見の場で持論を繰り返した。

石原氏と小池知事と言えば、都知事選の最終盤の七月二七日に開かれた自民党増田候補の決起集会での「厚化粧の大年増」発言が有名である。小池候補は自分への罵倒さえ推進力に換えて当選し、その後も過去の都政を批判する形で石原元知事への敵意を露わにしていた。加えて、同月一五日ごろから地下空間設置に石原元知事が関与していたとの報道が相次いだ。

だからこそ政策企画局は、盛土問題の核心である「いつ誰が決めたのか」といった事実の確認よりも先に、まず石原疑惑を払しょくする必要があると判断したのではないか。実際、コンクリートの箱を埋める方式（いわゆるケーソン工法）はコストが膨大にかかり、石原元知事の指示で盛土がなされなかったとする説は説得力に欠ける。検討はされたにせよ、地下空間設置の直接的な要因足りえない。第一、石原知事の物言いは、いつも専門家の受け売りでありハッタリである。二〇〇八（平成二〇）年五月の会見での一連の発言もこの類に過ぎない。

案の定というべきか、石原元知事犯人説をうやむやにするような煮え切らない報告内容に小池知事はいら立ちを隠さなかった。

「ヒアリングはまだ核心に至っていない」

「仲間内をかばうと、傷口が広がり自律改革が水泡に帰します」

知事からは厳しい言葉が事務方に投げられた。安藤副知事は「次の都議会が始まるまでに責任の所在を明らかにします」と約束した。石原元知事を挟んで、彼を血祭りにあげようとする知事サイドと、地下空間問題を政治案件にさせまいとする政策企画局サイドの思惑が冷たい火花を散らしていた。小池知事からはモニタリング空間の必要性やケーソン工法によるコスト比較など個別具体の宿題がいくつか出された。

アドレナリン

初Gブリ

秋分の日をはさんだ九月二三日金曜。

二一日の宿題返しのGブリは、行きがかり上、異動したばかりの私が説明することになった。小池知事が就任してから七階執務室に入ったことは環境局次長時代に数回あったが、知事に直接説明する機会は皆無だった。記念すべき第一声をどう切り出すか。少しでも好印象を持ってもらえれば、その後の仕事が格段にやりやすくなる。そんな打算が働いた。

事前に情報は得ていた。小池知事は説明者の顔を食い入るように見る、小首をかしげた時は要注意、などなど。私は知事の左斜め前の席に座り、知事の視線を穏やかに受け止めようと努力した。

「中央卸売市場次長の澤です」

知事が微かにうなずいたのを確認し、「三日前まで環境局次長でした」とことさら明るく自己紹介の辞を述べた。知事がニッと笑ったように見えた。知事の横に座っていた宮地特別秘書は確かにクスッと小さな声をあげて笑った。

実際のところ、こんな小手先トークで第一印象が好転するとも思えなかったが、少なくとも印象は悪くなかった。つかみはＯＫと自分では思った。そうであれば次回からの説明も気持ちの上で楽になるというものである。

「論点整理」と題された資料を説明している途中から知事は首をかしげはじめた。さっそく注意信号点滅だ。「盛土なし地下空間あり」の言い出しっぺが誰か、まず捜査線上に挙がったのが石原慎太郎元知事だったことは既に述べた。次に白羽の矢が立ったのが技術会議だった。

技術会議とは何か。豊洲市場用地の土壌汚染対策は、九月に再招集された専門家会議が二〇〇七（平成一九）年から翌年にかけて大枠を議論・提言したのち、市場長の諮問機関である技術会議が、専門家会議の提言を実現するための具体的な工法を検討する場として二〇〇八（平成二〇）年八月に設置され、報告書を取りまとめる二〇〇九（平成二一）年二月までの間に計一二回開催された。

地下空間発覚二日後の九月一二日の日付けが入った中央卸売市場作成の資料「豊洲市場の整備経過について（土壌汚染対策工事）」によれば、二〇〇八（平成二〇）年十二月に開催された第九回技術会議において技術会議独自の提案内容として次のような記述がある。

「仮に地下水中から環境基準を超える汚染物質が検出された場合には、汚染地下水の浄化ができるよう建物下に作業空間を確保する必要がある」

つまり地下空間発覚直後、小池知事には事の発端が八年前の技術会議だったとの情報がすでにもたらされていたことになる。

同日午後の定例記者会見。

知事は「リオから帰国直後に事務方から報告を受けたが、曖昧な部分を残している。今月中にしっかりと報告書をまとめるようにとお尻を叩いているところ。報告そのものが都庁の自律改革ができるのかどうかの試金石」との認識を示した。

質疑のなかで歴代の市場長五人がみな盛土なしの変更を知らなかったとしていることについて問われた知事は、座右の書「失敗の本質」を引き合いに、「失敗に共通するのは楽観主義、縦割り、マンパワーの逐次投入、これが日本は敗戦につながっていく。しかし都庁は敗戦するわけにはいかない。五人の市場長が責任をどこまで感じているのか、後輩のためにどう生かしていくのかに大変興味がある」と意味深な発言をした。

安請け合い

同日夕刻。

Gブリと会見を受けて副知事室で始まった都庁首脳部による議論は夜に及んだ。知事が言及した報告書の発表は九月末と定められた。

もう一週間もない。政策企画局はこの緊急事態をいったいどう収拾させるつもりなのか。場の雰囲気を見定めつつも、いまだ核心をつかみ切れていない私はどこかひとごとのように感じていたが、出席者がひとしきり意見を出し合った後、長谷川政策企画局長の次の一言ですべてを理解した。

「さてと、報告書を誰が書くかなんだけど……」

長谷川局長がそう言い終わると同時に、出席者全員の視線が私に集中した。

「いや、でもですね、すでに政策企画局で作り始めているわけですし、時間もありませんし、第一、私は事情も分かっていませんし」

無駄な抵抗と知りつつも、こんな時は主張すべきは主張しておかないと、あとあと気分が悪い。私はわざとオーバーに嘆いて見せたが、私が観念したことを見透かした局長はにっこり微笑み、その横では安藤副知事が「予定どおり」と言いたげな表情を押し隠していた。

「わ、わかりました」と渋々請け負ったものの、調査・検討が進んでいる途中から基礎知識なしで議論に飛び込むのは一種の離れ業である。幸か不幸か、副知事室に参集した面々は、これまでの都庁人生の過程で多かれ少なかれ業務上の接点があり、仕事のやり方や思考パターンの癖はなんとなくだが把握していた。こうしたことも加味して議論の方向性をとらえて瞬時にキャッチアップするしかなかった。

議論の推移やその場の雰囲気から私が受けた印象は、「特定の犯人捜しはできない、しない、させない」を暗黙の大前提として理屈を組み立て、あくまで組織上の問題として軟着陸させるべし、ということだった。

だが、「誰も決めなかったのに地下空間が出来上がるなんてことがあるのか」と思わざるを得ない。私は何度か技術陣のトップたちに疑問をぶつけた。

「設計は基本設計、実施設計と進んでいくが、あくまでアウトラインを決めるに過ぎず、工事中でさえ仕様は随時変更される」

「基本設計の前提で仮に地下空間を作ってみようとしていたとしても、それをもって最終的な決定とは言えない」

そんな返事が返ってくるだけだった。

改めて九月三〇日のリミットを考えた。経験則からして、発表までに副知事らとの打ち合せを少なくとも四回、さらに知事への報告を最低でも二回行うことになるだろう。ということは一両日中にたたき台を完成させる必要がある。ということは……。

頭がくらくらすると同時に、体内に大量のアドレナリンが放出されるのをリアルに感じた。

内部ヒアリング

私は政策企画局作成の論点をベースに、パソコン上のワードの初期設定ももどかしく報告書のたたき台作成に着手した。報告書の内容や流れは頭の中でシミュレーションしてあった。不完全ながら資料にも目を通した。就任後はじめての週末は、殺風景な次長室に終日こもってキーボードを叩き続けた。技術的な側面では、表現の一つひとつを含めて土木、建築の両トップに教えを乞うた。

執筆と同時並行で、行政監察室による過去の関係者へのヒアリングが継続的に行われた。私のもとには行政監察室が実施したヒアリングのテープ起こしと発言骨子の資料が断続的に届けられた。

九月中に実施されたヒアリングの対象は、現役を含む市場長経験者五名、歴代の管理部長、総務課長、新市場整備部長、土木・建築の部課長、総勢三〇名以上に及んだ。が、内部調査には初めから限界があった。一義的には、内部の人間が同じ内部の人間に本当のことを言うわけがないということに尽きる。

今日も明日も同じ組織で禄をはんでいくつもりの人間がそんなことをするとは考えにくい。法的な拘束力がないとなれば、なおさらである。ムチもアメもない内部ヒアリングにおいて、集団内の自己抑制機能が色濃く作用したであろうことは想像に難くない。

ことほどさように、職位が上がれば上がるほど証言内容は断片的であいまい、かつ責任回避的になっていった。ヒアリングの内容をそのまま横引きすれば、基本設計から実施設計、さらには着工に至る過程で地下空間の設置が「ただ、なんとなく」決まっていったという結論に帰結してしまうのだった。

報告書の作成は、現場を見もせず関係者と直接会話することもなく、ただひたすら紙と画面上の情報だけで「事件」の全体像を構築する作業に等しかった。一本筋の通ったストーリーを頭の中で組み立てようとするのだが、最後のピースが見当たらない。あいつが真犯人だと勇気ある証言をする職員は皆無であり、いわゆる「犯行動機」も霧の中だった。

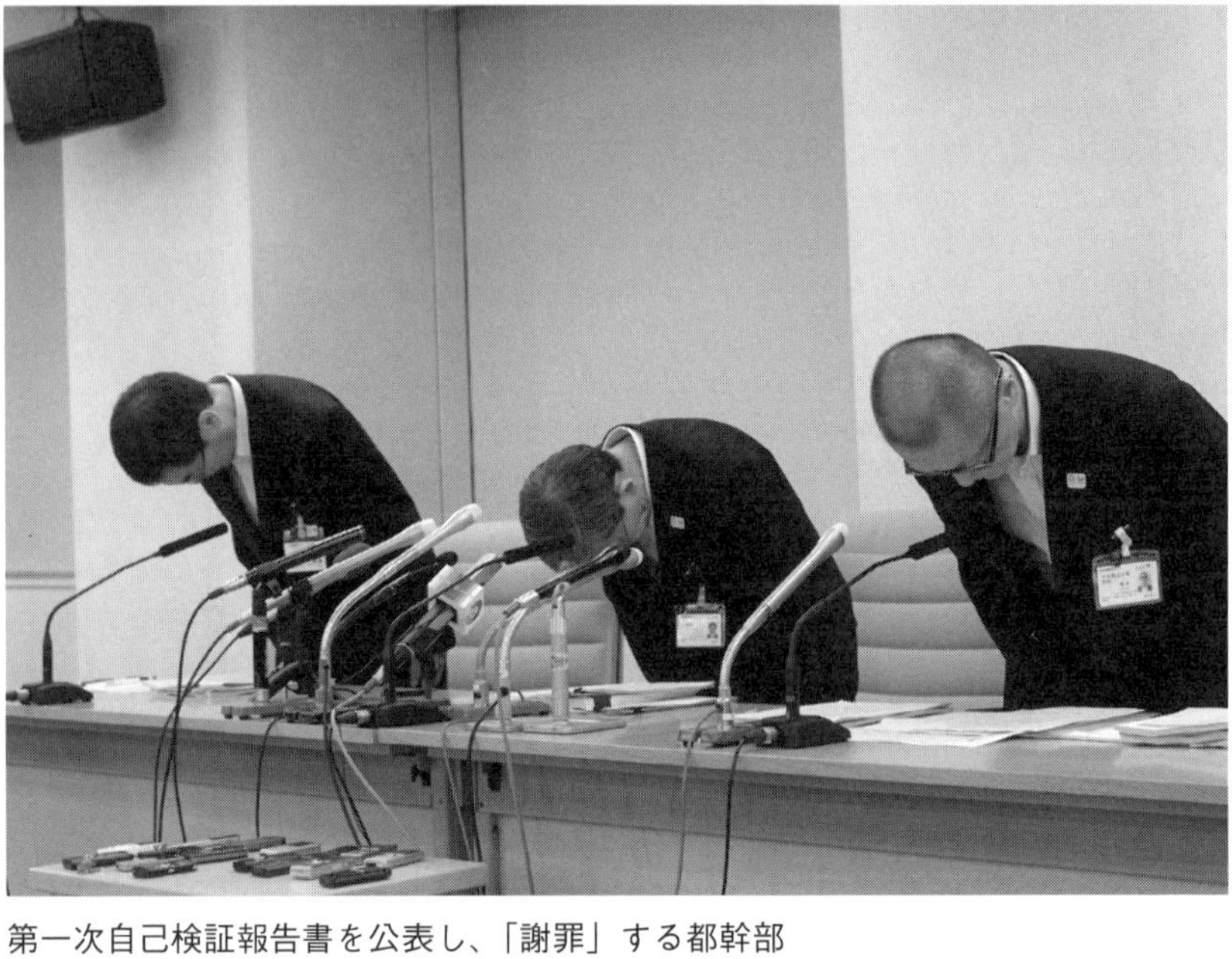

第一次自己検証報告書を公表し、「謝罪」する都幹部

「謝罪」会見

教科書

九月の最終日。

午前中に自己検証報告書最終案を知事に報告。午後、まず知事が会見で報告書の概要を発表した。「いつ誰が決めたのかをピンポイントで示すのは難しい。段階的に方針が固まった」として、犯人探しが不発に終わったことを認めた上で、原因はガバナンス・責任感の欠如、無責任体質にあるとした。

注目すべきは、知事が地下空間の責任問題を公益通報制度に結び付けて語ったことである。職員自らの手による検証に一定の評価を与えながらも十分ではないとして、前日に開催された都政改革本部の情報公開調査チームで公益通報制度を新設するとした話題につなげた。

豊洲市場の地下空間に関して職員に自主調査を行わせたが、案の定、真相は解明されなかった。ついては、内部告発を利用して都政のうみを出すしかない。そう宣言しているようにも聞こえた。

報告書の正式名称は「豊洲市場の地下空間設置と盛土がなされなかったことに関する自己検証報告書」という。「豊洲市場地下空間に関する調査特別チーム」名で発表されたこの報告書は、一五〇ページ近い資料と本文一四ページから構成されていた。

建物下に盛土をせず地下にモニタリング空間を設置した決定プロセスを時系列的に五段階に分けて整理した上で、「平成二二年一一月から翌二三年九月にかけての意思形成期間を経て、モニタリング空間を地下に設置することが段階的に固まっていき、最終的には実施設計完了をもって、地下にモニタリング空間があり建物下に盛土を行わないことが確定した」と結論付けた。

典型的な日本的意思決定プロセスを事実に沿って解説した、文字通り味気ない教科書のような内容だった。

被告席

知事会見の後、同じ第一庁舎六階の記者会見場で市場当局からマスコミに対して詳細な説明が行われる段取りが組まれた。

午後三時二〇分過ぎ、後方の入り口から一歩会場に踏み入れるなり私は異様な雰囲気に気押された。記者席はひとつの空きもなく埋まり、後列にテレビカメラが一〇台以上、中央の通路には一〇名近いカメラマンが一眼レフカメラを手にしゃがみ込み、「被告たち」の到着を待ち構えていた。私の隣に中西副知事と岸本市場長が並んで座った。技術的な質疑に対応するため都市整備局の技監にも同席を依頼していた。

何人かの記者は事前に配布された分厚い資料をパラパラとめくり、ある記者は極悪人を見るような視線を私たち三人に注いでいた。私は改めて正面を見据えた。

冒頭、「被告」の三人は起立して深々と頭を下げた。フラッシュが一斉にたかれるのがわかった。頭髪の密度が濃くない私にとって好ましいカメラアングルとは言えなかった。

謝罪会見で重要なことは、お辞儀の角度と時間である。特に、どのタイミングで頭を上げるかは些細なことのようだが案外重要である。不用意に一人だけ早く頭を上げてしまってはテレビ映りが台無しになってしまう。あいつら、いい加減な気持ちで会見に臨んでいると視聴者が誤解しかねないので注意が必要である。

我々三人は中西副知事の動作に合わせて頭を上げることを事前に打ち合わせしていた。シャッター音が続く中、私は頭を深々と下げながら横目で副知事の動きを追い、副知事が姿勢を直すタイミングを見計らって同時に頭を上げた。第一関門通過。

翌朝の朝刊に「三悪人」が頭をきれいにそろえて下げる写真が掲載された。

都民は納得するんですか？

お辞儀に続いて資料の説明に移る。説明は報告書の本文ではなくサマリーを使って行い、要所で本文記載箇所を明示するスタイルをとった。今どき本文を棒読みする説明は時間の無駄であり不評を買うだけだ。

ろれつの回らない説明を続けながらその場の反応を探る。不満が充満しているのが肌感覚で伝わってきた。当り前だ。技術会議での議論に始まり、基本設計、実施設計に至る経緯を羅列しただけの内容、誰が決めたのかは結局うやむやで、ただなんとなくそうなってしまいました……。説明した本人が言うのもなんだが、これでは誰も納得しない。

資料説明が終わると同時に記者席からどっと手が上がった。見渡せば全員が挙手している。中西副知事と岸本市場長に対しては、地下空間の認識や責任についての質問が相次いだ。説明者の私に対しては、意思決定プロセス、環境アセスの手続き、二〇一一（平成二三）年八月の新市場整備部の部課長会など多岐にわたる質問が浴びせられた。

結局、ある記者の発言がすべてを物語っていた。

「段階的に決まったというが、こんな報告で都民は納得するんですかっ!?」

質疑は質問者がゼロになるまで続けられた。午後五時四〇分、二時間半近い会見は終了した。終了後も何人もの記者が名刺交換と個別の質問のために説明者の元に押し掛けた。記者の質問攻めから解放されたのは六時過ぎだった。

会見はインターネットで中継された。ニコニコ動画にアップされた私の顔には次々にコメントが書き込まれた。個人的な風貌の関係で「ハゲーーーーーー」だとか「まぶしいｗｗｗｗｗ」だとかが大半を占めた。翌日、息子から「おやじ、出てたね」と声をかけられたので、「罪人じゃないからな、俺は」と言い返した。

マウンティング

一〇月一日土曜。

自己検証報告書発表の翌日午前九時、私は築地市場にいた。市場各団体の代表者がそろう事務室で九月二一日付け異動の管理職三名が一〇日遅れの着任あいさつを行った。事前に築地市場の場長から伝授されていた作法に則って、一人ひとりが順番に直立して大きな声を張り上げてあいさつをした。直立・大声というところがポイントである。

生徒を立たせて反省の弁を言わせる教師のように団体の責任者たちは渋面で三人の様子を眺めていた。選手宣誓のようなあいさつが終わると、築地市場協会の伊藤会長は移転延期に伴う混乱と不明確な責任の所在について顔を赤らめて熱弁した。こちらはひたすらこうべを垂れて低姿勢を貫いた。

市場関係者とのファーストコンタクトはこうして終了したが、築地市場の業界団体と市場当局の奇妙な力関係が凝縮された時間だった。有り体に言えば、群れに入ったばかりの新米猿が初対面のボス猿にマウンティングされたのだ。

移転開場を目前に知事の一言で一方的にスケジュールが延期され、あるはずの盛土がないことまで発覚し、業者の人々にとって踏んだり蹴ったりの状況を考えれば、異動したての市場に関してズブの素人管理職を前にして、「おまえらに何ができる」と内心、苦虫をかみつぶしたとしても致し方ない。

とはいえ、どこか高圧的で上から目線、下っ端のお前らはつべこべぬかすな、と言わんばかりの彼らの態度は、私の心に歪んだ印象を深く刻み込んだ。なぜ彼らはこうまで偉そうに振る舞うのか、小池知事の突然の移転延期表明にはらわたが煮えくり返っていることを差し引いてもなお、異動一〇日目の私にはよく理解できなかった。

都議会

幹事長室

九月下旬、都庁は六月以来三か月ぶりとなる都議会の季節を迎えた。

都議会定例会は二～三月、六～七月、九～十月、十一～十二月の年四回開催される。年度単位ではなく暦年で年初から順番に第一回から第四回と数える。

小池知事就任後、初となる平成二八年第三回都議会定例会は、市場当局にとって荒れ模様となった。九月二八日の初日、知事は議会冒頭の所信表明の中で東京都を巨大な肥満都市だと断罪。言外に都議会自民党をぜい肉たっぷりの既得権益集団と批判する姿勢を強調した。

代表質問の数日前、私は都議会自民党の幹事長室にいた。代表質問に立つ高木啓幹事長は「無害化」という言葉をしきりに口にした。市場移転問題における「無害化」とは、豊洲市場用地の土壌汚染を除去し安全性を確保すること、厳密に言えば環境基準以下までに汚染状況を改善することである。

高木幹事長は言う。

「ちゃんと土壌汚染対策をやったんだろ、だったらそれをちゃんと答弁してくれなきゃダメじゃないか、このままでは不安ばかりが広がってしまうぞ。しっかりしろよ」

豊洲市場用地では高濃度の土壌汚染が発覚した後に二重三重の対策を講じてきた。具体的には、東京ガスのガス工場由来の有害物質を含む土壌を二メートル下まで全部掘削除去して綺麗な土に入れ替え、汚染が確認された地点の土壌も除去した。地下水については、現地で汲み上げ浄化した水を地下に戻すことで環境基準以下にした（これは対策後の調査結果で確認されている）。

また、長期的に地下水位を低く保つために地下水管理システムを導入。さらに、万全を期すため敷地全面で盛土を行った（はずだった）。実際の答弁でもこうした過去の取り組みを市場長がていねいに答弁した。

だが、高木幹事長の思惑とも市場当局の思惑とも異なり、答弁内容の要素一つひとつは傾いたドミノと化し、がらがらと崩れていく。まず二〇一六（平成二八）年九月の時点で建物下の盛土がないことが判明し、ひとつ目のドミノが音を立てて倒れた。市場移転問題のドミノ倒しの連鎖は静かに、だが確実に始まっていた。

本会議場でアドリブも交えながら自らの政治姿勢をアピールする小池知事に対して、自民党は代表質問で「知事の側こそブラックボックス」と反撃する一方で、一般質問では知事から前向きな答弁を引き出すなど、硬軟とり混ぜながら知事の出方を探る姿勢を見せた。

自民党以外の会派の問題認識はどうだったか。

公明党は市場当局が事実と異なる説明（盛土をしていないのに盛土をしたと説明）を都議会に対して繰返してきたことを重大視し、信義違反、議会軽視の極みと市場当局を責めたてた。市場当局は「この嘘つき野郎」と名指しされたに等しかった。

共産党は地下水管理システムの設計を受託した会社をやり玉に挙げ、会社として受託する資格がなかったのではと疑問を呈した。代表質問に立った大山とも子都議はこの会社のパンフレットを議場でかざし、事業内容の説明に「地下水管理システム」の文字すらないではないですか」と矛盾をついてきた。

第一五委員会室のふんぞり返り

四日火曜・代表質問、五日水曜・一般質問の本会議での質疑に続き、週後半の六日木曜、七日金曜の二日間は、経済・港湾委員会の集中審議が行われた。この集中審議こそ、ある意味、市場移転問題史上、最も過酷な委員会質疑となった。

経済・港湾委員会とは、都議会に九つある常任委員会のひとつで、産業労働局、港湾局、中央卸売市場、労働委員会を所管している。通常は小さな委員会室でこじんまりと審議が行われるが、市場移転問題の集中審議のために特別な舞台が用意された。

議会棟六階の第一五委員会室は委員会室の中で最も広く、かつ、毎春第一回定例会では、知事、副知事、全局長が出席して行われる予算特別委員会の会場となる。その場所で常任委員会が開かれるのは極めて異例なことだった。

委員会室の座席に収まった市場当局の幹部職員は誰もが深くこうべを垂れ、意気消沈していた。連日の深夜明け方までの業務による疲労のせいばかりではなかった。気持ちが萎え切っていた。議員席に向かって右手にはマスコミ各社のカメラの列、左手に傍聴者席からの視線にさらされ、市場当局があたかも罪人として「公開処刑」されるかのようだった。

だが、負けるにしても負け方というものがある、少なくとも私は背筋を伸ばし、前をしっかり見据えて質疑に臨もうと思い定めていた。そして視線を常時、質問席の議員に向け、答弁者の一挙手一投足に目を光らせた。八時間余りの間、ずっとこの姿勢を保つのは正直しんどかった。

テレビのニュース番組に映し出された議場の様子を見て冷や汗が出た。うなだれる市場当局の幹部職員の中で自分一人だけがふんぞり返っているではないか。背筋が伸びた良い姿勢なんてものではなく、明らかに場違いな態度だ。あいつ誰だよ、偉そうに、と受け取られかねない。案の上、ある政党の幹部議員から後日、こうやんわりと指摘された。

「姿勢はいいんだけどね、もう少し謙虚にしていたほうがいいよ」

虚偽記載

さて肝心の質疑内容である。

通常、委員会質疑であっても事前の答弁調整は開始前に済んでいる。ところが、この時の集中審議は様相を異にしていた。事前に判明した質問はほんのわずかしかなかった。しかも確定したのは質疑当日、東の空が白み始めるころだった。質問の全体像はなかなか見えず、想定外の質問を覚悟する必要があった。こうなりゃ、ぶっつけ本番の出たとこ勝負で答えるしかない、と腹をくくった。

トップバッターの自民党・田中豪都議は質問の冒頭から感極まって号泣、市場当局の管理職をあ然とさせた。本心なのか、迫真の演技なのか、自分に酔っているようにも見えた。移転延期になった上に、あるべき盛土がない事態に直面した築地市場関係者の方々の心中を察すると胸が詰まるというのが、田中都議自らが議場で語った涙の理由だった。

公明党は市場当局への追及姿勢をエスカレートさせた。木内良明議員は都議会一野太いだみ声で二〇〇八(平成二〇)年一二月の技術会議で説明を行った当時の管理職の役職・氏名の公表を迫った。手元に資料がないと担当部長が答弁したが、それでは審議ができないと速記を止めさせた。

この年の暮れ、木内議員は急逝された。議場でどんなに都職員を悪しざまにけなしても、後日そっと職員のところにやってきて「いやぁ、すまなかったねえ。ご苦労さん」とフォローすることを決して忘れない人だった。

集中審議二日目の金曜には、公明党二番手の大松あきら議員が登壇した。集中審議で公明党がターゲットを絞ったのは例の技術会議だった。九月三〇日の自己検証報告書において、地下空間設置の発端は二〇〇八(平成二〇)年一二月の技術会議に提出した資料の内容とした点を鋭くついてきた。

資料には技術会議の独自提案として建物下にモニタリング空間を用意することが明記されていたが、公明党はこの独自提案は、実は市場当局側が技術会議に持ちかけたものではないかと詰め寄った。つまり、市場当局が技術会議を操って、あたかも外部の有識者が提言したように見せかけ、地下空間の設置をオーソライズしようと企てたというのだ。

自己検証報告書が発表された前後の時期、技術会議の元メンバーらが沈黙を破っていた。元メンバーのひとり、環境局環境科学研究所の長谷川猛元所長はマスコミの取材に積極的に応じ、第九回の資料にある「技術会議独自の提案」なるものは市場当局側が持ち込ん

都議会経済・港湾委員会での集中審議

できたもので、事前に技術会議メンバーには説明がなく、当日の会議でもほとんど議論の対象にならなかったと証言した。確かに、最終的には技術会議の報告書にも掲載されていない資料内容だった。

公明党の執拗な攻撃に対して岸本市場長はついに「結果として間違いだった」ことを委員会室で認めて謝罪した。答弁の直前、市場長は「認めるから」と私に一言小声で告げて席を立ち、答弁台に向かった。マスコミは一斉に「報告書に虚偽記載」と報じた。

思い出していただきたいのは九月一二日のGブリ資料である。地下空間が発覚した直後の知事への説明資料にはじめて「技術会議の独自提案」が登場したのだが、この資料を作成したのは豊洲市場を所管する新市場整備部である。過去の技術会議の膨大な資料の中から未公表のこの資料を限られた時間の中で見つけ出し、地下空間と関係づけたのはいったい誰か。

今、「未発表」と記したが、問題の「技術会議の独自提案」が記された資料は九月一二日時点では公開されていなかった。ホームページにも掲載されていなかった。そもそも技術会議の資料自体が開示されていなかったのである。ところが、私が異動する五日前の九月一六日に突如ホームページにアップされた。

「3．2．2　技術会議が独自に提案した事項　汚染物質の除去・地下水浄化の確認　建物下に作業空間を確保する必要がある」

よく読めば「地下」とはどこにも書いていない。しかし、常識で考えれば建物下イコール地下である。誰が読んでも技術会議が建物下に作業空間を設けることを提案したとしか読めない。しかしこのページは実際には、技術会議の報告書をまとめるための構成案の一部分であり、市場当局が「報告書はこんな内容でいかがでしょうか」と技術会議に示した資料なのだ。技術会議が開催されていた当時の事情を知っていれば、この資料をもって地下空間の発端は技術会議だったなどとは逆立ちしても公言できない。

であるにもかかわらず、九月一二日の知事説明資料に明記され、九月三〇日発表の自己検証報告書でも第一段階として記載された。技術会議の当時の委員だった長谷川元所長は「犯人に仕立て上げられた」と証言したが、自己検証報告書を執筆した私もまた、市場当局内の誰かに「ハメられた」とさえ感じていた。

表現のどぎつさはさておき、結果的にそうなったにしても、不十分で不正確な情報の流布が事態をさらに混乱させたことだけは確かである。

地下水管理システム

次に共産党である。共産党は代表・一般質問に引き続き、攻め口を地下水管理システムに絞ってきた。

四〇ヘクタールの広大な豊洲市場用地には、地下水位を観測する井戸が三つの街区に各七か所、計二一か所、さらに地下水を汲み上げるための揚水井戸が五街区（青果棟）に一九か所、六街区（水産仲卸売場棟）に一四か所、七街区（水産卸売場棟）に二一か所、計五八か所設置されていた。

揚水井戸で汲み上げた水は敷地全体に張り巡らされた総延長七・七キロの送水管を通って各街区に設置された浄化施設に送られ、そこで下水排除基準以下まで浄化処理されたのちに下水に放流される仕組みになっている。浄化施設は一〇メートル×三〇メートルの構造物で、ベンゼン、シアン、ヒ素、鉛、水銀、カドミウム、六価クロムにそれぞれ対応する処理設備を備えている。全国的にも世界的にも例を見ない巨大なシステムである。市場用地の土壌汚染対策の最後の切り札と言ってもよかった。

繰り返しになるが、豊洲市場用地では汚染土壌を入れ替えて地下水も浄化した。砕石層を含む四・五メートルの盛土もした（ことになっていた）。二重三重の安全対策を講じた（ことになっていた）。さらにそれらの対策に加えて、地下水位を低位（A・P・プラス一・八メートル、※A・P・0メートルが東京湾の基準潮位）に保ち、万が一にも地下に残存している汚染物質が地下水に溶け出て地上に向けて上がってくるのを防ぐ（ことになっていた）のが地下水管理システムの役割である。

共産党は、揚水能力が足りない、井戸が目詰まりして機能していない、大雨が降った時に対応できない、地下水位が三～五メートルもあり、上昇した地下水によって土壌が再汚染されている可能性がある、地下水管理システムを設計した業者は契約上の条件を満たしていないなど、問題点を速射砲のように列挙し、市場当局の「不正」を暴くべく総力戦で臨んできた。

これに対し市場当局は、これまでの公式見解をオウム返しに繰り返すだけだった。いわく、地下水管理システムは現状、試運転の段階で本格稼働すれば正常に機能する、大雨が降っても対応できるように計算されている、当該業者との契約に問題はない等々。

だが、共産党から指摘されるまでもなく、この地下水管理システムこそがドミノ倒しのふたつ目のピースだったのだ。「一向に下がらない地下水位」と言い換えてもいい。対策の柱として導入された地下水管理システムがかえって事態を悪化させ、市場当局を苦しめることになるとは皮肉としか言いようがない。

悪夢の集中審議は終わった。二日間の質疑時間は合計一六時間に及んだ。

この一週間、正確には一〇月二日の日曜から六日木曜までの五日間の総睡眠時間は五時間だった。都庁に隣接するホテルに岸本市場長とチェックインするのは、いつも午前五時、六時だった。シャワーを浴びてベッドで仮眠（といっても小一時間、目を閉じるだけ）、二時間後にはチェックアウトする日々。フロントの係員は「この客、何者？」と思ったことだろう。

ワイドショー

コメンテーター

「あきらさんが映ってたよ」

義理の母から妻に電話が入ったのは、昼間のワイドショーで私の顔写真が大写しにされた日の夜だった。義理の母は受話器の向こう側で、娘の夫がまるで犯罪者扱いされていると勘違いして「都庁を首になるんじゃないの？」と案じていた。

テレビに映るのは芸能人か政治家か事件の容疑者と相場は決まっている。良いことで取り上げられることはまれである。テレビを見た母の反応はあながち間違ってはいなかった、むしろ的を射ていたのではないかとさえ思える。

ワイドショー番組に映し出された大型のパネルには、少し古めの（つまり少し若い時の）私の顔写真とともに都庁での略歴も載っていた。番組にゲスト出演していた青山佾《やすし》元副知事がこの坊主頭で目つきの悪い人物を、豊洲市場問題のキーマンと評していた。そう言われた本人はお世辞でもうれしくないはずはないが、正直、青山元副知事の現役時代、私が彼の部下として働いた期間は三か月にすぎない。

市場移転問題に限らず、ワイドショーやニュース番組で取り上げられることの多い都政だが、困ったことにまともな論者が見当たらない。世にはびこる大学教授や解説者モドキ、元都庁職員らはあまりに低レベルでお話にならない。都政の実態も知らず、聞きかじりと思い込みだけで、お茶の間受けする無責任なコメントをまき散らしている。こうして事実はどんどんゆがめられ、陰謀説が既成事実化していく。だから、こちらもついつい腹が立つ。

政治とワイドショーは、表向きは敵対関係にあるように見えるのだが、根っこの部分では絡み合っている。相互寄生の関係にあると言ってもいい。政治はワイドショーでの反応を民意のバロメータとして注視し、一方のワンドショーの制作サイドにしてみれば、政治ネタを取り上げる実利的なメリットが存在する。

政治はテレビ局にとってお得意様であり、政治スキャンダルは今や、より少ない労力とコストでそこそこの視聴率が取れる利便グッズと化している。地道な取材活動を重ねる必要はない。会見やぶら下がり取材、プレス資料、スポーツ紙を含む新聞報道を継ぎはぎし、その道のプロ（大半は出たがりの大学教授）にコメントをもらい、したり顔のお笑い芸人を呼んできさえすれば、一時間のシャクは簡単に埋まる。

都民・国民は新聞やテレビニュースを通じてではなく、ワンドショーを通じて政治（のようなもの）を知る。制作者側のストーリーは事前に作り込まれた大きなボードによって視覚化されている。あとは、話術巧みな司会者がそれをなぞり、途中、コメンテーターに「どうですか」「そうですよね」と誘導尋問風に投げかけてストーリーの流れを補完する。

同調することが強要されているスタジオ空間に座すコメンテーターは制作者側の意図からはみ出すことはできない（というか、番組の意図をくみ取り増幅・強調することでギャラをもらっているわけだから、はみ出すわけがない）。

こうしたやり取りを見聞きした視聴者は、自ら進んで同調の輪に加わり、わかったつもりになって「世の中、間違っとるっ」と憤慨する。すかさず、お笑い芸人が茶々を入れ、笑いを取ってその場を和ませる。シリアスな問題は一瞬でお茶の間の「予定調和」の世界へ。「ああ、面白かった」と溜飲は下がり、「そろそろチャンネル、変えようか」となってハイお仕舞い。番組制作サイドが仕組んだ見えざる「同調」圧力には誰も抗えないのである。

憤慨し、ああ面白かったと感じるのは一般視聴者だけではない。当然、築地市場の関係者もそうなる。加熱するワイドショー報道が築地市場関係者の不安と不満をさらにあおるという悪循環が出来上がってしまったことだけは否定できない。

市場×環二×オリンピック

九月から一〇月にかけて、ワイドショーを賑わしていたのは市場移転問題だけではなかった。オリンピック・ネタも十分に頑張っていた。むしろ一〇月に入るとオリンピックに世の中の関心は移っていくのではないかと感じることもあった。

自己検証報告書発表の前日に当たる九月二九日、都政改革本部第二回会合が開催され、席上、ドクターKの重鎮のひとりは「大会経費は今のままのやり方だと三兆円を超える」とド派手に警鐘を鳴らした。同時に、会場の大幅見直し、宮城県長沼ボート場への移設などドラスティックな内容も明らかになった。

結論から言ってしまえば、会場見直し騒動は、小池都知事と村井嘉浩宮城県知事の陳腐なパフォーマンスが目立っただけで、これといった成果を上げることなく尻つぼみに終わった。

実は市場移転問題と東京オリンピックは、築地経由で有明・豊洲と都心を結ぶ環状第二号線都市計画道路を媒介として密接不可分に関係している。環状第二号線の概要は既に述べたが若干補足する。

当初の都市計画決定は敗戦直後の昭和二一年三月だが、もともとは、関東大震災（大正一二年九月）からの帝都復興の中で計画された八本の環状道路のうちの一本だった。小池知事が好んで言及する後藤新平東京市長の野心的な考えに基づいていた。もちろん当時はまだ豊洲や有明の埋め立て地は存在しておらず、新橋から有明までの延伸が都市計画決定されたのは一九九三（平成五）年、築地市場、隅田川などを地下トンネルでくぐる計画だった。

これが二〇〇七（平成一九）年、隅田川より東側は橋梁・高架式とする都市計画変更が行われた。工費の問題もあったと考えられる。地下から地上へ。この計画変更により虎ノ門方面からのトンネルと隅田川を渡る築地大橋を築地市場用地で接続させることになった。つまり、築地市場の豊洲移転と環二の完成が表裏一体の関係でロックされたということである。

都市計画変更が行われた二〇〇七（平成一九）年と言えば、築地市場の豊洲への移転が既定路線とされる中、豊洲予定地における土壌汚染問題が顕在化し、石原知事三選後、専門家会議が設置された時期である。臨海部と都心をつなぐ環二を通すためにも、豊洲市場用地の土壌汚染は是が非でもクリアして市場移転を実現する必要に迫られたとも言える。

さらに二〇一三（平成二五）年九月、二〇二〇年の東京オリンピック・パラリンピックの開催が決定。晴海の選手村と千駄ヶ谷の新国立競技場を結ぶ大動脈として環二の位置づけはいやが上にも高まった。こうして環二と市場移転とオリンピック開催は強固な分子構造のように結び付けられた。

そして、この三つの事項の関係性に何の思慮もなく唐突に横槍を入れ、ぶっ壊しにかかってきたのが小池知事とその仲間たちだった。

都市計画は面的な広がりを鳥の目で把握し、都市インフラが相互に連関する形で構想されている。だから、どこか一か所が遅れたりストップすると連鎖的な影響が計画全体に及ぶ。築地市場の移転を延期すれば、環状第二号線の整備に、ひいてはオリンピック開催に多大な影響が生じることは、再度強調しておくが、知事就任直後から所管局がGブリの場で再三にわたって説明していた。

そうと知りながら市場移転を延期した以上、環状第二号線の整備の遅れが潜在的な危機としてドミノ倒しの列に加わるのは時間の問題であった。

食肉市場発、豊洲市場経由、築地市場講堂行き

一〇月人事異動

経済・港湾委員会の集中審議が終わった一〇月第一週末の時点で、市場当局は九月のマンパワーの逐次投入だけでは事態の打開が望めない状況に陥っていた。短期戦から長期戦へ、布陣を整える必要に迫られていたのである。

加えて自己検証報告書を発表する前後から、市場当局の内部には疑心暗鬼の黒い霧が立ち込めていた。ヒアリングの実施とは名ばかりで、ヒアリングを受ける管理職にとって、それは犯人探し以外の何物でもなかった。だれが盛土をしないと決めたのか。あいつが怪しい。いや、あいつに決まっている……。

また、マスコミ対応、議会対応でもほころびが目立った。不用意な一言が大きく取り上げられ、その都度対応に追われた。上下左右の連携のパイプは寸断され、状況は混乱を通り越して混沌としていた。

市場当局の幹部の臨時的な異動は、人事部との綿密な調整の末、一〇月一五日に設定された。問題はその内容である。選択肢はふたつあった。

市場をよく知る経験者は残留させ、純増で新規の部課長を持ってきてマンパワーの充足を図る。順当な手である。組織的にも穏当な案だ。それとも思い切って枢要管理職を総入れ替えしてみてはどうか。役所ではほとんど使わない禁じ手である。が、瓦解寸前の組織を立て直すにはショック療法も選択肢の一つに加えるべきだろう。

迷っている時間はなかった。これまでの事情を熟知する幹部がいなくなるリスクより、反目・不審・猜疑の連鎖を断ち切るメリットを選ぶのにさしたるちゅう

ちょもなかった。部課長級一〇名超の大規模かつドラスティックな人事異動が敢行された。

座長が激怒してますっ

一〇月一五日。

いくつもの重要な日程が重なった。市場当局幹部職員の大異動初日であり、かつ専門家会議の第一回開催日だった。と同時にこの日は、年に一度の食肉市場祭りの日でもあった。JR品川駅の港南口から徒歩一分に位置する食肉市場の外には、午前九時が開場というのに八時前から長蛇の列ができていた。

異動初日となる村松市場長らと正門の前で待ち合わせていると、私のガラケーが鳴った。読売新聞が朝刊社会面で「豊洲地下大気に水銀　国指針の最大七倍」と報道したとの知らせだった。

（読売？　どこから漏れた？）

大気調査の結果はそのほかの測定結果とともに、午後開催される第一回専門家会議で公表する手はずだったのだ。

再招集された専門家会議は、九月下旬と一〇月初旬の二回にわたり、豊洲市場の大気調査（ベンゼン、シアン、水銀）を実施していた。屋外と建物一階部分では基準を下回るか不検出だったが、五街区の青果棟地下から国基準の七倍の水銀が検出された。

情報漏れの事態に不穏な雰囲気を感じつつ、我々は食肉市場の正門を入って左手奥の式典会場に向かった。食肉市場関係者と名刺交換をして談笑していると、広報担当課長が血相を変えて駆け込んできた。

「平田座長が激怒してますっ」

新聞記事に鋭く反応した平田座長の言い分はこうだ。新聞に情報が漏れているではないか。どういうことだ。今日開く第一回専門家会議の場で築地市場の人たちにまず私から伝えるべき重要な情報がなぜ漏れた？市場当局は信用ならない。市場長を今すぐ寄こせ。さもなくば専門家会議の座長を辞める。

手のつけられない怒りようだという。市場長はこれから食肉市場の式典に出席してあいさつをしなければならない。かくかくしかじか、次長でもよろしいでしょうか。広報担当課長とふたりしてタクシーに飛び乗り、平田座長はじめ専門家会議のメンバーが視察中の豊洲市場に向かった。

七街区の水産卸売場棟の正門でタクシーを降り、西南地点の出入り口に急ぐ。すると、ちょうど平田座長らが建物から出てくるところだった。平田座長は硬直した表情を崩さない。ほぼ初対面の私は、当然、座長にこっぴどく叱責された。私は平身低頭、平謝りし、午後の専門家会議の開催を懇願した。

何かあったの？

正午過ぎの築地市場三階講堂は立錐の余地もないほど築地市場の人々であふれていた。テレビカメラが一〇台、プレス四〇名、百席用意した傍聴席は満席、講堂内は人間の熱気でむせ返っていた。

コの字に配置されたテーブルの正面に、座長の平田健正氏（放送大学和歌山学習センター所長）と事務局の中島誠氏（国際航業フェロー）が、傍聴席から見て右手に駒井武氏（東北大学大学院教授）、左手に内山巌雄氏（京都大学名誉教授）が着席していた。

開会までに束の間の時間があった。私が中央に陣取る平田座長に改めて新聞報道についての詫びを入れているときのことだった。横からオブザーバー参加の小島顧問（市場問題プロジェクトチーム座長）が声をかけてきた。小島顧問とはこの時が初対面であった。顧問が私のことを知っていたとも思えなかったが、とにかく顧問は緊張する私に向かって親しげに話しかけてきた。

「何かあったの？僕、まだ新聞記事、見てないんだけど」

私は条件反射的にクリアファイルに入れていた新聞のコピーを顧問に手渡した。手渡したあとに変な感覚が指先に残った。この人は何を言いたかったのか。なぜ、わざわざ初対面の私に対して自分は知らないと断った上で新聞記事を要求したのか。いやいや、下衆の勘ぐりは、しょせん勘ぐりでしかない。

フルオープン

第一回専門家会議の冒頭、平田座長は新聞記事の件

豊洲市場建物地下の安全・安心を検討する専門家会議

に触れて「次回の会議において情報が漏れたことの詳細な説明を市場長からさせる」と強い口調で発言。また、会議の目的を「建物地下に空間がある状況を正確に把握し、どうすれば安全・安心な市場にできるかを検討するのが最大のミッションである」と傍聴者とマスコミに対して明確に伝え、専門家会議は責任追及の場ではないと付け加えることを忘れなかった。

続けて、前回の専門家会議（二〇〇七（平成一九）年～二〇〇八（平成二〇）年七月開催）の時と全く同じ方法を採用し、フルオープン形式で行うことを宣言した。

座長あいさつを受け、築地市場での村松市場長の初仕事は築地市場関係者に謝罪し、頭を下げることとなった。以後、専門家会議では、何はなくとも市場長が謝るというパターンが繰り返される。分厚い資料をめくりながらの事務局からの長い資料説明が終わり、休憩を挟んで質疑の時間に入った。

座長が「フルオープン」と言ったのには訳があった。ベンゼン四万三千倍発覚（二〇〇八〈平成二〇〉年五月）の前年に石原知事が肝いりで発足させた前回の専門家会議においても、平田座長はマスコミに会議すべてを公開し市場関係者からの厳しい質問・意見を粘り強く受け付けた。情報を包み隠さず提供し意見を真摯に聞くことこそが最良のリスクコミュニケーションである、これが平田座長の強固な信念だった。

気をもんだのは小池知事のほうだった。情報公開はインターネット中継で十分であり、傍聴者を入れることは冷静な議論の妨げになるばかりか、反対派の主張が際立つ形になるので行うべきではない、そう考えていた。座長に再考を要請するよう知事は市場当局に指示を下したが、座長の意志は固く変わることはなかった。

結果、市場業者のみに傍聴を許可する方法を採用することで第一回の公開方法については妥協点を見いだしたものの、座長は第一回専門家会議の場で「二回目以降は、さらに傍聴者を増やし、一般の方々も入れたい」と発言するほどの力の入れようだった。

地下水を甘く見てはいけない

質疑は長時間続いた。傍聴者からは「都にだまされた」と恨みの声が次々に上がった。

九月末に発表された第八回の地下水モニタリングの結果で観測地点二〇一か所中三か所で環境基準を超えるベンゼンとヒ素が検出されたことが報告された。この結果に対して座長は、「環境基準は、毎日二リットル・七〇年間飲み続けても大丈夫なように設定されている」と環境基準に関する基礎的な説明を試みた。

しかし、傍聴席からは「じゃあ自分で飲んでみろっ」と辛らつな野次が飛んだ。調査結果に一喜一憂する気持ちはわかるが、数値は変動するものだと座長は冷静な受け止めを求めた。しかし、最後の最後まで科学者の理屈と市場で働く人たちの感情の落差は埋まらなかった。

築地市場の講堂内には緊迫した空気が常時張りつめていたが、一方で、説明する専門家会議のメンバーも、質問に立って野次を飛ばす市場関係者も、だれもが前回開催された専門家会議にかかわっていた人物ばかりという事実も見逃せなかった。舞台も演者も論点もほぼ同じ。野次も質問も主張の中身も九年前と大した違いはなかった。

変わったのは時間が流れ登場人物が一様に年を重ねたことと、市場当局の管理職の大半が入れ替わったこと、そして小島顧問がオブザーバーとして参加していることぐらいだった。付け加えれば、カメラを構えメモを取るマスコミ関係者の多くも、生粋の移転反対派記者以外は市場当局管理職と似たり寄ったりの初心者集団であった。

「地下水を甘く見てはいけない」

座長は第一回専門家会議でこうも発言している。目に見えない地下で何が起こり、地下水がどう動いて何に作用しているのかを正確に把握するのは困難を極める。一度や二度の調査結果だけで騒いでも意味がない。長い目で推移を見極める必要がある。座長はそう言いたかったのだと思う。

が、この発言の真の恐ろしさを思い知らされるのは、第九回地下水モニタリングの結果が明らかになる年明けを待たなければならない。土壌汚染の専門家である座長でさえも、地下水を甘く見ていたことが露呈し慌てふためくのは、まだ三か月ほど先のことである。

荒れた質疑は延々と続くかに思えたが、一二時半に始まった会議は午後五時一〇分に終了した。終了直後、平田座長の横に、ある水産仲卸業者が近づいて何かをささやく姿があった。

「先生、ゴメンね。豊洲に移転するまでの辛抱だから」

会議の最中、独特のだみ声で平田座長を執拗に糾弾していたこの人物と平田座長は、前回の専門家会議以来の旧知の間柄だった。平田座長は会議終了後も市場関係者とざっくばらんに立ち話を交わし、マスコミの取材に丁寧に応じていた。

第二次報告書

犯人探し

小池知事にとって、地下空間の犯人探しは現在進行形だった。

自己検証報告書発表時（九月三〇日）の記者会見で、知事は「調査は不十分。この報告書を持って終わりではない」と発言していた。さらに、報告書が技術会議の独自提案としたモニタリング空間が実は市場当局からの提案だったと岸本市場長が経済・港湾委員会の場で認めて謝罪したことを受けて、知事は「遺憾以外の何物でもない」と厳しく指弾した。

第二次自己検証報告の作成は既定路線となっていた。市場当局関係職員に対する特別監察（その二）の通知は、一〇月四日、総務局長から中央卸売市場長宛てに発せられた。事情聴取の範囲は係長級、主任級にまで拡大され、管理職以外の職員の生の声が新たに聴取されると同時に、設計会社との打ち合わせ記録をはじめとする新たな資料も発見された。

第二次報告書は、第一次にはなかったこうした新事実を武器に、職員の処分という目的のために理論的な補強作業が進められた。

まず大前提として、全面盛土の根拠を専門家会議の提言にだけ求めるのではなく、二〇〇九（平成二一）年二月に策定した豊洲新市場整備方針、つまり知事決定による組織的な方針に置いた。これによって「盛土をしなかったこと」は組織決定に反する行為として明確に位置付けられることになった。

次に、理論の組み立てを大きく変えた。いつだれが盛土をしないと決めたかをピンポイントで立証するには内部調査の限界があった。実際、「知らない」「覚えていない」と空疎な証言を多くの管理職が繰り返していた。状況証拠だけで「お前が犯人だっ」と決め付けても本人の「自供」がない以上、万一、処分後に不服申し立てを起こされた場合、負ける可能性が残る。単純な犯人探しから視点を変える必要に迫られた。

「当時役職にあった者で事実を知りうる立場にあった者には役職に見合った責任がある。その場合、知っていたか知らなかったかは問題ではない。事実を知り得る立場にあった者は相応の責任を有しており、知らなかったからといって責任を免れえない」

この論理であれば、状況証拠を積み上げて周囲を固めさえすれば、本人の「自供」がなくても責任を問うことが十分できる。この場合の責任とはあくまでも懲戒処分を問う際の管理職としての責任である。

ただし、当事者の立場からすれば、全く納得のいかない理屈だったに違いない。知ろうが知るまいがお構いなしに、ポストにいたか否かで一網打尽の強権発動と批判されるのは目に見えていたが、それでもなお責任を問うことが最優先事項だった。

また、責任が及ぶ期間についてはかなり絞り込んだ。

第一次報告書では、建物下に盛土をせず地下にモニタリング空間を設置した決定プロセスを、二〇〇八（平成二〇）年一二月の技術会議での議論から二〇一三（平成二五）年二月の実施設計完了までの期間とし、時系列的に五段階に分けて整理した。

四年を超える長い期間を通じてダラダラと段階的に固まっていったと結論付けたことはすでに述べたとおりだが、第二次ではこれをグッと絞り込んだ。

①二〇一〇（平成二二）年一一月～二〇一一（平成二三）年六月（基本設計の起工から完了までの期間）

②二〇一一（平成二三）年八月一八日（新市場整備部の部課長会開催）

③二〇一一（平成二三）年九月～二〇一二（平成二四）年五月（実施設計の起工から調整までの期間）

決定的なのは二〇一一（平成二三）年一一月から翌年六月までの期間である。

豊洲市場建設を担当する新市場整備部と設計を受託した設計会社との間で行われた打ち合わせ記録が詳細

に残っていた。これを読めば、設計に入る前から「地下空間ありき」で打ち合わせに臨んでいたと受け取られても仕方がなかった。それを象徴するのが「二枚の図面」である。

一枚は「地下空間に小型重機が描かれた図」、もう一枚は「高さ二メートルの地下空間が書き込まれた建物下の構造を示した図」である。

こんな図を打ち合わせの場で役所側から見せられれば、設計会社が「地下空間を検討せよ」と受け取るのは自然な流れである。その後の打ち合わせでも「モニタリング空間」という言葉が頻回に交わされ、二〇一一（平成二三）年六月に完成した基本設計の図面には、寸法の記載はないものの、主要三棟の建物下全体に長大な地下空間が描かれていた。

にもかかわらず、ヒアリングでは「知らなかった」「認識していなかった」といった証言しか得られない。だれひとり、地下空間と全面盛土を専門家会議の文脈で関連付けて考えなかったのか。関係者全員が犯人で、だまされていたのは「私」だけだったとでもいうのか。陳腐なサスペンス劇場の登場人物にさせられた気分だった。

土壌汚染対策法

第二次報告書のもうひとつの特徴は、地下にモニタリング空間を設置した「なぜ」に対して、一定の解を導き出した点である。

キーワードは土壌汚染対策法改正だ。

国は二〇〇八（平成二〇）年五月、中央環境審議会に対して土壌汚染対策法の改正を諮問。同審議会は同年一二月、土壌汚染調査の対象範囲の拡大などを盛り込んだ答申をまとめた。二〇〇八（平成二〇）年後半といえば、東京都ではちょうど技術会議が開催されていた時期である。さらに答申が出された一二月に開かれた技術会議で、問題の「技術会議独自の提案」資料が市場当局側から提示された。

第八回技術会議の議事録からは、法改正の動きに神経質になる市場当局の様子がうかがえる。少し長くなるが引用する。

「土壌汚染対策法の改正に向け議論されているが、

その内容を見ると、現在、法の対象外となっている豊洲新市場予定地が対象になる可能性がある。環境基準を超える汚染物質が検出された土地は区域指定され、指定解除には対策を講じたのち、地下水質の二年間モニタリングで環境基準以下の状態を確認することが求められる。その後、万一、汚染物質が検出された場合にも汚染物質の浄化が可能となるように、例えば建物下には浄化の作業ができる空間を確保して、指定区域になっても解除が可能であると考えている」

法改正をにらみ、万一の場合に備える必要に迫られた市場当局が浄化のための空間を作らなければならないと焦っているように読み取れる発言である。

実際、建物下の地下空間はこうした考えに沿って整備されていく。土壌汚染対策の柱として提案された盛土を軽視（無視？）する一方で、土壌汚染対策法の改正への対応を優先させた結果、生まれたのが地下空間だった。

だが、盛土も法改正対応も地下の汚染物質に対処するという本来の目的の根っこは同じである。二律背反のジレンマに陥ったつけを一〇年近く経過した時点で清算しなければならなくなったとは、土壌の神様もいたずらが過ぎるではないか。

地下水質の二年間モニタリングも大いなる矛盾をはらんだまま実施された。土壌汚染対策法上のモニタリングは、形質変更時要届出区域の指定解除のために二年間にわたって実施するものである。形質変更時要届出区域とは、土壌汚染の摂取経路（土壌に直接触れたり、地下水を飲用に利用したりすること）がなく、健康被害が生じる恐れがない区域と規定されている。

名称から受ける印象とは逆に、実は安全な区域とされている。「形質変更時」、つまり土を掘り返すなどの行為を行う時には届出をする必要がある区域のことを指すのであって、危険な区域ではない。

法改正では、自然由来の汚染物質（ヒ素、鉛）が残る場合には、そもそも形質変更時要届出区域の指定解除ができないこととされた。当初議論された二〇〇八（平成二〇）年時点では、法律上も区域指定の解除は可能であり、解除に向けての対策が検討された。それが二年間の地下水質のモニタリングであり、万一のための地下のモニタリング空間であった。

　ところが、法改正によって状況が変わった。工場の操業などによる人為的な汚染（操業由来の汚染物質）に加え、もともと自然状態で存在しているヒ素や鉛といった汚染物質（自然由来の汚染物質）も法の対象とされたため、汚染を一〇〇％除去することが事実上できなくなってしまったのである（ヒ素や鉛は比較的どこにでも分布する）。

　土壌汚染対策の準備段階では二年間モニタリングが区域指定の解除を目指していたのは確かだが、開始するころには法律が改正され、たとえ二年間のモニタリング結果が環境基準以下だったとしても区域指定の解除はできなくなった（できるのは、台帳の記載事項の修正にとどまる）。

　それでも二年間モニタリングを実施したのは、ひとえに市場関係者や都民の安心につなげるためであり、法的義務はないが任意の取り組みとして行ったものである。当時の民主党政権下で豊洲市場用地を狙い撃ちにしたとも目された土壌汚染対策法改正は、市場当局に過度なプレッシャーを与え、地下空間をこっそりと準備させ、結果的に豊洲市場予定地での土壌汚染対策にわかりにくさと歪みをもたらした。

下令

　ここで「二枚の図」のことをもう一度思い出していただきたい。

　設計会社に示されたあの二枚、「地下空間に小型重機が描かれた図」と「高さ二メートルの地下空間が書き込まれた建物下の構造を示した図」である。前者は二〇〇八（平成二〇）年一一月に新市場整備部の担当部長の指示で作成されたとの証言があり、後者には二〇〇九（平成二一）年一月一三日の日付が入っていた。この二か月間は、技術会議に市場当局がモニタリング空間を提案した時期とちょうど重なる。

　「二枚の図」は、作成後二年以上が経過した二〇一一（平成二三）年二月、基本設計の打ち合わせで市場当局から持ち出されることになるのだが、一連の事実関係は何を意味しているのか。二次報告書は責任者を特定するために時期を絞り込んだが、二〇〇八

（平成二〇）年一一月から二〇〇九（平成二一）年一月の期間は除外されている。

第二次報告書を執筆しはじめた頃、地下空間の発想はまさにこの除外された時期、二枚の図が描かれた時期なのではないかと直感した。実際、二〇一六（平成二八）年一〇月二五日午後の報告書文案には以下のような記述が存在していた。

「（市場当局内で）土壌汚染対策法改正への対応策としてモニタリング空間の設置の必要性が議論され、平成二〇年一一月四日、市場長に対して説明が行われた。いったんは却下（モニタリング空間は必要なしと）されたものの、再度説明したところ、検討するように下命を受けたという証言がある。「いつ誰が」を遡っていけば、この市場長下命に辿り着くのかもしれない……」

この部分の記述は第二次報告書の最終版には掲載されていない。検討の過程で削除された。責任追及の戦線を拡大することへの懸念や歴代市場長に対する配慮などがあったのではないかとも推測されるが、いずれにしても、二〇〇八（平成二〇）年末段階で地下空間設置の意思決定が明確になされたとまでは言えないにしても土壌汚染対策法改正を見越して建物下には盛土を行わず、地下空間を作る必要があるとの発想が萌芽していたとしてもおかしくはなかろう。

この時期は専門家会議が全面盛土を提案してから半年も経っていない。全面盛土と地下空間、ふたつの相入れない対策にどう折り合いをつけようとしていたのか。盛土よりも土壌汚染対策法改正への対応を優先させたということなのか。当時の関係者に今更ながら真相をたずねたくなる誘惑に駆られてしまう。

我々は功労者

第二次報告書の素案から消えた項目はもうひとつある。一般職員の声である。管理職レベルの自己弁護的な証言とは異なり、係長等の証言では、豊洲市場建設にかける熱い思いが数多く語られていた。代表的な彼らの思いを以下に書き留める。

「我々は功労者だと思っている。日本で初めてこれだけ大きな、だれもやったことのない土対（土壌汚染対策）工事を短期間のうちに仕上げた。月一〇〇時間、年間一〇〇〇時間以上も残業をし、土日も出勤してやった。プロジェクトXで取り上げられるような仕事なんだろうなあと思ってやってきた。悪気があってやったのではなくて、安全対策上良かれと思ってやっていたのです。何か我々があざむいて勝手にやっているのではないかと（思われると）、当時いた者としても辛い」

これが豊洲移転に係わった中央卸売市場の大多数の職員が抱いた偽らざる思いではないだろうか。深刻な汚染が残る埋立地を舞台に世界に例を見ない大規模な対策を講じ、完成一歩手前まで来ていたのに、地下空間の発覚により世間の評価は一八〇度逆転してしまった。現場に携わった職員にしてみれば、やり切れない気持ちで胸が張り裂けそうだったに違いない。

地下空間に対しては専門家からも評価する声が上がっていた。

九月二九日、小島顧問が座長を務める市場問題プロジェクトチームの第一回会合が開かれた。席上、一級建築士の佐藤尚己委員は「地下空間は正しい選択」と位置付けたうえで、メンテナンスがしやすくなる、建物の長寿命化につながる、盛土をしてから掘り起こすよりコスト減になるなど、地下空間のメリットを列挙した。そして最後に「これを作ったのは技術系職員の英知だ」と高く評価した。しかし、佐藤委員の意見は市場問題PTの中で評価されることはなく、一意見としてあっさり葬り去られた。

現場の熱い思いと専門家の高い評価、その結果、生じた現実との落差に暗然とせざるを得ない。ならばなぜ、自分たちが実行してきたことの正当性を真っ向から主張する者が責任ある地位の管理職から現れなかったのか。

彼らに後ろめたさがあったとしたら、それは盛土をせずに地下空間を作ったこと自体ではなく、その事実を専門家会議や技術会議にフィードバックせず都民や都議会への説明を怠ったこと、秘密裏に事を運ぶといった意図的な思惑さえ希薄なままに自分たちの世界の中だけで事を進めてきたこと、その一点に尽きると言わざるを得ない。

処分

副知事室での連日の打ち合わせと知事説明を経て完成した第二次自己検証報告書の公表は、一一月一日午後四時半からの知事臨時記者会見とそれに続く市場当局の記者レク（レクはレクチャーの略。記者を集めて行う説明および質疑応答）の手順で実施された。

記者レクでは三百ページ近い資料が記者一人ひとりに配布される中、会見場を埋めたカメラと記者たちの正面中央に置かれた長テーブルには、私ひとりがぽつんと座っていた。専門分野の助っ人として環境局と都市整備局の課長にも隅のほうに同席してもらったが、私の隣には第一次報告書の時に同席した中西副知事も岸本市場長もいなかった。

第二次自己検証報告書発表から二四日後の二〇一六（平成二八）年一一月二五日、行政監察の結果、二〇一〇（平成二二）年一一月から二〇一二（平成二四）年五月までの間に役職にあった当時の管理職が処分の対象とされた。現職職員、市場長一名を含む一二名に対して、「減給五分の一、一月～六月（相当）」などの処分が下された。また、OB、市場長経験者三名を含む六名には現役職員相当の処分内容であった。このほか、現役職員二名に措置処分が言い渡された。

小池知事はすでに第二回都議会定例会の一般質問の場で「退職者も含めて懲戒処分などのしかるべき対応を取っていく」と答弁していた。現役のみならず退職者であっても処分から逃れることはできない。裏切り者は地の果てまで追い詰めて止めを刺す小池流の非情さが垣間見えた発言であった。そうした印象を薄めるかのように、知事自身、「行政の長としてけじめをつける」とし、既に半額に減額されている給与を三か月間、一割カットする考えを明らかにした。

一丁目一番地

のり弁はがし

小池知事が掲げる都政改革の一丁目一番地が「情報公開」であることは、つとに有名である。時計の針を小池知事誕生直後の九月時点にもどし、その話をしたい。

九月二七日、市場当局は経済・港湾委員会に対して豊洲市場の移転延期と盛土がなされていないことを報告した。その際、議会側、特に共産党と民進党からは、東京ガスの工場用地を取得する際の交渉記録に関する資料要求がなされた。用地の取得を巡っては、議会の動きとは別に八月中旬以降、フリーの記者などからも公文書開示請求が相次いで出されていた。

委員会の二日後、情報公開に関するそれまでの都の方針を一八〇度転換する重大な決定があった。第二回都政改革本部会議が開かれ、三二〇項目の業務改善策が報告されるとともに、公文書開示請求に対する姿勢を見直し、「非開示情報を厳格に判断」する、すなわち「原則開示の徹底」の方針が打ち出された。

もともと情報公開条例では、個人情報や営業活動情報などごく一部の場合を除き基本的に公開すると明確に定められていたが、実際は黒塗りの開示が頻繁かつ当たり前のように行われていた。情報公開の担当者は原則公開を実行する前に、非開示・黒塗りの理由をひねり出すことに時間を費やしていたとは言いすぎだが、小池知事登場以前の都政において、条例の主旨と実際の運用が大きくかい離していたことは否定しがたい。

この乖離を一気に埋め、原則に立ち返ると高らかに宣言したのが、情報公開を東京大改革の一丁目一番地に掲げた小池知事だった。知事は全面黒塗りの開示文書を「のり弁」と表現し、徹底した情報公開を「のり弁はがし」と称した。そして、何の巡り合わせか、のり弁はがしの最初の踏み絵にされたのが、豊洲市場用地の東京ガスからの取得に関する公文書の案件だった。

一〇月上旬、いったんは従前どおりの「のり弁」状態の資料を経済・港湾委員会に提出すると同時に、記者など個人からの開示請求に対しては条例の規定に則って開示期限の延長手続きを取った。誤解を恐れずに言えば、役人の頭を切り替えるための時間が必要だったのである。

原則開示が条例の求めるところであることを理屈では理解できても、フルオープンで開示することへの心理的な抵抗が役人側には厳然としてあった。これまで長い間、ああだこうだと理由をつけてできるだけ開示しないように算段するのが役人の習いだったのであり、頭では分かっていても、急に手足は動かなかった。

東ガスの資料には、東京都と東京ガスで取り交わした覚書や協定書以外に、担当者レベルの打ち合わせで使用した資料や発言メモ、副知事と副社長による会談時の発言骨子など、これまでの都庁の常識では全部開示することはなかったものや、対外的にちょっとはばかられるものが多数含まれていた。

担当部長が準備した開示対象の資料の分厚い束を前に、市場長も私も途方に暮れた。中西副知事や安藤副知事に相談したが両副知事も同じ受け止めだった。

だが、議会の目はこんな時代遅れの役人の感覚に対して甘くはなかった。一〇月初旬の経済・港湾委員会の集中審議で、民進党の浅野克彦議員は「なぜ、開示できないのか」と厳しく追及した。担当部長は答えに窮し「相手方である東京ガスに現在照会中」と返答するのがやっとだった。

事実、このとき市場当局は東京ガスへの照会を行っていた。のり弁をはがしたフルオープンの資料を東京ガスに提示し、どこの部分を非開示にするかを問い合わせた。東京ガスからは「東京都としての最終的な案を見てみないと判断がつかない」とうまくかわされた。東京ガスにとっては、自分たちに開示・非開示の判断を押し付けられては困る、そもそも開示対象の文書は東京都が作成したものであって東京ガスは関知していない、というわけである。

そこで今度は、役人の目から見て非開示相当と思われる部分を黒塗りにした資料を作成し、東京ガスに再提示した。東京ガス側からは「時間がほしい」と返事があった。市場当局も全部開示した場合の問題点を洗い出す作業に取り掛かった。率直な第一印象は「ん？よくわからん……」だった。開示していいかどうか判断できないという以前に、文書の内容そのものが分かりにくいのだ。何を言っているのかを理解するのに手間がかかった。

記録された情報には事実の一から百までが過不足なく反映されているとは限らない。人間が記録し文書化する以上、記録された情報は断片的で恣意的にならざるを得ない。まとめ、概要、骨子といった文書であれば、作成者による情報の取捨選択が常に行われている。場合によっては余計な補足や追加もあり得る。

加えて、東京ガスとの交渉記録は時系列的にすべて整っていたわけではなかった。途中、空白期間があったり、前回分が抜けていたり、別添資料があったりなかったり、総じて不完全なものだった。

日の丸弁当

東京ガスからの返事はあっけないものだった。東京都と東京ガスの打ち合わせメモは東京ガスの出席者の氏名以外は全部開示、東京都が作成した表などの資料類も全部開示。まさにのり弁が日の丸弁当に、いや一面の「白いご飯」に一変する勢いだった。開示文書を目にすれば、漆黒の闇の世界から陽の当たる温室に場面転換したくらいの変わりようであることが理解できよう。

情報公開の大進展……。

もしかしたら、この一点だけが一連の市場移転騒動がもたらした価値ある成果だったのではないかとさえ思えてくる。それほど全面的な開示の衝撃は役人にとっては大きかった。相手方さえ了承すれば隠す必要などどこにもないことが証明されたといってもいい。結果的に情報公開が一気呵成に進んだ。東京ガスの英断、あるいはヤケっぱちとも取れる決断に敬意を表さなければならない。

のり弁はがしの効果はてきめんだった。以降、豊洲市場に関する都議会各会派からの資料要求に対して技術部隊の新市場整備部は、それまでであれば色々と理由をつけて渡さなかった資料であっても渋々ながら提供するようになった。これが議会の各場面で攻撃材料となって市場当局を苦しめることになったのは致し方ないことである。

……などと書けば、小池知事の情報公開第一主義は新たな都政の地平を切り開いたかのようにも思えるのだが、そこには大きな留保条件を付けなければならない。なぜなら、知事自身にとって都合の悪い情報は言を左右に公開されないことが、こののち常態化していくからである。誰のための一丁目一番地なのか、それ抜きにして情報公開は語ってはいけない。

築地市場の地下

市場移転問題では情報公開と同時に、常に科学的な知見が求められた。なかでも地下水汚染や土壌汚染といった、およそ一般人が触れることのない世界が大きくかかわっていた。そこで、市場当局が頼りにしたのが、環境局の土壌地下水のエキスパートだった。その担当課長は問題発覚当初から「豊洲市場は土壌汚染対策法上、問題ありません。地表がアスファルトなどで覆われ、地下の汚染物質との接触経路が遮断されていれば問題ありません」と法律上の基本的解釈を事あるごとに力説していた。しかし、勉強不足の素人がこの基本認識をストンと理解できるようになるまでには相応の時間を要した。

「じゃあ、なんで対策工事をあんなに金かけてまでやったんだ?」と初歩的な質問を素人からされても、担当課長は「さあ、何ででしょうね。土対法上は全く問題ないんです」と答えるだけだった。

ただ、この認識の差、つまり、土対法上の安全と日常感覚的な安心の落差はそのまま専門家会議での質問攻めにおける市場業者の感情論に跳ね返り、担当課長が土対法の解釈を専門家会議の場で説明すればするほど、かえって詰問されるという場面も少なからず生じていた。

土壌の調査はいきなり土を掘削するわけではない。前段として地歴の文献調査を実施する。過去の文献や資料に当たり、対象の土地に何が建っていて何が行われていたのか、病院、ガソリンスタンド、研究機関などを調べあげる。豊洲市場の地歴は埋め立て地、東京ガスの工場だが、片や築地市場に関しては「触らぬ神に……」ではないが、問題視してはいけない雰囲気が漂っていた。

一〇月あるいは一一月下旬のある日だったと思う。環境局の担当課長は上司の担当部長を伴って副知事室にいた。市場当局からは市場長と次長が出席していた。担当課長の手には過去に実施された築地市場用地の地歴調査の結果を地図にプロットしたA４版一枚の資料が握られていた。古くは江戸時代の大名屋敷、戦前の海軍施設や病院、戦後の進駐軍のクリーニング工場、現役の施設では自動車関連の整備工場や福祉保健局所管の市場衛生検査所などが記載されていた。

「何かが出ます」と担当課長は言った。

一番問題なのは進駐軍のクリーニング工場だという。地図には青果施設付近に○がふたつ記載されていたが、これはクリーニングに使用する有機溶剤のソルベントを貯蔵する大きなふたつのタンクを示している。

敗戦後の日本、オキュパイド・ジャパンの時代、空襲を免れた築地市場の一部は進駐軍に接収され、巨大な洗濯工場と化していた。当時の感覚から考えて進駐軍が有機溶剤を現在の基準に照らして適正に処理して廃棄したとは考えにくい。○で表示された位置を掘れば何かが出てくるにちがいなかった。

「この情報はマジ、ヤバいですね」

「豊洲よりいろんなものが検出されてもおかしくない」

「いや、移転にとっては都合がいいんじゃないか、逆に」

「築地市場は建て替えできないっていう意味ではね」

「だとしても、究極的には豊洲も築地もダメってことにもなりかねませんよ」

副知事室の面々は小さく絶句した。

ロードマップ

一一月一三日、日曜深夜。

私は自宅のパソコンの前を離れられなくなっていた。

すでに風呂に入り寝る態勢に入っていたのだが、市場長から電話が入った。一一月四日に公にしたものより数段詳細なロードマップをこれから作成するので、小島顧問とメールでやり取りしなければならなくなった。お前も付き合え、ということだった。

メールで送られてきた顧問作成のたたき台には専門家会議と市場問題ＰＴそれぞれの報告書公表時期や移転時期（「移転に向けた環境が整う」との表現）がはじめて明示されていた。三者がロードマップの内容で合意したのは午前一時半を回ったころだった。

一〇月以降、事態収拾の切り札だった専門家会議は、地下水の汚染問題や地下水位の上昇などで先行きが不透明となっていた。知事サイドも市場当局も事態をいったん整理し、今後の見通しについて一定の方向感を都民に提示する必要に迫られていた。このため、すでに一一月四日の定例記者会見の際に、移転問題の課題整理と行政手続きのステップを明らかにしていた。

①安全性の検証→②環境アセスメント→総合的な観点から移転の可否を判断→③必要な追加対策工事→④農水大臣への認可、この四段階であるが、ステップごとの具体的な時期はこの時点では明示しなかった（できなかった）。

そこで、さらに詳細なロードマップの策定が求められたというわけである。最終的には、移転時期を「二〇一七年冬～二〇一八年春」と設定し、「アセス再実施の場合はプラス一年程度」と結論付けた。

では、ロードマップの意味するところは何か？最大のポイントは、アセスをやり直す場合、プラス一五か月を要する点だった。可能性の話とはいえ、アセス次第では豊洲市場への移転時期が二〇一九年春以降にずれ込んでしまう。つまり、東京五輪開催の一年前になってやっと市場移転が実施されるということである。

他方で、ロードマップを示すことで踏むべき手続きが明らかにされ、外野からの性急な要求（一日も早く移転せよ）に対して、知事は急げないというお墨付きを得たことにもなった。こののち、知事はロードマップを盾に判断の先送りを正当化していく。

一一月一五日。

小島顧問が主導する市場問題ＰＴは、業者との意見交換を実施した。会合では、荷物を積んだターレ（運搬用小型車両）ではカーブが急で曲がりきれないなど、使い勝手に関する訴えが相次いだ。

これに先立つ一一月二日、豊洲市場において移転反対派の水産仲卸業者とＰＴメンバーが合同でターレ用スロープの機能性や車路の安全性の検証作業を非公開で実施した。意見交換の場で出された意見の多くは、この訓練の時に確認されたものであった。

市場当局は、市場問題ＰＴの動きに対して「勝手なことをしやがって」と苦虫を噛みつぶすばかりで、本質的に何がもたらされるのかについて自覚的だったとは言えない。

また、市場問題ＰＴの会合は会議公開のあり方において専門家会議と好対照をなしていた。ＰＴは傍聴者抜きのインターネット中継のみの会議公開方式を、専門家会議は傍聴者を交えたフルオープン方式を採用していた。インターネット中継イコール会議公開というが、実態は公開の名を借りた閉じられた議論、野次も質問も飛び交わない安全地帯に引きこもった会議だった。

三者会談

一一月一六日。

知事と小島顧問、平田座長による三者面談がセットされた。混乱する事態の収拾を図るには専門家会議の平田座長と市場問題ＰＴの小島顧問を知事に引き合わせる必要があると判断した市場当局の目論見と小池知事サイドの判断が合致して実現したものだった。

ところが、実際には座長と顧問の思惑が火花を散らす結果となった。専門家会議の平田座長と中島フェローは、定刻より早く都庁第一庁舎七階に到着し控室のソファに身を沈めていた。そこに小島顧問が少し遅れてやってきた。小島顧問は平田座長と顔を合わせるなり、正確には平田座長の肩越しに「なぜ八六〇億円もかけて土壌汚染対策を行ったのか。無駄だったのではないか」とまくし立てた。傍から見ていても小島顧問の権幕は度を超えており、大人の礼儀を失していた。

「なんなんですか、あの人は⁉」

温厚な平田座長も困惑と怒りの入り混じった感情を隠そうとはしなかった。

そんな一幕があったことなど知るはずもない知事との三者面談で小島顧問は打って変わっておとなしく振る舞う一方、知事から地下空間の対応策にかかる費用を問われた平田座長は「三〇〇億円です」と事もなげに即答した。これには知事も目を丸くして驚くしぐさをした。

壁際に座っていた私も三〇〇億円と聞いて耳を疑ったが、アメリカの企業が特許を持つ特殊なシートを使用して地下からの影響を遮断する場合にはこれだけの費用がかかるのだと英文のパンフレットを知事に見せながら説明する平田座長の姿は、ついさっき土壌汚染対策に巨額をつぎ込んだのはお前のせいだと詰問してきた小島顧問への意趣返しのようにも見えた。

平田座長からすれば、土壌汚染対策の全責任を自分に負わすかのような小島顧問の発言に対して防御線を張る必要もあった。全面盛土だったにもかかわらず建物下には盛土がなされず地下空間があり、盛土相当の適切な対策を講じなければならない。それにはこれくらいのコストは覚悟してくださいよ。いいですね、知事。平田座長の発言の真意はこんなところにあったのではないか。

一一月一八日、移転時期を「二〇一七年冬～二〇一八年春」と設定したロードマップの発表を受け、新聞各紙はその日の夕刊一面で「移転は早くても一年後」と報じ、翌日の朝刊でも大きく紙面を割いた。

そんな中、産経新聞だけは朝刊一面にでかでかと「市場問題PTが築地市場の老朽化した建物を耐震強化して存続を検討」のスクープ記事を掲載した。「関係者の取材で分かった」と記事に書かれた関係者が誰なのかは容易に想像がついた。

築地市場に手を加えて存続を検討することは、過去何度も失敗と挫折を繰り返してきた築地現在地再整備の悪夢の再現に他ならない。

移転は早くても一年以上先、再アセスともなればさらに一年を要することが明らかになり、そうでなくても築地市場の業界はいらいら、やきもきしていた時期である。そこに追い打ちをかけるように、現在地再整備の可能性を鼻先にぶら下げられれば、業者の心は少なからずぐらつく。そうなれば情報をマスコミに漏らした側の思うつぼだ。市場当局は火消しに追われた。

楽観

流行語大賞

二〇一六（平成二八）年の師走は、流行語大賞の発表と第四回都議会定例会の開会で幕を開けた。

「盛土」が大賞候補にノミネートされたとの一報は既に一一月中旬に届いていた。市場当局内では「大賞、行けるかもよ」などと軽口をたたく声もあったが、それもつかの間、知事は授賞式への出席依頼の打診を「盛土は私じゃない」と断った。確かに、盛土をすると決めて建物下の盛土をしないと決めた時期に小池知事が知事だったわけではない。小池知事は共産党よりも早く「盛土がないこと」を公表しただけである。この年の大賞は広島カープの「神ってる」に決定した。

一日に開会した都議会は秋の定例会の様子見状態から一転、小池知事VS自民党、ガチンコ対決の場と化した。知事は冒頭の所信表明で、二〇〇億円の復活予算の廃止を明言した。復活予算とは、毎年一月の知事原案発表後、都議会各党が業界団体などからの要望を受け、二〇〇億円の枠内で予算に反映させる都独自のシステムである。

政党にとっては「俺たちが予算をつけた」と誇示できる仕組みである。特に、自民党にとっては支持団体をつなぎとめるための権力の源泉として長い間、機能してきたと言われている。そこにいきなり手を突っ込まれたのだから、たまったものではない。小池、ふざけるな、となった。

七日の代表質問は異例中の異例の展開を見せた。事前の質問通告を自民党が拒絶。自民党に言わせれば、最初に「根回しはしない」と見えを切ったのは知事のほうだ、何が悪い、ということになる。このため、市場移転問題に限らずほとんどの質問が項目すらわからない状態のまま、知事も副知事も想定質問の分厚い資料の束を抱えて本会議場に入った。

トップバッターである自民党の代表質問がはじまった。登壇した崎山知尚都議は国と地方自治体との違いや二元代表制についての質問を皮切りに、次から次へ質問のマシンガンを撃ちまくった。庁内放送のテレビ画面に映し出された知事はペンを走らせ、質問を書き取るのに懸命だった。復活予算を廃止する理由、築地市場関係者の声の尊重、特別顧問の起用方法、側近政治批判、オリンピック会場見直しの経緯、入札制度に対する認識などなど、小池知事への批判材料を手当たり次第に言いつのった感が強い。

質問のじゅうたん爆撃を受けた知事が壇上で答弁ペーパーを散らかして答弁に窮してしまい、安藤副知事が救助に向かう場面もあった。知事は「前もって質問をうかがわないと正確な答弁ができない」として答弁を途中でいったん打ち切り、休憩を挟んで答弁を続けたものの、知事の声は野次と怒号でかき消され、議論は最後まで噛み合わないまま自民党の代表質問が終了した。

ネズミ捕り

自民党の質問攻めによって壇上であたふたする姿をさらした知事のイメージに傷がついたかと言えば、そうではなかった。むしろ、聞き分けのないいじめっ子体質を露わにした自民党が「男」を下げたというか、悪い印象ばかりが拡散した。

知事も負けてはいない。答弁中断の直前に「ネズミ捕りの話が抜けているぞ（黒い頭のネズミとは誰か）」とヤジられると、キッと自民党席をにらみつけ、「一言。ご想像におまかせします」とバッサリと返り討ちにした。

ネズミ捕りには少々説明が必要である。前週金曜の定例会見でのこと。オリンピック競技会場の見直しが知事の思惑通りに進んでいないことに対して「大山鳴動してネズミ一匹ではないか」と記者に問われた知事が「大きな黒い頭のネズミがいっぱいいる」と返答した。モノや金をかすめ取る身近な人間をネズミにたとえた慣用句を援用したアドリブで、オリンピック利権にたかる側をやゆしたのだ。

当意即妙は知事の十八番、自民党も野次り倒したつもりが知事に機転を利かせる場面をむざむざ与える結果になったわけである。

そんなことよりも印象的だったのは共産党の姿勢だった。代表質問終了後、「市場移転を巡って、わが党の提案に真摯に検討するとの知事答弁をいただいた」と、まるで与党になったようなヨイショ・コメントを出した。具体的には、豊洲市場の用地取得にかかわる東京ガスとの交渉経過を開示したことを高く評価してのことだったが、これまでの政権批判一本やりの党とはまるで別人の感があった。

自民党の大人げない知事攻撃と照らし合わせてみれば、平成二八年第四回都議会定例会は、小池知事との対決姿勢を鮮明にする自民党の「共産党化」と、市場移転問題を通じて小池知事ににじり寄る共産党の「自民党化」が同時並行的に表出した都議会だったと見ることもできるだろう。

市特

代表質問に先立つ一二月二日、「豊洲市場移転問題特別委員会」(「市特」〈いちとく〉と略す)の集中審議が始まった。代表・一般質問や経済・港湾委員会の審議だけでは不十分として、自民党主導でこの問題だけを質疑するための特別委員会の設置が一〇月に決定していたが、開会そのものは延び延びになっていた。

市特の各委員からは、盛土がない状態での安全性に関する質問が相次いだ。ここで言う安全性には二つの意味がある。ひとつは建物の安全性、具体的には地下に空洞がある施設の耐震性について。もうひとつは、盛土がないことによる食の安全性の確保について。施設の耐震性は市場問題PTでも問題なしとされており、市場当局として耐震性の追加工事は行わない方針を明らかにした。

一方、食の安全性に関しては「土壌汚染対策は法律を上回る高いレベルで実施」「盛土も安全の上にも安全を考えての対策」と繰り返し答弁した。だったら、盛土をしなくてもよかったのか、と反発されかねないもの言いなのだが、正直、そうとしか答弁のしようがなかった。

食の安全は法律上、確保している。土壌汚染対策法に基づく汚染物質の摂取経路を遮断する方法は、厚さ一〇センチ以上のコンクリート、厚さ三センチ以上のアスファルト、厚さ五〇センチ以上の盛土によるなどとされているが、食の安心を求める都民の声に応えるために二重三重の対策を講じた。盛土もそのひとつだった。市場当局が盛土がなくても安全と居直ったことは一度もなく、安心を得るためには何らかの対策が必要であることに変わりはなかった。

こうして市特の場でも、安全と安心の境目を巡る議論が何度となく交わされた。境界線は立場の違いによって前後左右し、一定のポジションに収まる気配はなかった。仕事納めの前日の一二月二七日に再び開催されたものの、開催頻度とは裏腹に新しい切り口が見いだされることはなかった。

第三回専門家会議

一方、月一のペースで進む専門家会議は一二月十日で第三回を迎えた。開会前、平田座長は（またしても！）怒っていた。事の発端は（またしても！）新聞記事だった。

二日開催の市特に関して、ある全国紙は翌日の朝刊で「盛土なくても安全」の見出しをつけて報じた。これを見た座長は、担当課長に抗議の電話をかけ、「盛土がなくても安全なら専門家会議を開く必要なんかないっ」と受話器の向こうで激怒した。

記事をよく読めば、「盛土なしイコール安全」といった単純な図式の記事でないことは明らかなのだが、記事の一部に建物構造上の安全性と食の安全が未分離のまま記述されていたこともあり、見出しだけが目に飛び込めば誤解を与えかねないのもまた事実であった。

新聞社はまさにそれを狙って意図的に耳目を集める見出しを付けたのだろうが、担当課長の弁明と説得だけでは座長の怒りは鎮まらず、都庁で直接説明する機会を設けて対応に当たった。一〇月一五日の悪夢が頭をよぎったが、第三回の開催条件として会議冒頭に市場長が経緯を説明し謝罪することで開催に漕ぎ着けた。

第三回は、九月下旬に建物下の地下空間の空気から基準を超える水銀が検出された件で、換気を実施した後の調査結果を巡る議論が中心だった。換気により水銀の濃度はいったん低下しその後再び基準を超えた。専門家会議は「換気は効果あり」とし、「水銀は地下空間のたまり水から気化したもので、密閉空間で濃度が上がった」と判断、水を抜き床面を露出させて調査する方針を確認した。

これにより水銀の件は落着となったものの、結果として二か月以上にわたり地下空間は水浸しのままになった。これを科学的な分析に必要な期間ととらえるのか、ロードマップを前に進める上での時間の空費と見るかは微妙である。

第三回専門家会議では変更点がひとつだけあった。傍聴の対象が築地市場の業者から一般にまで広げられたのである。公募を経て七名の一般人が参加した。一般の傍聴者といっても、長く市場移転問題に関与してきた筋金入りの反対派が大半を占めた。彼らからは、帯水層底面の調査が十分でないなど、素人には理解が難しい専門的な質問も数多く出された。

質疑だけで二時間半に及んだが、不平不満が噴出したことに対して平田座長は「どこかに不満の受け皿が必要」であり「専門家会議がその役目を負っている」と持論を強調し、業者に真摯に向き合う姿勢を改めて訴えた。

年の瀬

一二月には他にも様々な動きがあった。

知事は一二月に入ると築地訪問の意向をたびたび口にし、第一希望に年明けの初セリを挙げていた。目立つことを最優先する知事らしいと思った。市場当局は正月の混雑や安全面を理由に難色を示していたが、一九日、築地市場協会との団体ヒアリングの場で伊藤会長が早期に移転の可否を判断するよう要望し、知事自ら築地に来て市場業者に説明を、と迫ったことから、知事の築地訪問が、にわかに現実味を帯びてきた。

しかし、移転延期を決断した知事は、どの顔で築地市場に乗り込むつもりなのか。移転懐疑派や反対派にとってはヒロイン百合子だが、推進派は内心、諸悪の根源・混乱を招いた責任者だと苦虫をかみつぶしている。両派入り乱れての現場で何が起きるのかは予測不能と言わざるを得なかった。

一方、移転延期に伴う業者への補償問題は着実に進展した。二一日には「豊洲市場への移転延期に伴う補償に関する検討委員会」の第二回会合が開かれた。委員会の設置は一一月四日の会見の際に知事が明言、外部有識者（弁護士、公認会計士、中小企業診断士など）による補償検討委員会第一回が十一月一五日に開催されていた。

未開場の豊洲市場であっても業者にとっては設置済の設備関連のリース代などが発生し築地のコストと合わせて二重負担に苦しめられていた。冷蔵庫棟を整備した業者の場合、七階建ての冷蔵庫を知事が移転延期を発表する前から徐々に冷やし始めていた。途中で稼働を停止すると結露が発生し、設備が使えなくなってしまうため、延期後も中身がないまま冷やし続けなければならない。電気代だけで月三〇〇万円が消えていった。空っぽの冷蔵庫は無駄の象徴として何度もテレビ、新聞に取り上げられた。

こうした状況を踏まえて開催された第二回では、市場業者へのヒアリング調査結果が報告されるとともに、補償基準についての議論が深まり、具体的な補償スキームの構築に向けた動きが前進した。

以上のような複数の要素が絡み合う経緯を経て、二〇一六（平成二八）年は年の瀬を迎えた。

どっちを向いても謝罪を求められ糾弾される市場当局ではあったが、局内にはどこか楽観的な空気が漂っていた。盛土の責任問題は不十分な形とはいえ懲戒処分で一定の区切りがついた。都議会の追及は弱まるどころか厳しさを増していたが、論点はほぼ出尽くし、質疑も同じことを質問されて同じ答えを繰り返す堂々巡り状態だった。答弁に立つ部長級職員たちも場数を踏んで習熟してきていた。ロードマップの公表により今後の方向性も世の中に明らかにした。補償スキームができあがれば、いよいよ移転の方向に一歩踏み出せる。

残るは、第九回地下水モニタリングの結果だけだった。その結果も、第八回ではじめて環境基準オーバーが三か所測定されたからには、第九回で多少出ることは覚悟の上だった。ただし、仮に検出されたとしても、せいぜい十数か所、基準超過も数倍程度と見込んでいた。

第二部

反転と反撃

（二〇一七年一月から六月まで）

移転延期後、初の築地市場訪問で大歓迎を受ける小池知事

激震

ベンゼン七九倍

明けて二〇一七（平成二九）年正月。

新聞各紙は早くも七月の都議会議員選挙に焦点を当て、知事の新党設立をはやし立て、知事が擁立する候補者の数を競って報じた。二〇一七（平成二九）年の前半はすべての事象が都議選のフィルターを通して判断されるのだ。都議選までに移転ができれば、などと希望的観測を抱く余裕すらその時にはあった。

成人の日の三連休が明けた。一月一〇日火曜日、おとそ気分を吹き飛ばす一週間が始まる。朝から胃の底に未消化の摂取物が残ったような感覚があった。朝一だと思われた第九回地下水モニタリング結果の市場長報告は午後一に再設定され、それさえもズレ込んで、結局、モニタリングの速報値が市場当局の幹部にもたらされたのは夕刻だった。

幹部職員が着席し終わった市場長室は微妙な空気感に包まれていた。入室してきた新市場整備部の部課長の様子が変だ。一様にうつむいている。

資料が配布される。A3版・縦長の一覧表が数枚。調査地点二〇一か所の第一回から第九回までのすべての結果数値が細かい数字で網羅されていた。ところどころ、基準値を超過した個所が青色の枠で示されていた。

「で、結果は？」

市場長が結論を催促すると、担当の課長が眼鏡に手を添えながら「ええとですね……」と苦笑いとともに話し始めた。

「悪いです……。正直、悪いです」

そして彼は一呼吸おき、「五街区の一か所から環境基準の七九倍のベンゼンが検出されました」と告げた。

一瞬、耳を疑った。

市場長室から音が消えた。

何かの間違いじゃないのか。委託した調査機関は確かなのか。検査はちゃんとやったのか。一体どうなってるんだ。

右隣の市場長も左隣の企画担当部長もおそらく同じことを考えている。だが、数値は数値だ、変えようがない。二〇一か所中七二か所でベンゼン、シアン、ヒ素が基準値を超過。うち一か所で基準値七九倍を超えるベンゼンを測定。

この数字が何を意味するのか、恐ろしくて想像したくもなかった。しかし、ここまで出てしまった以上、最悪の最悪を視野に入れておかなければならない。

ベンゼン七九倍とは、これまでの前提がすべて覆され、移転問題が振り出しに戻りかねないということだ……つまり、豊洲への移転ができなくなることもあり得る。辛うじて冷静さを保持していた脳味噌の一割弱でそう考えた。それほどまでに破壊力をはらんだデータ爆弾だった。

担当の課長はそんな市場長や私の心境を見越してか、あるいは気にも留めずだったのか、データの概略を話し終えると、続けて今後のスケジュール案について説明を始めた。一両日中に調査機関から計量説明書が発行されること、結果公表に際しては平田座長と打ち合わせの上、専門家会議のコメントが必要なこと、業界等への事前説明、週末に予定されている第四回専門家会議における対応など、乗り越えるべき課題が山積みであった。

さらに加えて、二日後の一二日には知事の築地訪問が予定されていた。知事への説明方法やタイミングにも細心の注意を払わなければならない。ひとつでも順番や方法を間違えれば取り返しのつかないことになる。そんな不安が頭を駆け巡る。

続いて襲ってきたのは、この情報が外部に漏れることへの底知れぬ恐怖だった。前年の一〇月、第一回専門家会議開催の朝と同じ轍を再び踏むわけにはいかない。いや今度は建物下の地下ピットの空気から微量の水銀が検出された情報が朝刊に抜かれたあの時とは比べものにならないならないインパクトである。

「この資料、我々は持っていないほうがいいですよね」

私は市場長にそう促し、同意を得た。そして、ところどころにマーカーを引いたり書き込みを入れた資料一式を、存在してはいけないもののように説明者の手元にそっと押し返した。説明資料はその場ですべて回収され、市場長の手元にも私の手元にもメモ用紙一枚残らなかった。万々が一にも事前に情報が漏れた場合を考えざるを得なかった。そうなったとしても、自分のせいではないことを新市場整備部職員の前で身をもって示しておく必要すら感じていたのだ。

市場移転問題史上、最大最悪のドミノがスローモーション映像を見るように音もなく崩れ落ちた。同時に、パンドラの箱の底は完全に抜け落ち、箱はもはや原形をとどめていなかった。

専門家会議の平田座長にもベンゼン七九倍の情報が報告された。座長は市場当局以上に深刻かつ冷静にこの事態を把握し、直ちに基本的な考えをまとめて市場当局に通知した。

○八回目までほとんど検出されず、最後にこれほど数値が跳ね上がることは通常考えにくい。

○これまでの知見・経験がまったく通用せず現段階で判断することはできない。

○データを再チェックする必要がある。

胃薬

一月一一日、第一庁舎七階知事執務室。

市場長以下数名は葬儀の参列者のようにしずしずと知事執務室に入った。右奥に目をやると、長テーブルのお誕生日席に知事がいつものように座っていた。知事と目を合わせるのを避けながら所定の椅子を引いて着席した。気のせいか椅子がいつもより数倍重たく感じられた。続いて、ベンゼン七九倍を含む資料が知事の前に無言で配布された。

市場長からの調査結果を無表情で聞いていた知事は、ベンゼン七九倍が告げられると、一拍置いて「胃が痛い」と周囲にわざと聞こえるような少し大きめの声を発した。説明がさらに進むと、今度は「胃薬、あげよか」と関西弁のイントネーションで冗談を飛ばし、右手をマグカップに伸ばして軽く握る仕草をした。そして最後にもう一度「胃が痛い」と小さくうめいた。

データを記載した資料はGブリ出席者全員から回収され、それは知事も例外ではなかった。資料ペーパーはさながら危険物扱いだった。

気がかりなことがひとつあった。私の真向かいには宮地特別秘書が同席していたが、B5サイズのノートを開き首を左右に振りながら、説明資料に記載されたデータをしきりに書き写す彼女の様子が目に入った。

ベンゼン七九倍の第一報を聞いた時、小池知事は何をどう思ったのか。「胃が痛い」は包み隠しのない知事の本心だっただろう。その知事の頭の中に分け入ってみなければならない。

ベンゼン七九倍を告げられた時、知事の市場移転延期・短期収束シナリオは完全崩壊した。二〇一六（平成二八）年八月末に移転延期を発表し、九月上旬に地下空間の存在が発覚した段階に立ち返れば、知事及び知事サイドの思惑は、過去の都知事と都政、都議会の犯した政策上の誤りを徹底的に糾弾した上で、第九回の地下水モニタリング結果を確認したのちに移転延期を解除して早急に豊洲市場を開場する、これが勝利の方程式だったはずである。

移転延期を知事が英断し、その結果、豊洲市場整備にまつわる過去の悪事が次々と暴かれ、知事の手腕によって一件落着。こうなれば、小池知事の株はいやが上にも上がり、政権発足一年目の大きな成果をあっぱれ手にすることができる。

だが、それももはや幻でしかない。当初、延期解除後の移転時期として想定されていた二〇一七（平成二九）年二月も五月も完全に吹っ飛んだ。前年一一月に発表したロードマップも再考を余儀なくされる。「早ければ夏にも移転判断」など実現できる状況ではなくなった。

目論見が総崩れしたとき、知事はプランAに代わるプランBを準備していなかった。もちろん胃薬の用意もなかった。知事及び知事サイドが迫られたのはただひとつ、戦略の抜本的な練り直しだった。

同日、平田座長の指示により環境局所管の環境科学研究所に地下水の再分析が依頼され、分析機関に残置されていた検体を使ってシアンに関する再分析が実施された（ベンゼンは揮発性物質であるため再分析はできなかった）。その結果、分析の精度に問題はないことが確認されたが、検体が濁り底に泥が沈殿していることも同時に明らかになった。

翌一二日に環境局同席の元で実施した分析会社に対するヒアリングでは、分析会社の幹部社員から「検体は井戸の底のほうで採取した」「検体は濁っていた」との発言があり、ヒアリングを行った市場当局の管理職に不自然さを感じさせる結果になった。なぜなら、国のガイドラインでは「井戸から排水を繰り返し、新たにしみ出した地下水をたまった中間地点で採水すること」としているからである。

検体の濁りと井戸の底での採水に疑義が生じたため、その日の夜、新市場整備部の課長二名が急きょ分析機関に出向いた。その後、数日をかけて検体や資料の管理状況、現場写真、フィールドノートの記載内容の確認などを行ったが、大きな問題を見いだすには至らなかった。

エネルギー基地・豊洲

豊洲市場の地下は一体どうなっているのか、改めて豊洲市場用地の来歴を復習しておきたい。

豊洲市場用地が江戸時代には海だったのは言うまでもない。もちろん、勝どきも晴海も海の底だった。明治以降、日本の近代化が進められる過程で東京湾の埋立ては営々と続けられ、なかでも戦後復興期、高度経済成長期に埋立地面積は急拡大した。豊洲の埋立ては、まず付け根の部分から始まる。

戦前期、石川島造船所（のちの石川島播磨重工業、現在のＩＨＩ）が発祥の地である佃から、関東大震災（一九二三〈大正一二〉年）の瓦礫で造成された新しい土地に移ってきた。埋立地五号地などと呼ばれていたこの地に「豊洲」の名が付されたのは一九三七（昭和一二）年である。豊洲は工場や従業員宿舎が並ぶ造船所の町としてスタートした。

この豊洲の埋立地からさらに南西方向に突き出るように整備されたのが、豊洲市場が位置する「豊洲埠頭」である。昭和三〇年代の同時期、品川埠頭が造成され、晴海埠頭も拡張された。こうして隅田川の河口側から、佃・月島・勝どき、晴海ふ頭、豊洲埠頭、有明地区が運河を挟んで並列する埋立地の陣形が出来上がった。豊洲埠頭の土地所有者は東京都のほか、東京電力、東京ガス、東京鉄鋼埠頭が名を連ねる。豊洲埠頭に与えられた使命は、まさに戦後復興と高度経済成長に不可欠な電力とガス（及びその原材料となる石炭）、鉄鋼の一大供給基地としての役割だった。

豊洲埠頭は四つの顔を持つ。

ひとつ目が「石炭埠頭」の顔である。戦後の経済再建においては、限られた資源を鉄鋼などの重工業に重点配分する傾斜生産方式が採用された。当時のエネルギー源の大半は石炭である。戦後間もない一九四八（昭和二三）年から一九五〇（昭和二五）年にかけて、まず石炭埠頭が整えられた。国策事業として埋め立ての基本的な部分は東京都が都債を発行して実施した。完成した石炭埠頭には大型船のほか、数多くの艀（はしけ）が横付けされ、黒々とした石炭の小山が連なる間を大型トラックが行き来した。石炭埠頭は昭和四〇年代にエネルギーの主流が石油に取って代わられるまで機能し続けた。

ふたつ目の顔は「鉄鋼埠頭」であり、整備に際して設立されたのが土地所有者でもある東京鉄鋼埠頭(株)である。一九五九（昭和三四）年に完成した鉄鋼埠頭は一九七三（昭和四八）年に一七四万トンの鉄鋼取扱量を記録した。

第三の顔が電力埠頭としての豊洲である。東京電力は一九五六（昭和三一）年、戦後初となる最新鋭の石炭火力発電所を豊洲埠頭で稼働させる。この新東京火力発電所は七本の高い煙突が直列で並ぶ威容を誇った。

そして最後の顔がガス埠頭である。石炭埠頭と電力埠頭に隣接する位置に建設された東京ガス豊洲工場では、一九五六（昭和三一）年から一九八九（平成元）年まで、石炭を原料に都市ガスを製造していた。その過程でヒ素化合物が触媒として使用され、副産物としてベンゼン、シアンが生成された。

石炭から都市ガスが製造されていた当時、五街区（青果棟）にはヒ素化合物を触媒とする設備があり、コークス炉もあった。六街区（水産仲卸棟）には石炭置き場が、七街区（水産卸棟）にはコークス置き場がそれぞれ設置され、千客万来施設用地付近にはベンゼンやシアンを処理する沈殿池があった。

豊洲市場用地の来歴は、単に地下水汚染の原因を指示しているだけでなく、戦後復興期、高度経済席長期の日本が置かれた経済産業状況を色濃く映し出しているると認識しなければならないだろう。東京湾の埋め立て経緯をみてみると、まさに都市膨張の歴史であり、片や土地利用に着目すれば、大都市東京の機能更新の歴史としてとらえることもできる。

事実、現在では石川島造船所発祥の地にはリバーシティ21の高層マンション群がそびえ、石川島播磨重工業のドック跡地に整備されたアーバンドックららぽーと豊洲は近隣のタワーマンションの住民らで賑わっている。

そして、水産物世界最大の中央卸売市場が、江戸時代に埋め立てられた築地（「築き固められた土地」の意）から豊洲埠頭に移転した。これにより新たな都市改変が起動するのは間違いない。

百合子コール

視察

ベンゼン七九倍の現場に戻ろう。

知事も市場当局もその衝撃から立ち直れないまま、翌一二日早朝には知事の築地訪問が設定されていた。その準備は、地下水モニタリングの結果とは関係なく（というより、高い数値が出ないであろうことを暗黙の前提として）年明け以降、急ピッチで進められていた。

だが、ベンゼン七九倍が明らかとなり、しかも採水方法の疑義が払しょくされない状況下、調査結果が報告されていながら、いまだ公表されない中での築地訪問に突入せざるを得なくなった。

第九回の報告に合わせて、一二日当日の動きの概略についても知事説明が行われた。築地訪問の前半はマグロのセリと水産仲卸売場の視察、後半は会議室での業界団体との懇談、最後が青果部のセリ視察。滞在時間一時間半の間に分刻みのスケジュールが組まれた。

本庁から二〇名規模の管理職が動員され、要所要所に配置された。知事の車が青果門をくぐり青果部二階の駐車場に到着するのが午前四時五五分、市場当局幹部の集合時間はそれより一時間近く早い午前四時過ぎに定められた。市場長と私は一一日の知事説明終了後、直ちに築地市場に向かって知事動線を下見し、夜は場外市場エリアにあるビジネスホテルに宿泊した。

築地市場内の知事控室には念のため、業務用の防寒ジャンパー（通称ドカジャン）と使い回しの女性用長靴が用意された。一二日早朝、知事到着と同時に、築地市場の場長がドカジャンを知事に勧めると、知事は意外にもドカジャンにそでを通し、その上から持参のショールを羽織った。ただ、靴だけはマイブーツを履いたままだった。

午前五時一〇分、視察会場の卸売場に向けて知事一行は出発した。場内の管理職からは、このときすでに鮮魚卸売場が「危険なほどの状態」との報告が入っていた。卸売場が数多くの業者たちであふれかえっているというのだ。知事訪問が公表されると、移転反対派・懐疑派は「小池知事を歓迎しよう」と大書されたビラを配り大々的な動員をかけていた。彼らにとって知事訪問は一大デモンストレーションの好機だった。

知事一行は事務所棟の緩やかに曲線を描く廊下をしばらく進み、年季の入った階段をカンカンと音を響かせながら右手に降りた。地上には黒山の人だかりができていた。知事の姿がわかると歓声があちこちで上がった。仕事が一番忙しい時間帯であるにもかかわらず、どこからともなく人が湧いて出てきた。知事一行が群集をかき分けかき分け進むうちに、手拍子と百合子コールが沸き起こった。

「ユ・リ・コッ　ユ・リ・コッ」

「ユ・リ・コッ　ユ・リ・コッ」

「ユ・リ・コッ　ユ・リ・コッ」

私は必死で知事の後を追いながら周囲に目をやった。すると、両手を上下に揺らしながら群集をあおり立てる何人かの人物の姿が見えた。マグロのセリ場には報道陣のカメラが大挙して待ち構えていた。その様子に驚いた（ふりをした）知事は床に行儀よく寝かせられたマグロの隊列を興味深げに見入り、伊藤会長らから簡単な説明を受けた。セリ人たちは早朝に現れた稀代の人気者をスマホに収めようとマグロが並んだ狭い隙間を行き来し、知事の姿を写真に収めるのに忙しかった。移動の途中、知事に花束を渡そうとした市場関係者が知事随行職員に制止される一幕もあった。

続いて、マグロのセリ場から水産仲卸売場へ。仲卸の様子は、混雑を避けるためムービーカメラをプレス代表の一台に限定して撮影された。仲卸の狭い通路を進むが、行き交うターレや買出し人に阻まれて後続の御付きの者たちは遅れ気味になった。知事はマグロ専門の仲卸の店で切りたての刺身をほお張りご満悦だった。

その後、事務所棟に戻り会議室に入った。意見交換は儀礼的なものだった。伊藤会長が年度内の判断を要請したのに対して、知事は「専門家会議を通じて判断材料を確認したい」と答えた。この時すでに第九回の結果を知らされていた知事にとっては、年度内の判断など不可能なことぐらい分かりすぎるほど分かっていた。が、そんなことはおくびにも出さなかった。

最後の視察先は青果部のセリだった。青果部ではちょっとしたサプライズが待っていた。小池知事登場と同時に、階段状のセリ台に陣取った大勢の業者らが手に持ったグリーンのタオルや手ぬぐいを頭上で勢いよく回して歓迎した。中には緑色のパーティーグッズを頭にかぶった人もいた。青果部は異様な高揚感に包まれ、知事大歓迎に沸いた。青果卸の社長からセリの仕組みなど説明を受けた知事の顔は終始ほころびっぱなしだった。

この日の朝、知事は相反する思惑が交差し、熱狂に沸く築地市場の中心に降臨した救世主だった。小池知事ならなんとかしてくれる。小池知事なら自分たちの気持ちをわかってくれる。移転懐疑派・反対派の誰もがそう信じ、推進派までもが知事に希望を託した。立場の違う二つの勢力が共に小池百合子を祭り上げてしまった結果、知事は表面上どっちにもいい顔をし続けなければならなくなる。知事が意識的にそうしたかは別にして、呉越同舟の小舟はもう岸を離れてしまい、元の港に二度と戻ってくることはなかった。

雑味

築地訪問の翌一三日。

「地下水モニタリングの採水方法に疑義が生じている件」について知事に説明を入れた。説明のあと、市場長は恐る恐るある事柄を知事に申し出た。

「疑義が生じているデータをこのまま公表することは差し控えるべきではないでしょうか。いえ、決して公表しないと言っているのではありません。採水方法の疑義を晴らした上で公表すべきだということです」

市場当局の言い分を知事はぶ然とした表情で聞き入っていたが、聞き終わるなり「データを出さないことで都に対する疑義を生じさせ、さらに過去の調査にも疑いの目が向けられる。予定通り公表すべきです」と、考える間も置かず即座に市場当局の申し出を全否定した。

　想定していたこととはいえ、やはり知事は公表延期には乗ってこなかった。これはこれで真っ当な反応であり、情報公開を旗印にする知事として当然である。が、この時、私は知事の即断した態度から、かすかな変化を読み取ってしまったのだ。正論に含まれた微量な雑味のようなものを……。

　第九回の調査結果を知ってわずか中一日、データ公表の延期の申し出をきっぱり否定した知事の態度は、単に情報公開を第一にすえる政治姿勢に反するからという理由だけでは割り切れない何かが混ざっていた。そもそも、小池知事は役人の前で即決することはあまりない。判断留保のケースがほとんどだ。この習性からも即決の全否定には違和感を覚えざるを得なかった。どういうことかと言えば、知事の心の声を勝手に再生するとこんな感じである。

「なぜ市場当局はデータの公表延期などという姑息な手段で私の邪魔をしようとするの？　私には考えがあるの。あなたたち、余計な気を回さないで、さっさと調査結果を公表しなさい」

　そんなふうにも聞こえたのだ。単に私のセンサーの誤作動だったのかもしれないが、小池知事の迷いのない決定が逆に何か重大な裏があるのではないかと勘繰らせてしまったのだから仕方がない。

　発表延期の申し出を言下に否定した日の夜、知事はＢＳ放送のニュース番組に生出演し、翌一四日の専門家会議で公表される第九回地下水モニタリングの結果について「私はかなり厳しい数字が出てくる可能性が高い……」と口にした。番組終了後、広報担当課長のケータイにはマスコミ各社からの問い合わせが殺到し、一晩中鳴り止むことはなかった。

　翌朝の朝刊各紙はＢＳ番組を元に「厳しい数値が出る可能性」を知事の発言として報じた。そんな中、唯一、読売新聞だけが一面で「豊洲ベンゼンなど基準超え」の大見出しを打ち、「最終調査でベンゼンなど複数の有害物質が環境基準を超えて検出されたことがわかった」と断定した。

安全より安心

暫定値

第四回専門家会議を翌日に控えた同日（一三日）の午後、平田座長らとの事前打ち合わせは五時間近くに及んだ。結果、クロスチェックを実施し継続的に観測を行うことや二月の専門家会議はいったん中止し、委員による打ち合わせを綿密に行うことなどが合意された。

また、一四日当日の議事進行に関しては、第九回の結果を議論するだけで終了してもやむを得ないこと、第九回のデータ資料は会場受付で事前配布はせず議題に入る直前に議場配布することも確認された。事前配布による無用な混乱を避けるとともに、マスコミが座長の基本的考えを聞く前に競ってフライング報道することを阻止するためでもあった。

モニタリング結果資料の表紙には次のような注意書きが大文字で記された。

「第八回までのデータと比べ、急激に変動している箇所が多々あり、試料の採取方法等について確認中のため、第九回のデータは暫定値とする」

さらにデータの一覧表には、しつこいまでに「暫定値」の表記を施した。

困惑と冷静

一月一四日土曜、午後〇時半。

第四回専門家会議の会場である築地市場の講堂には、これまでを上回る数のテレビカメラが所狭しと並んだ。会議の冒頭、座長は地上と地下を分けて考えるべきで、地上は安全であると従来からの基本的な考えを改めて強調した。

議事が三〇分ほど進んだとき、第九回地下水モニタリング結果のデータ資料が傍聴者とマスコミ各社に配られた。資料をめくる紙ずれの音とともに、どよめきともうめきともつかない声がそこここから上がった。

担当課長が資料の説明を行った。

「数値が急激に上がっている箇所が多々あります」

声は心なしか緊張で震えていた。

ベンゼンが三五か所（最大七九倍）、ヒ素が二〇か所（最大三・八倍）、さらに検出されてはいけないシアンが三九か所から検出された。この結果に対して各委員から困惑の発言が相次いだ。駒井委員は「短期間でこれほど変化する例はほかに見られない現象」、内山委員は「奇異に感じる。一回だけでは判断できない」とした。中島フェローは「あまりにショッキングな結果。初めての経験で理解できない」と驚きと困惑を隠さなかった。

「地下水を甘く見てはいけない」

第一回専門家会議での座長発言がまざまざと蘇った。市場当局の職員のみならず、専門家までもが地下水を甘く見て地下水に逆襲されたのである。

座長は質疑においても、地上は安全、土壌汚染対策法上は問題ないと繰り返したが、出席した業者からは、「豊洲は移転する場所ではない」「安心がない限り移転できない」「汚染は永遠に出る」など、非常に厳しい意見が噴出した。座長も最後のほうでは「いくら説明しても空しい」と弱音を吐く場面もあった。

また、突出した第九回の結果の裏返しとして、一回目から八回目までの結果に対して疑いの目が向けられた。一回目から七回目まで何も検出されなかったものが、八回目でちょと出たと思ったら、九回目でドドーンと出たのだ。過去を疑わないほうがおかしかった。調査で操作や改ざんがあったのではないか、不正があったのではないかと傍聴者から詰め寄られた座長は「改めて調査する」ことを約束した。

閉会後、オブザーバー参加の小島顧問は座長にこんなことを漏らしたという。

「築地の人たち、意外と冷静だったね」

この淡々とした物言いの真意はどこのあったのかは推測するしかない。市場業者が冷静に受け止めてくれたことへの安堵なのか、それとも、もっと派手に拒否反応を示してくれると思っていたのに期待外れだったという落胆の意味だったのか。とにかく、四か月前の二〇一六（平成二八）年九月末、市場当局の管理職が第八回モニタリングの結果（三か所で基準値をわずかにオーバー）を伝えたときには、「あちゃー、出ちゃった。シナリオが……」と驚き嘆いていた同一人物とは思えないほど淡白な反応だった。

一四日の専門家会議終了後、マスコミ取材に誰よりも積極的に応じたのは、例の水産仲卸のまとめ役だった。彼は調査結果に対して、「これでは知事は安全宣言を出したくても出せない」「都に裏切られた気持ちだ」「安心かどうかは消費者が決める」「豊洲に行くべきではない」とまくし立てた。専門家会議の質疑では「開場後にこの結果が出なくてよかった」と小池知事の延期判断を高く評価する発言もしていた。

これはチャンスです

衝撃のモニタリング結果公表の翌日一五日日曜、知事は都内で行われたイベント後のぶら下がり取材で、記者から基準値を大きく超えた豊洲市場の地下水汚染について聞かれると、「安全と安心は違う」と即答した。

報道でこの発言を知ったとき、あれ、と思ったのを覚えている。

専門家会議の修羅場にいた人間にとっては、厳しい批判にさらされる専門家会議の側から、知事がひらりと身を翻して傍聴席側に飛び移ったようにも感じられた。実際のところ、知事のコメントによって、前日の専門家会議で平田座長が力説した「地上は安全」「法律上は安全」との見解が真っ向から否定されたに等しかった。

知事のコメントは場当たり的な反応などという軽はずみなものではない。考え抜かれた戦略に依拠していたとみるべきである。つまり、ベンゼン七九倍の報告時に漏らした「胃が痛い」発言から、専門家会議翌日の「安全と安心は違う」発言までの短い間に、きっと何かがあったに違いないのだ。厳密に言えば、一月一一日から一三日のわずか三日間である。

空白の三日間。

一三日といえば、市場当局が公表延期を申し出て知事が即座に拒否した日である。ここでまた私の妄想スイッチがオンに入る。

一一日、ベンゼン七九倍の報告を受けた知事は真っ青になって、ある人物にＳＯＳを発したのではないか。前年八月に移転延期を決断した時に思い描いていたのは、延期によって石原元知事や都議会自民党の過去の悪事を暴き出し、最終回となる第九回モニタリング結果を確認した上で自らＧＯサインを高らかに宣言して、早々に（五月の連休にでも）豊洲に移転することだったはずである。要は、悪人を退治する正義の味方を大々的に演出することだった。だが、そのシナリオはもうない。

相談されたその人物はしばらく考え込んで、やおら知事にこんな言葉を告げたのではなかったか。

「これはチャンスですよ、知事」

知恵の泉が誰だったのかはわからない。が、とにかく、知恵者の射程には夏の都議会議員選挙が完全に入っていた。都議選で勝つには、科学者の主張する安全を押し通すのではなく、安心を求める消費者に肩入れする必要がある。知恵者はカードを切ったのだ。

平田座長の科学的・客観的な説明よりも、消費者（すなわち有権者）の感覚的・心情的な拒否反応のほうを選択すべきである。なぜなら、そのほうが夏の都議会議員選挙に断然有利だからである。豊洲移転を推進してきた自民党に大打撃を与えることもできる。汚染の元凶は豊洲移転を強引に推し進めた自民党なのだと指弾すれば、有権者は知事になびくに違いない。

知事は知恵者の話を聞き終わると、一拍間を開けて、無言のまま大きくうなずく。内心、ニヤリとほくそ笑んだかもしれない。こうして知事は大ピンチを大チャンスに変える秘策を手にした。大げさな言い方をすれば、秀吉の中国大返しの決断、大衆の情動を操る小池百合子にふさわしい一世一代の方向転換だった。

こんなふうに妄想すれば、知事の「胃が痛い」から「予定通り公表すべき」への転換も、小島顧問の「あちゃー」から「意外と冷静ですね」への転換も、スッキリきれいに説明がつくのではないか。

知事の政治的な選球眼は冴えていた。が、同時に、平田座長の科学的な筋論を小池知事が消費者の感情論・感覚論で蹴とばしたのだ。その瞬間、安全・安心二分論の迷走が始まったとも言える。いくら科学的・法律上の安全が確保されても、食の安全を最優先に考える消費者にとっては安心できない。安心を感じられなければ安全とは言えない。安心こそが最も重要なファクターであり、そこを避けては通れない。

知事がこの曖昧模糊とした消費者心理を選挙目当てに強調してしまったがゆえに、平田座長が主張する「地上は安全・地下には対策」という極めて現実的で真っ当な解決の方向性は完全に打ち消され（このため、平田座長は時に市場業者からまるで極悪人扱いされもして）、地下水汚染問題は甲論乙駁の迷路にはまり込んでいく。

不思議なことにこの時期、ちまたでは豊洲市場を巨大な物流センターとして利用したいとする企業の名前がいくつか取り沙汰されていた。中国のアリババの社長が来日して知事に会ったとかどうだとか、真偽不明の噂話が夕刊紙、週刊誌ネタにされていた。ほかにもアマゾンや国内の流通大手の名も挙がっていた。

今から思えば、豊洲市場の位置づけが一定の（安全だが安心を得られない豊洲市場は、市場としてではなく別の用途で活用する）方向へと気づかないうちに印象操作されていたようにも感じる。あり得ない話ではない。

二か月ぶり

政治の季節

ベンゼン七九倍の激震がいまだ冷めやらぬ一月末、築地市場と都議会は「政治の季節」を迎えた。

築地市場では三〇日、任期満了に伴う東京魚市場卸協同組合（略称・東卸）の理事選挙が臨時総代会の投票により行われ、新たに二九名の理事が選出された。翌三一日の理事長選挙は、移転推進派の現職理事長・伊藤淳一氏と移転慎重派の早山豊氏の一騎打ちとなった。移転に反対する理事らの支持を受けた早山氏が二二対七の大差で新理事長に選ばれた。

これにより、築地市場全体を束ねる築地市場協会の勢力分布図は、移転推進の一枚岩から、推進派の伊藤会長（水産卸）、泉理事長（青果）と、反対派の支持を得た慎重派の早山理事長（水産仲卸）に大きく様変わりした。余談だが、この時同時に三人全員が一新された副理事長の中には、専門家会議で毎度お馴染みの水産仲卸社長もちゃっかり名を連ねていた。

一方、知事は東京都労働組合連合会（東京都庁職員労働組合や東京都教職員組合などで構成）の新年旗開きに招かれ、「都議選が実施される七月まで臥薪嘗胆で禁酒する」と宣言していた。

一月二九日、夏の都議選の前哨戦に位置付けられた千代田区長選が告示された。現職対新人の構図は小池VS自民の代理戦争の様相を呈した。結果は小池知事が支持した現職が次点候補にトリプルスコア以上の差をつけて圧勝。地元千代田区で大敗を喫した内田茂都議は夏の都議選への出馬断念に追い込まれた。スナイパー小池の正確無比な一発に「都議会のドン」も仕留められた格好だった。

都議会の動きもにわかに慌ただしくなってきた。共産党、民進党が百条委員会の設置を求める中、二五日、自民党のふたりの都議会議員が会派を離脱しないまま百条委員会の設置を会見で表明した。前年秋以降、百条委設置の要請はくすぶっていたものの、自民党が頑として否定していたが、その自民党の足元がぐらつき始めた。

各会派ばかりか各都議会議員は各人各様に夏の都議会議員選挙での生き残りをかけて、選挙に有利な立ち位置を我先に確保しようと血眼になっていた。百条委の設置も、都議選をにらんでの純政治的な動きに他ならなかった。

そして二月一六日、自民党の有志一一人が百条委設置を求める行動に出た。その顔ぶれは一一人の侍と呼べるようなものではなく、都議選に浮足立ち落選におびえる集団の名に恥じない面々だった。この分派行動に対して都議会自民党執行部や有力議員は、どうぞご自由に、やるならやってみなさいと言わんばかりの冷淡さだった。

それでも世論の流れを無視できず、二〇日の都議会運営委員会理事会で自民、公明両党も賛成に転じ、百条委設置が合意された。百条委員会とは、地方自治法第百条の規定に基づき地方議会の議決により設置される特別委員会を指す。地方公共団体の事務に関する調査を行い、関係人の出頭、証言、記録の提出を請求することができる。証言等の拒否に対しては禁固刑を含む罰則が定められている。百条委員会が通常の委員会と大きく異なる所以である。

一二年ぶりに設置された百条委員会が見え透いた政治的パフォーマンスの舞台であることは過去の経験からわかりきっていた。いつ誰が証人喚問されるのか、浜渦元副知事は黙っていても出てくるだろうが、石原元知事はどうするのか。市場当局にとっては厄介ごとがまたひとつ増えただけだった。

汚染残存

地下水の再調査と第八回までの調査内容のチェックのために二月開催が順延となった専門家会議が三月一九日、二月ぶりに開かれた。

いつも通り午後〇時半にスタートした会議では、民間機関が採水・分析した第九回地下水モニタリングの結果を、パージ水（井戸にたまった濁り水を汲み出して集めた水）によって分析を行った一か所を除き、正式な値（確定値）とするとともに、再調査の二九か所中二五か所で基準値を上回る有害物質を検出、ベンゼンは最大で百倍だったことが公表された。第九回の七九倍との比較では統計的には誤差の範囲内とし、推移をみる必要があるとした。

また、この再調査の結果を踏まえて環境基準を上回る汚染が検出された要因を以下の三点にまとめた。

一　地下水管理システムの稼働により地下水流動に変化が生じた

二　局所的に軽微な土壌汚染が残存している

三　A・P・プラス二・〇メートル以深の地下水に汚染が残存している

専門家会議が公式に「汚染残存」を認めた意義は大きい。一月一四日に発表したベンゼン七九倍が異常値でなかった以上、どういう形であれ地下のどこかに汚染が存在しているのは否定し得ない。これまでの経緯からとはいえ、「汚染が確認された箇所についてはすべて除去した」などと人を煙に巻くような従前の説明で済ませることは、もはやできなくなったのだ。

ただ、問題はここから先である。

「汚染が残存している。であるなら除去しろ（除去できないなら、移転なんてやめちまえ）」が移転反対派の主張であり、知事が言うところの「消費者の安心」にも通じる考えである。片や「汚染残存であっても地上は安全、地下には対策が必要」が平田座長の科学的・現実的な思考回路である。一度別れた分かれ道はどこまで行っても一本の道には戻らない。後半の質疑時間において両者の激突は不可避だった。

また、この日は第八回までの調査に関して専門家会議が過去のデータや実施体制を直接検証した結果も公表された。各街区のゼネコン等が受注したモニタリング調査では、パージをしてから採水するまでの時間にバラつきがあったり、採水をやり直す（再採水の）ケースがあったことなどが明らかになったが、専門家会議の結論として、採水までの時間の長短等で分析結果に影響はないことなどが確認された。

もうダメだ

以上のように要約すると、専門家会議が淡々と進行したように誤解されそうだが、当日の築地市場の講堂は、始まる前から一種異様な空気で満たされていた。前日からの相次ぐ新聞報道を受けて、平田座長は開始前の打ち合わせの段階から市場当局に対する不信感を露わにしていた。

発端は共同通信の配信だった。前日一八日午前二時の「再調査でも有害物質　環境基準超　一九日公表へ」との共同通信の第一報を受け、新聞各社が動いた。朝刊全紙が「再調査で基準超」と報じた。朝刊では物質名も数値も報道されなかった（つまり共同通信配信の範囲内だった）が、夕刊では「ベンゼン百倍」と正確な情報が一斉に報じられた。

ある新聞だけがすっぱ抜くことは、これまで何度となく煮え湯を飲まされてきた。だが、全紙横並びで同じタイミング、同じ内容というのはどういうことなのか、各社が秘密のリーク情報を等しく共有していたとでも言うのか。今回は情報源の人物がマスコミ各社に一斉送信したとでも言うのだろうか。首を傾げた。とにかく、情報は例によってだだ漏れだった。

専門家会議の冒頭、平田座長は情報漏えいの件に言及し市場当局の責任を追及した。築地市場協会の伊藤会長も「何なんですか、これは。組織的に流しているんですか」と語気を荒げた。市場長はひたすら謝罪し低姿勢を貫いた。

ここまでのやり取りで既に三〇分近くを費やした。委員の机の上と傍聴者の手元には電話帳と見間違うほどの資料の束が配布されていた。事務局からの説明が始まった。説明者は中島フェローと新市場整備部の課長が担当。課長による、どこかかったるい語り口の資料説明が延々と続いた。

午後三時の短い休憩を挟み、資料説明はまだ続く。平田座長としては科学的な根拠に基づく説明に不可欠な時間だった。しかし、傍聴席は違った。もううんざり、飽き飽きしているのが私の席にもひしひしと伝わってきた。傍聴者の我慢もそろそろ限界だ。座長がベンゼンが一〇〇倍出ても地上は安全、地下の対策として換気と床面処理が必要と説明するが、傍聴席からは座長の発言を遮って怒声が飛ぶ。

「我々をなめるのもいい加減にしろ」

「約束したことができなくて、豊洲は大丈夫だと言われても信用できるわけないじゃないか」

傍聴席全体が同調する。

四時間半に及ぶ資料説明が終わり、質疑に入る。東卸の就任したての副理事長が口火を切った。「無害化は無理だったと、はっきり言ってくれ」「このまま進めたら大暴動が起きますよ」と感情を露わにした。

発言を求める手が次々と上がった。

「市場の人間が無視されている」

「去年の一一月七日に移転していたら人間モルモットにされていた」

「豊洲はもうダメだ」

手厳しい意見に平田座長の顔が引きつる。いくら座長が「サイエンスとして見たときに安全かどうかを議論している」とマイクを握る手を振るわせても、業者の人たちの心には届かない。ある質問者から「専門家会議は解散して移転中止の進言を知事にしてくださ

い」との発言が飛び出すと、傍聴席から割れるような拍手が起こった。

業者や反対派の意見を辛抱強く受け止めていた座長もさすがにキレ気味となり「私がこれまでみなさんとの議論を打ち切ったことがありますか。それぐらいは理解してくださいよ」と半ば懇願するように言葉を絞り出したが、「だったら、議論なんかしなくたっていいっ」と全面否定のヤジが飛んだ。

もはや感情と感情のぶつかり合いに至っては収拾のつけようがない。会議開始から六時間が経過したとき、事態の収拾に動いたのは、あの水産仲卸の副理事長だった。彼は「結局、言い合いになってしまうので、これで最後に……」とその場を収めた。第五回専門家会議は午後六時四〇閉会した。

専門家会議と市場当局が事前に練っていた作戦では、第五回で地下空間対策の素案を市場関係者に提示した上で次回開催時に了解までこぎつけようと考えていた。実際にこの日、ベンゼンなどの揮発性物質に備えて地下空間での換気と床面を覆う対策が提起され委員間で議論もされたが、ベンゼン一〇〇倍の猛威にかき消さ

れる格好となった。当初、四月に予定していた専門家会議の報告書のとりまとめが大幅に遅れるのは不可避だった。

三月一九日はもうひとつ重要な出来事が同時並行で進んでいた。

後述する通り午後一時からは、浜渦元副知事に対する百条委員会の証人喚問が行われていた。しかも知事は八丈島視察に出掛けていて、午後四時五五分に新木場の東京へリポートに帰着予定だった。知事への報告は専門家会議と百条委員会それぞれに、まずは途中経過報告を知事付きの補佐官から入れ、知事の帰着後、最終報告を私が直接電話で知事に伝える手筈が整えられた。

長時間耐久レースとなった専門家会議が終了しても、私の仕事はまだ終わっていなかった。時間差なしの情報を欲する知事のオーダーに応える仕事が待っていた。閉会後の平田座長らによる記者レクを確認したあと、築地市場内の会議室から知事と特別秘書のケータイに電話をかけて荒れ模様となった専門家会議の速報を入れた。知事は「あーそー。あーそー」と私の報告の合間にくぐもった低い声で相づちを打ち、最後に「ご苦労」と言った。感情を押し殺した声からは、知事がどう受け止めたのかをうかがい知ることはできなかった。午前九時半に自宅を出てから飲まず食わずのまま帰宅したのは午後九時過ぎだった。

戦闘モード

予特

時間を少し遡る。

二月二八日、平成二九年第一回都議会定例会の代表質問が行われた。自民党は前回の対決姿勢一辺倒から一八〇度方向転換し、小池知事が就任後初めて編成した平成三〇年度予算案をヨイショするなど、気持ちが悪いほどにすり寄る姿勢を見せたが、小池知事の反応は冷淡そのものだった。

対照的だったのが公明党である。「私立高校の実質無償化は自分たちの強い要請で実現した」と主張すれば、知事も「人への投資につながる重要な政策との指摘は全く同感」と応じ、公明党との蜜月関係を見せつけた。

市場移転問題に関しては、「築地か豊洲かの二者択一、第三の道はないということでいいか」と自民党が迫ったものの、知事は「総合的に判断する」とかわした。築地か豊洲かの議論は予算特別委員会に繰り越された。

その予算特別委員会（略称・予特〈よとく〉）である。予特とは、年に一度、第一回定例会の期間中に開催される次年度予算案審議を目的とする特別委員会である。が実態は、その時々の重要課題や知事の基本姿勢を質す都議会の一大イベントである。

しかも、本会議とは違い、予特は一問一答方式で行われる。時間制限があるとはいえ、国会の党首討論のように都議会議員にとっても知事にとっても技量が試される大きな舞台である。勢い、各会派ともに力が入る。中でもいきみ立っていたのが自民党だった。本会議での代表質問では質問の事前通知をルール通りに実施するなど「良い子」で過ごしていたが、予特では再び「悪ガキ」に逆戻りしてガチンコの戦闘モードで臨んできた。

質疑一日目の午前三時、突如、自民党から追加の質問一〇問が伝えられた。しかも質問はすべて知事答弁だった。

知事答弁と市場長答弁では労力のかけ具合が全く異なる。知事答弁は、政治的な意味合いも含めて知事らしさを演出する必要があり、一言一句への神経の使いようがまるで違ってくる。そうと知った上で、質疑当日の午前三時に質問を追加するとは、自民党ふざけるな、ルール違反だ、と憤っても状況が変わるわけではなかった。

すでに市場長は、事前に通告のあった質問に対する答弁案を調整し終わり、翌日の質疑に備えて都庁近くのホテルにチェックインしていた。残ったのは私と数名の幹部職員だけだった。時間がない。人手もない。だが、対応するしかない。

企画担当部長、新市場整備部の管理課長とで次長室の小さなテーブルを囲み、送られてきたばかりの質問文を読み解いた。用意してあった想定質問でカバーできる部分と答弁をゼロから作らなければならない部分が混在していた。答弁案のアウトラインのイメージを三人で共有し、それぞれ三問ずつを分担、三〇分後にたたき台を作成して再集合することに決めた。年の功で（？）私は四問受け持つことにした。三人が頭を突き合わせ案文に赤字訂正を加えて、正味一時間で一〇問分の知事答弁案を完成させた。

想定される質問のうち、もっとも肝なのが豊洲市場と築地市場の安全と安心を巡る質疑だった。「知事の言う安心とは何か」「築地は安心で豊洲は安心できない理由は何か」。詰め寄る自民党に対して、汎用性のある答えを用意して知事に持たせる必要があった。

市場当局が作成した知事答弁案に「安心は消費者の理解と共感が必要」の文言を入れ、このフレーズを繰り返し利用する方針とした。知事は答弁ブリーフィングの場で自ら鉛筆を取って、「理解」の後ろに「納得」の二文字を追加した。この知事の加筆によって市場の「安心」のためには、消費者の「理解と共感」に加えて「納得」を得る必要が生じてしまった。クリアすべきハードルはさらに上がった。

　予算特別委員会の議場は、前年一〇月初旬に経済・港湾委員会の集中審議が行われた因縁の場所である。予特には知事・副知事に加え全局長が出席するため、その他の出席者は限定される。市場当局からは市場長と補佐役の企画担当部長が出席し、私は庁内テレビで推移を見守った。

　予特の質疑を「プロレスのようなもの」と表現したのは、ある局長級の言葉である。ヒール役の東京都が、行政や知事を批判する議会各会派にどんなに手荒く痛めつけられても、どんなに厳しい口調で意地悪な質問を投げつけられても、最後は時間終了のゴングが鳴って丸く収まる。それが議場での質疑応答だと言う意味らしい。

　が、この日は様相が全く違っていた。自民党は芝居抜きの徹底攻撃を仕掛けてきたのである。

　想定外の質問の連続に市場長は手元のペーパーをお守り代わりに持って答弁台に向かい、まったくのアドリブで冷や汗の答弁を繰り返した。答弁を終え、自席に戻る途中、最前列に座る知事からお守りに持っていたペーパーを渡すよう促されることもあった。知事は、答えに窮した時に自分もその答弁案を使おうと思い立ったのだろうが、その紙切れは質問とは全く関係のないダミーに過ぎなかった。市場長は周囲に悟られないように「これは違いますっ」と身振り手振りで知事に伝えて難を逃れた。

築地か豊洲か

「築地も豊洲も法令上問題ない。なぜ築地だけ安心で豊洲は安心できないのか」

　執拗に問いただす自民党に対して、知事はこう論ばくした。

「築地は今も現に営業しており、それは消費者の安心の証明であり、安心は築地のレガシーである」

　つまり、営業が継続されていることが安心の証明だというのだ。一方の豊洲は過去の約束も守られておらず不信感があり風評被害が生じていて安心できない。この理屈、なんだかわかったようでわからない。築地ブランドを唯一の根拠としているだけで、科学的な裏付けのない、ねじれた屁理屈ではないだろうか。

築地市場の科学的な安全性については、地下は築地も豊洲もほぼ同等の条件下（豊洲は汚染残存、築地は地歴上問題はあるが未調査。どちらも地表をアスファルトなどで覆っているので法的・科学的に安全）と言えるが、開放型の市場としての築地市場の衛生上の安全性や建築構造上の安全性は十分に立証されているとは言い難い。にもかかわらず、消費者の信頼を勝ち得ているという理由だけで、「こっちは安心」で「あっちは安心できない」と決め付ける知事の強引さは一体、何なのだ。

一月の段階で知事が夏の都議選の争点になり得ると発言して以降、「安全か安心か」「築地か豊洲か」の二者択一の二分法は、そのまま選挙における敵味方の峻別基準に直結してしまった。自民党が「築地か豊洲か、さあどっち」と迫れば迫るほど、知事は意固地になって曖昧答弁を繰り返した。

知事サイドは、「安全・安心」論では「安全より安心」の立場を鮮明にしつつ、「築地か豊洲か」論では最後の最後まで明言を避け、移転推進派にも反対派にもイイ顔をして最終選択権を保持する作戦をとったとみてよいだろう。

「築地か豊洲か」の総論を軸とする自民党の質問は、築地市場の地歴問題やアスベスト問題、衛生問題、豊洲市場の建築基準法上の検査済み証問題など多岐にわたった。

はぐらかしの天才

小池知事の最大のスキルは、ずば抜けたはぐらかし力である。相手の質問に真正面から返答せず、のらりくらりと攻撃をかわし、相手をへき易とさせて攻撃そのものを無力化する。何も答えていない、明らかにズレた内容を答える、全く関係のないことをしゃべる。それでも何かわからないが返事を返しているような雰囲気だけは醸し出す、しかも悪びれもせずに堂々と。

ではさっそく、二〇一七（平成二九）年予算特別委員会における自民党との質疑を題材に「はぐらかしの天才」事例を二つ見ていくことにしよう。

事例㈠　ネズミ

自民：（ネズミの死骸を大写しにしたパネルを高々と掲げて）築地は開放型ゆえにネズミ、カラスなどの侵入を防げない。築地の老朽化した状況をどう思うか。

知事：ネズミの前で答えるのも何だが、築地の現場は何度も見ている。これまで積み重ねた歴史、伝統も感じる。衛生面での課題があることは業者の方々もよく知っている。現に今、営業していることから、衛生確保にしっかり取り組みたい。

【解説】冒頭の「ネズミの前で答えるのも何だが」の部分は、オリンピック競技会場問題における知事自身の「黒い頭のネズミがいる」発言を本歌取りする形で、目の前の自民党議員を露骨にやゆしたもの。こうした機知に富んだ鋭い言い返しも小池知事の得意技である。聴衆は往々にしてこの手の当意即妙な対応に拍手喝采するものである。

こうして相手の機先を制した上で、老朽化を「歴史と伝統」にすり替え、課題認識を市場業者に押し付け、さらに築地が営業中とあえて口にすることで衛生確保の難しさを臭わせるなど、攻撃の矛先を二重三重に弱めようと知恵を絞る様子がうかがえる。

自民党のパネルを多用した攻めは共産党のお株を奪うもので「自民の共産化」を象徴するものだった。ネズミの死骸写真はさすがにえげつないやり口であったが、それなりにインパクトはあったのではないかと推察する。

知事の「ああ言えばこう言う」シリーズの中で、最も秀逸だったのは次のやり取りである。自民党は予特の質疑を通じて、築地市場はコンクリート等で地面が覆われているので豊洲と同様に法的・科学的に安全であるとする認識を知事に認めさせた。これを逆手にとって、今度は、築地市場の地面はひび割れがありコンクリートなどで覆われているとは言えないのではないかと詰問した。その場面である。

事例㈡　ひび割れ

自民：（コンクリートがひび割れた築地場内の地面の様子を撮影した写真パネルを示して）ひび割れているが、この状態でコンクリートで覆われていると言えるのか。

予算特別委員会でパネルを使って築地市場の衛生問題を指摘する自民党都議

知事：築地は八〇年の歴史を紡いできた。様々に改修しなければならない点がある。何より豊洲への移転を考えてのことだろう。石原知事のころからわかっていたことだ。

自民：覆われていないということでいいか。

知事：長い年月を経て様々な問題点があるのは課題である。改修、修繕について市場に指示をしてきた。

自民：この状態で覆われていると言えるかとうかがったのだ。

知事：いくつかのクラックがあることは写真が示す通り。ひびがあることは確かである。

自民：先ほどから質問している通り、覆われているかどうかを聞いている。

知事：古さからくる様々な課題があることは認めている。しかし今、再調査の結果を待ち、専門家会議が開かれる。判断材料を待っている。総合的な判断を待ちたい。

委員長：（業を煮やした委員長が質問者の背後から発言）適切な答弁を求められている。もう一度、明確な答弁を知事にお願いする。

知事：適切な答弁が何を指すのかわからないが、私はこの問題があるということは認めている。

【解説】 このシーンを庁内テレビで見ていた私は呆れ果てていた。誰が見てもコンクリートが大きくひび割れて土がむき出しになっている写真を見せられても、なお事実を率直に認めようとしない知事の態度にアングリ口が開いたままになった。この意固地さはどこから来るのか。ある意味、表彰モノである。

コンクリートで覆われているかとの問いに対して、第一アンサーは、八〇年の歴史と改修の必要性に触れ、石原元知事に責任転嫁するような言い方で返答。第二アンサーは、再び経年劣化の課題として市場当局に改修を指示したと意図的にすれ違い、第三アンサーで、ひびがあることは認めたものの、覆われているか否かについては答えず、第四アンサーに至っては、（築地ではなく！）豊洲の再調査や専門家会議に言及して総合的な判断と、トンチンカンな答弁をする。

しかもよく聞けば、その総合的な判断でさえ知事自らが行うのではなく、専門家会議の判断を待つと発言している。延々と続く禅問答に委員長が注意しても、「イミ、ワカンナーイ」と高校生のようなふてくされた絡み方で噛みつき、「この問題」という表現で議論の対象をぼかしつつ、やっとのことで自身の認識だけは表明した。

以上、概観したように、小池知事が言い逃れとすり替えの常習犯、しかも筋金入りの確信犯であることは誰の目にも明らかである。苦しい答弁に終始する場面もあったが、自民党も知事を最後まで追い詰めるまでには至らなかった。追及する側の技量不足も幸いして、予特第一ラウンドを見る限り、知事はのらりくらりと逃げ切ったように見えた。

だが、一連の空疎なやり取りは、マスコミにも都民にも「もういい加減にしてほしい」と言う雰囲気をまん延させてしまった。自民党ＶＳ小池知事の勝負の行方よりも、むしろうんざり感のほうがその後の事態の展開に大きな影響を与えることになったのは皮肉なことである。

百条委

石原氏と浜渦氏

百条委員会証人喚問の前哨戦は三月の初旬から始まっていた。石原元知事のメディアへの露出度が急速に増し、三月三日には日本記者クラブで会見を開いた。会見の朝、自宅を出る石原氏は心境を聞かれて「巌流島に向かう気持ちだ」と答えたが、武蔵のつもりだったのか、小次郎だったのかはわからない。

会見場に現れた石原氏は、自宅を出入りする時に見せた老人然とした姿は鳴りを潜め、往年を思わせる毅然とした立ち居振る舞いだったが、「最高責任者として裁可した責任はある」としたものの、具体的なことは「部下に任せていた」「詳しい説明を受けていない」など、その発言内容は自己弁護と自己保身に終始した。この態度もまた往年のままだった。

会見の途中で石原氏は小池知事の移転延期を「不作為」と非難したが、同日、こうした石原会見の概要を市場当局が知事に説明すると、知事はたった一言、「男らしくない」と感想を漏らした。

百条委員会からの資料要求は各会派が我先に事項を列挙したものだから計二八二項目にのぼり、重複事項の整理だけで何日もかかった。結局、提出資料は段ボール箱約一七〇個分にのぼった。大半が新市場整備部関係の資料、その原本を整理するだけで一か月を要した。新市場整備部が仮の事務スペースを構える第一庁舎二七階に一歩足を踏み入れると、オフィスの床一面に資料の山が資料番号順に並べられ、足の踏み場もなくなっていた。

そういえば、各会派に運び込まれた段ボールの山をバックに自撮りをしてヒンシュクを買った女性都議会議員もいた。汗と涙と徒労感と失笑の準備を終えて、いよいよ一二年ぶりの百条委員会が始まる。が、本番の前に市場当局の職員はほとほと疲れ果てていた。

百条委員会の証人喚問は、次の日程で実施された。

三月一一日（土）　福永元副知事、大矢元市場長
　午後一時から四時五〇分
同日、東京瓦斯(株)現職元職の取締役会長ら九名
　午後五時一五分から九時二〇分
三月一八日（土）　四名の元市場長（森澤、比留間、岡田及び現職の中西副知事）、東京都財産価格審議会の元・現会長各一名、不動産鑑定士二名　午後一時から八時二〇分
三月一九日（日）　浜渦元副知事　午後一時から六時
三月二〇日（月）　石原元知事　午後一時から二時四五分（ドクターからの事前要請により大幅短縮）
四月四日（火）　前川元知事本局長、赤星元政策報道室理事、野村元知事本部首都調査担当部長
　午後一時から九時五分

証人喚問が行われる前から、百条委員会に提出された膨大な交渉記録等の内容が新聞・テレビで盛んに引用・紹介され、マスコミ報道のボルテージはいやが上にも高まった。いわく、水面下で強引な交渉、東ガスに豊洲売却迫る、二者間合意で土壌汚染対策、なぜ瑕疵担保責任放棄?などなど。

こうして深まる疑惑の延長線上に、公明党、共産党、かがやけｔｏｋｙｏなど各会派の『豊洲移転物語』が組み立てられていく。ストーリーの概略はこんな感じである。

一九九九（平成一一）年春、都知事に就任した石原氏は、古くて狭くて危ない築地市場から豊洲への市場移転を独断決定し、東京ガスからの用地取得交渉を右腕である浜渦副知事に一任。浜渦氏は「水面下でやりましょう」と東京ガスに持ちかけるなど剛腕を振るって交渉に当たる。脅しとも取れる働きかけを手下の赤星理事とともに行う一方で、金銭面では東京ガスに有利になるように土壌汚染費用の減額に応じ、将来的な

負担も免除するなど、いくつものアメを東京ガスに与えて用地取得をついに成し遂げた。結果、汚染まみれの土地に生鮮食料品を扱う中央卸売市場が移転することになったが、膨大な費用をかけて対策を打ったにもかかわらず、汚染は残ったままで移転は頓挫しかかっている。この責任は誰が取るのか。石原元知事と浜渦元副知事はけしからん奴らだ。罰すべし、罰すべし。

浜渦氏の悪役然としたキャラクターも手伝ってか、ニュース報道やワイドショーを通じて情報に接した多くの都民・国民にとっては、スッと頭に入ってくる非常にわかりやすいストーリーだったに違いない。いわゆる悪者がはっきりしている勧善懲悪活劇としてである。近視眼的に見れば、浜渦氏による強引な交渉は実際あったのだろうと思う。まあ、あの人ならやりかねない（なにしろ、ベルトを喧嘩の武器に使うことを得意とするような人だったのだから）。

たしかに、用地取得を巡る怪しげな交渉過程を質すことも必要かもしれないが、浜渦氏の役回りはあくまでも石原氏の仕事請負人である。老朽化と狭隘化が限界に来ていた築地市場の現在地再整備がいよいよデッドロックに乗り上げ、移転候補地が豊洲に絞り込まれようとしていた状況下において、石原氏から「お前がなんとかしろ」と下命された浜渦氏は汚れ仕事と承知の上でその任務を果たしたに過ぎない。

では、浜渦氏を動かした石原氏が豊洲移転の黒幕かと言えば、それは少々筋が違うと思う。石原氏は豊洲移転を決定する最終段階でたまたま知事に就任した人物である。豊洲移転（というより、築地市場をどうするか）問題は、石原氏が知事に就任するはるか以前から延々と議論され甲論乙駁があり右往左往しニッチもサッチも行かなくなりかけた難題だった。石原氏は、市場業者のわがままに振り回され、時間と経費だけが垂れ流される事態に終止符を打つべきタイミングに巡り合わせた部外者ととらえるべきである。

当の石原氏にとって市場移転問題など、正直どうでもよかったに違いなかった（市場移転問題よりも、NOと言えない日本こそが問題だった）。当時、石原氏が中央卸売市場を内陸部、具体的には圏央道が予定される多摩地域に移転するアイデアを口にしていたのは有名な話である。今では圏央道沿い（特に埼玉県下）

は巨大な物流センターが林立する地域に大変貌を遂げた。誰かのアイデアの受け売りだとしても発想の先見性は素直に認めるべきだろう。

全国の漁港で水揚げされた鮮魚がトラックで運ばれる先がウォーターフロントに位置する市場である必要など微塵もないというのが石原流の合理主義だが、魚河岸に自らのルーツがあると信じてやまない市場業者にとっては到底受け入れられる話ではなかった。石原氏は、外部の視点を有した部外者であり、業者に寄り添うことなどこれっぽっちも感じていなかっただろう。ただし、だからといって時の為政者として最終的な決定の責任を免れることにはならないのは言うまでもない。

石原氏の肩を持つ持たないとは一切関係なく、時間軸を東京ガスとの土地売買交渉時期に限定してしまっては事の本質を見失いかねない。誤解のないように付言すれば、三期目に入った当時の石原知事が「わが日本の技術力をもってすれば汚染は除去できる」と大見得を切ってしまったことが、市場移転問題の混乱と混迷に拍車をかけたのは否定し得ない事実である。

そこで、何かと一筋縄ではいかない豊洲移転決定までの複雑怪奇なプロセスを以下に概観しておきたい。

長く曲がりくねった道

豊洲市場は東京ガスの工場跡地に建っている。ガス工場の操業は一九五六（昭和三一）年から一九七八（昭和五三）年までの二〇年以上にわたって続いた。

この地に白羽の矢が立ったのは、青島幸男氏が都知事に就任し世界都市博覧会を公約通り中止と決定した一九九五（平成七）年頃のことである。この時期、築地市場では一九九〇（平成二）年に着工した現在地再整備工事が早くも暗礁に乗り上げていた。大幅な工期の遅れ、増大する工事費、完成は早くて一〇年後と再試算され、業界内に不協和音が広がっていた。

そんな中、一九九五（平成七）年の暮れに開かれた築地市場再整備推進協議会幹事会の場で、ある資料が東京都から提出された。そこには臨海部の空地の名称が列記されていた。有明、中央防波堤、大井、豊洲、晴海の五地点である。

年明けの同幹事会で豊洲移転案が浮上したが業界の意見は割れた。水産卸は「検討できない」、水産仲卸は「移転不可能」とした一方で、青果や水産の買出、買参関係者は「検討の余地あり」とした。前後して、市場当局は港湾局の仲介により東京ガスとの接触を開始したが、この時は入り口の意見交換に止まる。

基本計画を見直して続行された築地市場の現在地再整備は、場内をいくつかのブロックに分けて順番に移動させながら工事を進めるローリング方式が採用されたが、その第一歩でつまずく。起点となる買荷保管所が強い拒否反応を示したからである。一九九八（平成一〇）年春、業界六団体は市場長宛てに臨海部への移転可能性を検討するよう要望書を提出。市場長は「移転可能性の判断には業界の一致した意思が必要」と回答し、一二月までに確認文書を提出するよう逆要求した。

「まとまらない・まとめられない」業界体質を熟知する市場当局側が釘を刺す形となったが、あにはからんや、水産仲卸は一一月三〇日に全組合員投票で現在地再整備とした上で一二月、これを機関決定した。一方で水産卸や青果の組合などは、移転賛成の立場から知事宛てに意見表明をした。結局この時も、「まとまらない・まとめられない」築地市場の伝統はいかんなく発揮されることとなった。

翌一九九九（平成一一）年、築地市場再整備推進協議会は二月から七月の半年間で一二回の会議を重ね、中断を余儀なくされている現在地再整備について再度検討し直した末、東京都提案の五案と水産仲卸独自案すべてを不採用と結論付けた。

そしてこの年の春、潮目が大きく変わる。四月、水産仲卸の東卸組合の理事長に移転賛成派の伊藤宏之氏が、また都知事に石原慎太郎が就任した。石原知事は九月に築地市場を視察した際、しかめっ面をして「古い、狭い、危ない」と評した。こうした状況を受け、都も業界も移転に向けた意見集約に動き出す。一〇月、水産仲卸を除く各団体の長は連名で移転方針の早急な判断を求め、一一月、推進協議会は「移転整備へ方向転換すべき」と意見集約を行った。にもかかわらず水産仲卸は、推進協議会と同じ日、再整備促進と移転計画断固反対を市場長に要望した。

確認しておくが、一九九九（平成一一）年の時点では、豊洲市場用地の土壌汚染は顕在化していない。築地市場の老朽化と狭隘化は待ったなしの課題であったにもかかわらず、また、現在地再整備がデッドロックに乗り上げていたにもかかわらず、水産仲卸が移転に反対する理由は何だったのか。今日も明日も昨日と同じように同じ場所で商いができなきゃイヤだと駄々をこねていたに過ぎなかったのではないか。

現在地再整備への異常とも思える執着と固執がこの後、事態を悪化、複雑化、長期化させ、膨大な時間と労力と金を浪費させることになるわけだが、そんな水産仲卸の体質を横目に、ついに現職副知事が重い腰を上げる。一九九九（平成一一）年一一月一一日、福永副知事が東京ガスの副社長を訪問。公式な記録上、この日を契機に東京都は東京ガスと正式な交渉を開始する。その後、福永副知事ではらちが明かないと見た石原知事は懐刀の浜渦副知事に交渉役を任せる。ヒール役の登場、いよいよ用地取得の最終段階である。

用地取得の大前提にあるのは、東京ガスは東京都が目を付けたあのウォーターフロントの一等地を売る気などさらさらなかったという事情である。この点を見逃してはいけない。東京ガスはあの土地を自ら開発して一もうけしようと計画していた。民間企業として当然のことである。

それがどこでどう間違ったのか（と東京ガスは感じていただろう）、青島知事の登場により世界都市博覧会が中止され、臨海部の開発の先行きが不透明になった時期に舞い込んできた市場の移転話。なんでまたよりによってガス工場跡地に市場なのか、はじめは東京ガスも首を傾げたであろう。

当初、言を左右に土地の売却を拒んでいた東京ガスも、東京都さんがそこまでおっしゃるのなら根元の部分だったらいいですよ、と態度を軟化させた（ゆりかもめの豊洲駅に近いエリア）。しかし、先端部だけは何としても死守しようとした（水産仲卸売場棟の六街区と水産卸売場棟の七街区）。最も価値の高いエリアだったからだ。

それでも東京都は諦めない。都側にも都側なりのひっ迫した事情があった。すったもんだの末にようやく移転候補地を豊洲に絞り込もうとしているのに、ここで豊洲を逃したら築地市場問題は永遠に解決できなくなる。都側に相当の焦りがあったのは確かだろう。東京ガスが譲歩してきた豊洲の根元部分では面積が足りない、しかも住宅地に隣接しすぎている（江東区民にとって市場は迷惑施設と位置付けられていた）。東京ガスが妥協案として提示した根元部分では市場業者を説得する自信もなかった。困った。なんとか先端部を……。

都はあの手この手で東京ガスを籠絡しにかかった。公共性まで持ち出して東京ガスを説得する。徐々に押し込まれる東京ガス。二〇〇一（平成一三）年一月、東京ガスは豊洲地区の土壌汚染を発表し、暗に「ここは生鮮食料品の市場には適さないですよ。それでもいいんですね」と都にメッセージを送ったが、都は意に介さない。同年七月、都と東京ガスは基本協定を締結。そして、ついに紆余曲折の果ての同年一二月、豊洲移転が正式決定される。

イリュージョン

浜渦氏が二〇〇五（平成一七年）年六月の百条委員会をきっかけに辞任に追い込まれた後、土壌汚染対策の費用負担の問題が持ち上がる。

豊洲の土地汚染は東京ガスも都側も百も千も承知だ。東京ガスは豊洲に限らず都内各地に同様の土地を何か所も所有する大地主だった。至る所で同じような問題を抱えていた。都も当然わかっていたが、地表を固く覆ってしまえば問題ないと受け止めていた。今も昔も土壌汚染対策法上、それで問題はない。つまり、土壌汚染は市場移転の障害だとはまともに認識されていなかったのである。しかも、東京ガスは当時の都条例を先取りする形で対策を講じ、その後、条例を上回る水準の対策まで実施している。当然のことだが、いずれの対策も東京ガスの自腹である。

その上で、都から「もっと土壌汚染対策をやってくれないと困る」と言われたことから、対策の内容や費用負担を巡って都と東京ガスの間で激しい応酬が生じ、結果として東京ガスが七八億円を負担することで決着した。七八億円とは、二〇〇五（平成一七）年合意に基づき、仮に対策を講じた場合を想定して算出された金額である。

二〇〇八（平成二〇）年五月、ベンゼン四万三千倍が発覚。二年後の二〇一〇（平成二二）年一〇月、石原知事が築地市場の豊洲移転を正式に表明。

豊洲市場用地の土地売買契約が都と東京ガスとの間で締結されたのは翌二〇一一（平成二三）年三月であり、そこに盛り込まれた「今後、東京ガスは土壌汚染対策の費用を負担しない」旨の条項をもって、都が東京ガスに便宜を図って瑕疵担保責任を放棄したものだと決めつけていいのだろうか。

たしかに「今から目線」で見れば、八六〇億円もかかった土壌汚染対策費用のうち、東京ガスはたったの七八億円しか負担していない、となってしまう（これこそが、事実が歪んで投影される「今から目線」の恐ろしいところだ）。そう見えてしまったからには、不公平だ、けしからん、東京ガスはもっと負担しろ、きっと裏取引があったに違いない、ということになる。

がしかし、八六〇億円は結果であり、都が法令を二重三重に上回る対策を講じたために発生した費用である（なぜ二重三重の対策を講じたのかと言えば、汚染に対する都民・業者の不安を取り除くため、安心（！）を得るためである。こうして専門家会議と同じような堂々巡りの事態に陥る）。

東京ガスはそれ以前に、やるべき対策をちゃんとやっていたことは先に触れた通りであり、あんなに汚染されていたのだから、東京ガスはもっと対策を講じておくべきだったという一見「正論」に聞こえる意見もまた、「今から目線」が生み出すイリュージョンなのではないか。

七八億円は、東京ガスが社会的な責任を認識して負担したものであり、それ以上の将来負担を東京ガスに求めないとした「土壌汚染対策の費用負担に関する協定」（二〇一一〈平成二三〉年三月三一日）の条項に合理性はあるとすべきだろう。

顛末

百条委のその後である。証言者の偽証認定を巡って、自民党の委員長が「曖昧かつ薄弱な理由での偽証認定」に反対し委員長辞任を表明。これに対して自民党以外の会派が委員長の不信任動議を提出するといったコップの中の内紛劇があった。公明党の委員長に交代したのち、予定のシナリオ通り偽証告発に踏み切る。

浜渦氏と赤星氏の証言が偽証とされた理由は「平成一七年七月の基本合意以降、両名は市場移転問題に関わっていなかったとしているが、状況証拠からして虚偽の証言である」というものだった。

なんのことはない。東京ガスの瑕疵担保責任の免除といった議論の核心部分を取り上げての告発ではないのだ。単に「君らはボクたちの前で（ちっちゃな）ウソを言ったよね」というだけのことだった。

各会派が「告発の決議を求める動議」に関する趣旨説明を行った日、この時ほど自民党の主張が真っ当だと感じたことはなかった（この時以外は他会派同様、党利党略的な発言が目に付くのはご承知の通りである）。自民党は、ある証言を虚偽の陳述として告発するためには、それが客観的事実と相違する証言であったというだけでは足りず、証人が事実をわかっていたのに故意に記憶や事実に反する発言をしたというところまで立証する責任があると主張。この基本認識に立って他会派の偽証の主張を論破しようとしたが、衆寡敵せず、多数決で動議は成立した。

二四人の証人に計二三時間の尋問が行われた百条委員会の結末はどうだったのか。世の中が百条委員会のことなど、とっくに忘れ去った翌二〇一八（平成三〇）年三月末、検察は百条委員会の告発に対して不起訴の判断を下した。自民党は同年六月、第二回都議会定例会の代表質問冒頭で、東京都の議会局の顧問弁護士らが「告発は慎重に検討すべき」との見解を文書にして各会派に配布していた事実を明らかにし、「そらみたことか」と言わんばかりに、偽証告発を推し進めた他会派の行動を「大失態」となじった。だが、世間の注目を集めることはなかった。

都議選目当ての思惑とストーリーありきの政治ショーの行き着いた先がこのザマだった。自民党以外の都議会各派に反省の色はなかった。

会議三昧

円卓会議、のようなもの

予算特別委員会の質疑が終わり、百条委員会では浜渦元副知事、石原元知事らに対する証人喚問が終了した。こうして注目のイベント日程があらかた佳境を過ぎたころ、マスコミも世論も「築地か豊洲か」の議論に早く決着をつけるべきだと感じ始めていた。このままでは、問題点がほとんどすべて詳らかになったにもかかわらず、知事の煮え切らない態度がダラダラと続くように思われた。

知事は「総合的な判断」と繰り返していたが、いつになったら判断するのか。「総合的な判断」とは、けだしマジックワードであった。何を聞かれても「総合的に判断する」と言い逃れることができ、何が総合的なのかと問われれば、専門家会議や市場問題PTでの議論を引き合いに出して煙に巻くことができた。市場当局も目の前の事象に忙殺されるばかりで、最終的な判断権を知事に握られたまま宙ぶらりんの状況に置かれていた。

片や知事サイドも予特における自民党の攻撃を十分にかわし切れたとは思っていなかった。むしろ、三月末に控えた「締めくくり総括質疑」（予算審議を旨とする第一回定例会を文字通り締めくくる総括的な質疑の場）を乗り切るには、何か新しい手を打ち出して局面に変化をつける必要があると感じていた。

そんな折、市場長と私、企画担当部長の三人が安藤副知事に呼ばれた。

「知事に頼まれたんだが……」

そう副知事は切り出した。知事からの打診は、築地か豊洲かも含め、さらには市場のあり方そのものを議論するための会議体のようなものを立ち上げてほしいというものだった。あるドクターKが知事に進言したとされ、知事からは「円卓会議のようなものを」と告げられたそうだ。

「週明けの締めくくり総括質疑を乗り切るためですか?」

明け透けに問い返したが、安藤副知事はニヤニヤするだけだった。

それはともかく、市場当局側にも思惑があった。副知事からの話の前後、「総合的な判断」で立ちすくんだ状況をなんとか揺り動かす必要性を市場当局幹部は痛感していた。だから、知事の指示はある意味、渡りに船だった。知事からの指示だった「円卓会議」を換骨奪胎した庁内検討会議を立ち上げる案を練った。そうすれば、事務方が主体的に関与することで渋る知事の背中を押すことができる。

目論見

こうして発足したのが「市場のあり方戦略本部」だった。ネーミングは事務方の複数案から知事が自ら選択した。「市場問題検討本部」という常識的で役人的な選択肢も用意したが、知事は「市場のあり方」という大きな風呂敷と、「戦略」という言葉の響きをいたく気に入ったようで、「市場のあり方戦略本部」で即決した（どういうわけか、「戦略」の二文字を好むトップほど頭の中身はぜんぜん戦略的でない傾向にある。経験則上そう判断させていただく）。

戦略本部設置の思惑は、知事サイドと市場当局では発足当初からかみ合っていなかった。知事はこの急ごしらえの戦略本部を一義的には週明け（三月二七日月曜）の締めくくり総括質疑を乗り切るための道具として利用し、その後は都議選までの時間稼ぎ、その場しのぎの方便として利用しようとしていた。

事実、会見では「市場移転問題を都議選の旗印にしない」と発言。一月の「都議選の争点になるべき」との発言から大幅トーンダウンしてみせるなど、都議選の争点化を企図する自民党との神経戦を早くも始めていた。

一方で市場当局は、知事サイドにくすぶる（いや、勢いを増す）築地現在地再整備への傾斜を危惧しつつ密かに軌道修正を図り、豊洲移転の方向に軟着陸させるべく、文字通り戦略的に「市場のあり方戦略本部」を活用しようと目論んでいた。

締めくくり総括質疑

市場のあり方戦略本部の発足は、予算特別委員会締めくくり総括質疑の出鼻を見事にくじいた。それでなくても批判のネタ切れに直面していた自民党は、知事の突然の提案に翻弄されて攻め手を欠いた。

新しい切り口としては、ドクターKのひとりが大阪での成功体験を持つ市場民営化（極端な場合には市場不要論）についての質疑と、もうひとつは、豊洲市場の移転を住民投票で決めることに関する質疑ぐらいだった。「希望の塾」の講演で知事は「私が結論を出すわけではない。都民が時には判断に参加していただく」と発言していた。知事が自らの責任を放棄して豊洲移転の是非を住民投票によって判断する可能性が取り沙汰されていたものの、市場民営化も住民投票も議論は全く深まらず尻つぼみに終わった。

知事サイドの締めくくり総括質疑対策はズバリ的中し、二〇一七（平成二九）年度予算案は四四年ぶりとなる全会一致で可決された。反対一辺倒の共産党でさえ三九年ぶりに賛成に転じた。共産党の行動には、知事サイドに見え隠れする「移転中止・築地現在地再整備案」にあわよくば同調しようとする意図がありありだった。とにかく、平成二九年第一回都議会定例会は知事の大幅勝ち越しで幕を閉じた。

市場当局にとって二〇一七（平成二九）年三月は記録づくしの一か月となった。四つの委員会が同時並行で走り市場当局を責め続ける異常事態の一か月。本会議での質疑三日間のほか、予特四日間プラス通常の経済・港湾委員会での質疑一日、これに市特（豊洲市場移転問題特別委員会）と百条委員会（豊洲市場移転問題に関する調査特別委員会）が加わった。市特は分析会社の参考人招致を含め五回、百条は証人喚問を中心に八回、トータルすると市場当局は都議会がらみで一か月に二一日間拘束された。専門家会議開催の一日を入れれば二二日間、つまりほぼ毎日、市場に関する何がしかの公の会議が行われていた計算になる。事務方にとっては一回一回の会議に膨大な事前準備が必要だったのは言うまでもない。

冗談ではなく、仕舞いにはどれがどの委員会だか区別することすらできなくなっていた。ただし区別がつかなくても、どの委員会も似たり寄ったりの議論を繰り返しているにすぎず、業務上、深刻な支障は生じなかった。

三月下旬、突如発表された市場のあり方戦略本部の設置もまた、専門家会議や市場問題ＰＴに屋上屋を重ねる愚策だと言われても仕方がなかったが、知事にとっては新しい検討組織を立ち上げることで、事態があたかも前に進んでいるかのように（あるいはフェーズが変わったかのように）世間を錯覚させることができたのである。

知事が目指しているのは、築地市場の豊洲への円滑な移転という純行政的な課題解決ではなく、七月に迫った東京都議会議員選挙で勝利すること、それも自民党を完膚なきまでに叩きのめして圧勝すること、ただそれだけだった。

新年度がスタートした。市場当局では、発足したての「市場のあり方戦略本部」を略して「あり戦」の愛称で呼んでいた。ウミセン・ヤマセン・アリセン……どことなく語呂がよかったからである。

「あり戦」の発足に当たっては、市場当局内の組織を再編強化する必要があった。急きょ人員増が水面下で検討された。実質的な事務局を構えるため、スペースとして次長室に白羽の矢が立った。それまでの半年間、異動直後のごく短い期間だけ部長級職員が間借りしていたほかはずっと一人部屋だった次長室が四月一日をもって突然、六人部屋に変貌した。部長一、課長二（二人とも政策企画局からの異動）、市場当局内で異動をかけた課長代理二名に私を加えた六人が人口密度の高い狭い空間でひしめき合いながら業務に当たることになった。

大暴走

空想科学マンガ

そんな折、小島顧問の暴走が始まった。

序章は三月二九日開催の第七回市場問題ＰＴ会合だった。テーマは豊洲市場の液状化対策について。液状化に関する資料説明が市場当局から延々と続いたのち、最後に不可解な資料がＰＴ側から提示された。表紙には「市場問題プロジェクトチームの取りまとめに向けた課題と今後の検討スケジュールについて（検討素材）20170329 東京都専門委員 小島 敏郎」と記載されていた。個人名での資料が何の前触れもなく公の会議の場で示されたのだ。

小島氏は東京都においていくつかの顔を持っていた。都政運営のあり方について進言・助言する顧問。都政改革本部の特別顧問（顧問の一形態）。そして、資料の表紙に記載された専門委員である。専門委員は、知事が委託する事項を調査研究し、知事に報告する役割を持つ。あえて専門委員とクレジットを入れたのは、自分は調査研究の一環として築地再整備案に取り組んでいるとの立場を強調したかったからかもしれない。

それにつけても、この「検討素材」なるものは、そもそもPTの案なのか一個人の私案なのかも不明確なまま、当の本人による説明が始まった。七〇ページに及ぶ膨大な資料の五二ページに至り、ついに専門委員の本意が明らかにされる。

【解決策】築地市場改修（現時点での一つの案）

※一階は市場、二階は駐車場 ※関係者の協力が不可欠

●設計一年・工期六年 ●工事費用五〇〇億円（改修工事のみ）～八〇〇億円（工事に合わせて、衛生管理、コールドチェーン化などのグレードアップ）

資料はその後、1種地を作る 2移設・解体 3～4耐震工事と機能向上 5卸の機能向上・荷捌き場設置 6道路用地の確保と市場境界の確定と続き、工事手順を事細かに示していく。

「築地改修案」と銘打っているが、要するに昔とん挫したローリング方式による築地現在地再整備の焼き直しに過ぎなかった。しかも、設計・工事合わせてたったの七年、コストはたったの五〇〇億円というのだ。数字の根拠は何ら示されず、ローリング方式による築地現在地再整備が今ならいとも簡単にできてしまうんじゃないかと錯覚させる内容に、市場当局職員一同、安手の空想科学マンガを見せられた不快な気分に浸っていた。

市場問題PTの二日後、三月三一日の定例記者会見で小池知事は、小島顧問の「築地改修案」について問われると、「一案として受け止めている。市場のあり方戦略本部で議論する」とした。実現困難性については、「市場の業者が減っているため、工事に必要な種地が確保できると聞いている。東京駅などは営業しながら建て替えた」と返答した。過去に失敗を招いた要因（種地不足や技術的な課題）は、既に取り除かれていることを言外に臭わせた。この理屈は小島顧問の持論そのものである。が、これもまた大いなるミスリードである。

ローリング方式がとん挫した要因のひとつが築地市

場内の種地不足にあったのは事実だが、まず、業者が減少したからスペースに余裕ができたわけではない。市場が業者に使用許可した面積はほとんど減っていない。なぜなら、特に水産仲卸は廃業等による事業譲渡を通じて合併を繰り返し、業者の規模が拡大したため、商売に必要な地べたの広さは依然とあまり変わっていない。実際、当時の築地市場に足を運べば一目瞭然、業者が半減したからといって水産仲卸売場の半分が閉鎖されていたわけではなかった。

さらに言えば、種地が確保できれば水産仲卸の全面的な協力が得られると勘違いしてもらっては困る。ローリングとん挫の最大要因は種地ではなく業者の非協力的な姿勢だった。総論賛成、各論「絶対」反対の利己的な姿勢が改まらない限り、どんなに精緻な見取り図を描いてもしょせんは「絵に描いたマグロ」でしかない。

新興宗教

そして迎えた二〇一七（平成二九）年四月八日土曜。小島顧問は、築地市場の講堂に市場業者を集めて「私案説明会」を開く。

前日金曜の会見で知事は「調査研究の一環として行うと聞いている」と発言したが、そんなアカデミックな代物ではなかった。開催通知は四月四日付で「東京都専門委員による説明と意見交換」の表題のもと、総務局から発出されていた。

築地市場協会は「協議のルールを無視した私的な会には出席しない」とボイコットを表明。講堂は移転反対派の水産仲卸業者で埋め尽くされた。私は自宅のパソコンでインターネット中継される説明会の様子をイヤな胸騒ぎを覚えながらじっと見守っていた。

この日、お披露目された築地再整備案は、三月二九日の市場問題PT案をさらにバージョンアップしたものだった。スクリーンに映し出された築地市場の完成予想図は現状の水産仲卸売場棟の形状を踏襲したフォルムを保ち、全体が銀色に輝いていた。

ただ一点、豊洲方面から渡ってきた環状第二号線の線形が摩訶不思議に感じられた。築地市場の敷地にたどり着いた橋は計画ではそのまま直進して地下に潜るが、小島私案では左にクネっと折れ曲がりさらに右に蛇行してトンネルに入っていく。一見して、道路を知らない人間が描いたと感じた。あるいは、環二のことなどどうでもよくて、築地市場さえよければそれでいいと手を抜いて適当に描いたとしか思えない図だった。

さて一方の豊洲市場である。完成した豊洲市場は一五〇〇億円かけて解体撤去し、最大四三七〇億円で売却、高層マンションや商業施設用地とすると試算されていた。あれだけ汚染、汚染と騒いでいたにもかかわらず、市場はダメでも人が住むマンションや人が集い働く商業施設（地下に食品売り場があるかもしれない）ならいいのかと素朴な突っ込みを入れたくもなったが、そんなことより、五八〇〇億円を投じて建設した公共施設を一度も使わずにぶっ壊して更地にしてしまおうというのだから、もったいない精神に逆行する行為と言わざるを得なかった。

説明会の席上、小島顧問は「築地再整備はできないという議論が進んでいるようだが、案はある」と胸を張った。その一方で「業者の皆さんが本当に築地で商売をしたいと考えているかが重要」とも語った。私には巧妙な逃げ口上のように聞こえた。

小島顧問は「あとはみなさんの努力次第ですよ」と言っているのだ。つまりはこうだ。提案まではするが、あとは知りません、みなさん次第です、実現できなかったとしても私に責任はありません、みなさんのせいですからね、覚えておいてくださいよ。そう言っているに過ぎなかった。自らリスクを取って市場業者と手に手を取って困難を乗り越えていく気などさらさらないのだ。

だが、築地市場の講堂の受け止めは違っていた。「素晴らしい再整備案だ」「豊洲移転に傾いた流れを変えられる」などの声があちこちから上がった。その場で取材していたある新聞記者は「あれは新興宗教ですよ。女将さん会なんか、涙、流してましたからね」と率直な感想を伝えてくれた。残念ながら新興宗教の会合に参加した経験はなかったが、インターネット中継からその片鱗は十分にうかがえた。

小島顧問の説明の途中、何度も万来の拍手が沸き起こり、集音マイクではとらえ切れない現場の熱狂ぶりを伝えていた。そうした意味からすれば、小島顧問のアジテーションは大成功したのだ。物静かな語り口でここまで人を高揚させられるのは、ある種、立派な能力だと思う。その能力をいつ習得したのかなど知る由もないが、アジられ高揚し勢いづいた側はもう止めようがない。

後日、新聞のインタビューに応じた東卸組合の山崎副理事長は「現在地再整備は半ば諦めかけていたが、小島座長の案はもしかしたら本当にできるかもしれない。率直に言って夢、ワクワク感がある」と熱く語った。その一方で、泉理事長（築地東京青果物商業協同組合）は「小島氏がやったことは業界を分断しただけ。この罪は重い」と冷たく突き放した。

四月八日のアジ演説は市場業者間に決定的な亀裂を生じせしめただけでなく、のちのち小池知事自身の首をも絞めることになる。小島顧問がそこまで見通した上で行動したのかどうかはわからない。ただ、市場業界を八つ裂きにし、対立と非寛容が支配する世界を築地市場内に出現させたことだけは確かである。

豊洲ヒルズ

第一九回新市場建設協議会は、小島私案が喝采を浴びた同じ築地市場講堂で翌週の四月一一日火曜に開かれた。本協議会は名が表す通り、新市場建設の円滑な推進を図るために東京都と築地市場業界との協議機関として設置されたもので、その歴史は古い。第一回開催は一五年前の二〇〇二（平成一四）年五月である。本来であれば、豊洲市場建設にかかわる諸事項はこの場でオーソライズされるべきだったが、前年八月末の移転延期の表明直後（九月九日）に開かれて以降、しばらくの間、開催が見送られていた。

講堂に残る熱気に当てられた市場団体幹部は、口々に小島顧問への不平不満を市場当局に向けて爆発させた。フラストレーションのはけ口を市場当局に求めるのはいつものパターンとはいえ、小島顧問の行動に関して市場当局に詰問されても正直困る。文句をぶつける相手が違う。

伊藤会長の独演会で始まったやり取りの中で印象に残っているのは、青果の泉理事長が前日四月一〇日発売のスポーツ紙の記事を取り上げたことだった。

スポーツ紙は「豊洲ヒルズ」と題して豊洲市場跡地に高層ビルが林立するイラストをデカデカと掲載した。よく見れば、高層ビルの根元には小学校らしき建物と校庭がご丁寧に書き込まれ、「都の市場関係者が取材に応じ……」などと記事にはあった。個人的には、なかなかよくできたイラストだと思った。なぜなら、小島私案の荒唐無稽さを逆にあぶり出しているように見えたからである。

三番目の発言者は水産仲卸の早山理事長だった。早山理事長だけはほかのふたりとはスタンスが違っていた。今回の築地再整備案は決して昔にとん挫した再整備が蘇ったわけではない、仲卸の仲間にもう一度投げかけて一緒に考えていきたい、と小島私案を前向きにとらえる姿勢を示した。早山理事長の腹の内はどうあれ、水産卸や青果のように「小島けしからん」と一方的に態度を表明するのは、反対派や懐疑派を多数抱える水産仲卸としてはできない相談ということだったのだろう。

業界団体間の亀裂はのっぴきならない事態に立ち至っていた。反対派は四月一八日、築地講堂に二〇〇人近い関係者を集め、フォーラムと称する総決起集会を開いた。批判の矛先は、伊藤会長に止まらず、身内の早山理事長にも向けられた。

「豊洲に行きたくないから理事を選び理事長を選んだ。我々の意見は伝わっているのか」

「臨時総代会の開催を要求したが早山理事長に断られた。熱意ある総代から声を上げてほしい」

こうして東卸組合も内部分裂の危機をはらむ中、さらに同月下旬、数名の移転反対急進派が伊藤会長の中央魚類株式会社に対して不買運動も辞さない意向を伝えるに至る。伊藤会長は「しばらく静観する」と冷静に対処したが、相互不信の炎は燎原の火のごとく燃え広がっていた。

砲撃合戦

先攻・四月二六日　市場問題ＰＴ第八回会合

小島私案の公表を契機に、「築地か豊洲か」論争はさらにヒートアップしていく。主戦場は市場問題ＰＴと市場のあり方戦略本部の二か所のバトルフィールドだった。双方の陣営が、表面的には客観性・公平性を装いながら、それぞれの陣地から豊洲潰しＶＳ築地叩きの砲弾を撃ち合う戦闘状態に突入した。

先攻は市場問題ＰＴだった。

四月二六日、市場問題ＰＴは第八回会合において一一〇ページの大作（報告書第1次素案）を公表。その中で築地改修案・豊洲移転案の両論を併記しつつも、市場当局からすれば随所に豊洲市場バッシング、市場当局バッシングの嫌みったらしい記述がちりばめられ、対外的に築地優位を強く印象付けた。

いわく、五八八四億円を卸売市場に投資する力は東京都以外になく、採算を度外視した卸売市場は東京都以外の地方自治体では建設することができない。豊洲市場は新しい卸売市場のモデルを作りだす唯一無二の実験場であり、取引はＩＴで行われ、物流センターとして機能する将来像が想定される。

いわく、会計面では、豊洲に移転した場合、建物の耐用年数六〇年間として、この間の累積赤字は一兆円を超えるが、他方、築地改修の場合は減価償却費が概ね三〇億円台で推移し、この程度のマイナスであれば市場の営業努力で対処できる可能性がある。

また、築地改修の最大のネックとされていた業者間の利害調整に関しては、十分なコミュニケーションが保たれれば工事中止や大幅な変更等を余儀なくされることは考えにくく、工事を進める上でコミュニケーションを図るための業者の新しい組織が必要などと、ファンタスティックな提案をした。

「新しい組織が必要」の表記が、移転推進派の牙城である築地市場協会（伊藤会長）潰しの意味合いを有していたことぐらいたやすくわかった。小島座長がコミュニケーションの重要性を強調するのは勝手だが、コミュニケーションをずたずたにしているのは誰なのか、説明に聞き入っていた私は開いた口がふさがらなくなった。

総じて、四月八日の小島私案をベースとしたPT素案は、「あと出しジャンケン」殺法で貫かれていた。すでに出来上がってしまっている豊洲市場と、過去の失敗や経験を十分に踏まえて現時点で新たに立案された築地市場改修案を同じ土俵で論じること自体、無理がありすぎる。強いて言えば、更地状態の豊洲に新しく市場をこれから建てるとした場合と築地で現在地再整備をする場合を比較衡量するのならまだしも、である（ただ、そんなことをしても何の意味もない）。

豊洲市場に五八〇〇億円もの巨額を投じ、法令をはるかに上回る土壌汚染対策を講じたのは事実である。五〇年後、六〇年後を見据えた収支計画をろくに持っていなかったのも事実である。だが一方で、築地市場の狭隘化・老朽化は待ったなしで、四分五裂の業界の元では現在地再整備のハードルはあまりにも高い。これもまた揺るがし難い事実である。

あと出しジャンケンで現実が変えられるなら変えてみればいい。行政は目の前の現実からスタートし、その現実を少しでも良い状況に持っていくための公共的な手法なのだ。空理空論に付き合っている暇はない。これが市場当局の偽らざる受け止めだった。

後攻・四月二七日 第二回市場のあり方戦略本部

PT会合の翌二七日、市場のあり方戦略本部が開催された。第一回は発足直後の四月三日に行われたが、知事訓示のみでお茶を濁して終わったため、実質的な議論はこの第二回が初回となった。

事前の準備は関係各局総出で行った。第一庁舎六階の中西副知事室のだだっ広い応接間に、財務、環境、建設、港湾、教育庁の各担当部課長に集まってもらい、小島座長が提唱する築地改修案（という名の築地現在地再整備案）の問題点を洗い出し、所管ごとの取りまとめ作業をお願いした。多少の温度差はあったとはいえ、各局とも市場当局の置かれた苦しい立場をよく理解してくれた。

午後三時、第一庁舎七階中会議室、小池知事出席のもとマスコミ・フルオープンで第二回あり戦は始まった。村松市場長が司会を、私が資料説明を担当する形で進められた。内容は多岐に渡り、これまでの経緯と課題の「総ざらい」となった。中でも注目は築地で現在地再整備を行う場合に考慮すべき課題を九項目にわたって列挙したことである。市場問題PTが豊洲市場に対して艦砲射撃を行った返礼に、築地市場再整備の弱点を徹底的に空爆し攻めたてたのだった。

①市場機能の維持・向上　「ながら」工事におけるアスベスト撤去工事の困難性などを指摘。

②土壌汚染対策（環境局所管）　地歴調査の結果、築地市場は既に「汚染の恐れあり」とされていることから、用地全域二三ヘクタールを二三〇〇のメッシュに区切って調査する必要あり（汚染が見つかれば、当然、汚染対策工事も実施する必要あり）。

③環境アセスメント（環境局所管）　事業着手前に計画段階アセスと事業段階アセスを実施する必要あり。アセスの標準的な実施期間は約四五か月（特例適用でも約三〇か月）と指摘。

④埋蔵文化財調査（教育庁所管）　江戸時代、大名屋敷があったことから埋蔵文化財が発見される可能性が高いと指摘。汐留では九年、市ケ谷旧防衛庁では一二年を要した事例を紹介。

⑤環状第二号線（建設局所管）　現計画を変更する場合、再設計やアセス等で三〇か月以上が必要。オリンピック・パラリンピックが開催される二〇二〇年時点で環状第二号線を使用できないと指摘。

⑥資金（財務局所管）　企業債返還に三五〇〇億円、国庫交付金の返納に二〇八億円＋加算金が必要と指摘。

⑦国、関係自治体との調整　業界団体・地元区等との合意・調整はもちろん、国の中央卸売市場整備計画の変更が必要と指摘。

⑧都議会との関係　東京都中央卸売市場条例の再改正に都議会の承認が必要と指摘。
⑨豊洲市場の処理（一部、港湾局所管）　豊洲市場を売却する場合、豊洲・晴海開発整備計画の改定や豊洲地区計画の変更が必要と指摘。

「できない理由を並べるな。できる方法を考えろ」とはよく言われることだが、築地現在地再整備に限って言えば、それは違う。正直、できないことだらけであり、「できないものはできない」と声を大にして言っておかなければ、後世に禍根を残すのは火を見るより明らかだった。

かくして、市場当局と関係各局が連携しての総力戦によって小島私案の非現実性を詳らかにすることができた。言葉を替えれば、静かに、だがボコボコに潰しにかかったということである。

エグかったわ

後半は、財務局にバトンタッチして市場会計の持続可能性の議論に移った。武市財務局長の説明はマイルドな語り口とは裏腹に手厳しかった。

「築地再整備を行い、大幅な資金ショートが生じれば、市場会計は破綻する」

「豊洲市場用地の売却も、民間企業が買う可能性は低い」

このように築地現在地再整備＋豊洲市場用地売却は資金的にも現実的ではないことを強調するとともに、豊洲に移転した場合は「今後二〇年以上、安定して事業継続できる」との試算結果も明らかにした。財務局長の説明を終始ぶ然とした態度で聞いていた知事は、質疑の時間になると一気に反撃に転じた。

「二〇年以上、安定して事業を継続できるというが、逆に言えばそのあとは知らないよという話になってはいけない」

「最近の物流の変化についても読み込まなければ、この二〇年以上という数字はかなり厳しい」

「あまり楽観的な数字ばかりを並べないほうがいい」

知事の矢継ぎ早の指摘に会場の空気が沈み込んだ。財務局長は「まさにおっしゃる通りだと思っております」と恐縮して見せるに留めた。マスコミの前で知事が財務局長に不満を露わにしたということは、裏返せば、小島私案叩きがある程度功を奏した証でもあった。敵にダメージを与えたのだ。総力戦による第一次攻撃は、おおむね成功したと言ってよかった。

議論の中盤、小池知事から質問があった。無害化についての事実確認だった。一見何気ない質問だったが、私は知事から軽いジャブが打ち込まれたと感じた。

知事との言葉のキャッチボールはある意味、スリリングである。緊張もするが当意即妙の趣があり、なかでも一番の醍醐味は「裏読み」の妙を味わえることである。知事の発言は必ず何か意図を持って発せられている。冗談半分のたわ言であっても、額面通りに受け取ってはいけない。背景を探らなければならない。

知事「土壌汚染対策の経過で無害化という言葉が使われるが、それはどの時点なのか改めて確認したい」

次長「平成二二年度の中央卸売市場の予算案を可決するにあたり、初めて、無害化された状態で開場するという付帯決議が付けられた。無害化とは何かについては、当時の市場長が無害化とは土壌、地下水が環境基準以下になることであると議会答弁している」

知事「付帯決議の効力についてはどのように理解するか」

次長「付帯決議に法的な拘束力はないが、当然、都議会の意思として付帯決議が付けられており、執行機関として重く受け止めなければいけない」

豊洲市場の無害化について知事が公の場で言及したのはこれが初めてではなかったし、過去の経緯を事務方が説明する中で、都議会の付帯決議に盛り込まれた無害化に触れた以上、知事が質問することに何の違和感もない。が、築地か豊洲かで目を光らせるマスコミ・フルオープンの場で知事が事改めて無害化について事務方に確認を求めた意味は大きい。

今後の展開において知事は無害化を利用しようとしていることはまず間違いない。問題はどう利用するかだ。無害化を条件とした都議会の意思を重く受け止めて豊洲移転にブレーキを掛けるのか、あるいは法的な拘束力のない無害化付帯決議に囚われずに豊洲移転を進めるのか。

この日、最後までこわばった表情を崩そうとしなかった知事の様子を目の前で見ていた者としては、前者の可能性に大きな危惧を抱かざるを得なかった。

それはゴールデンウィーク明けの五月一一日のことだった。Gブリのため知事執務室に入ると、「この間は、どこかの党を見ているみたいだったわね」とさっそく痛烈なイヤミを浴びせられた。知事はさらに続けて、「エグかったわ。みなさんは、議会（つまり自民党）のほうを見ているんでしょ」とまで言い放った。

あり戦での資料内容が自民党の主張そのものだったと受け止められたのだ。市場当局は自民党の手先だと決めつけられたに等しかった。どんなに公明正大に仕事に取り組んで頑張っても、自民党の御先棒を担いでいるとしか見なされないとは、さても薄ら寂しい限りであった。

ダ・イ・ジョ・ウ・ブ

五月の声を聞くと同時に世の中は都議選モード全開、どの政党も臨戦態勢に突入していった。

八日、共産党が築地再整備を柱とする重点公約を発表。翌九日、民進党も公約を明らかにし市場移転問題では「安全・安心が最優先」との立場を強調した。少し遅れて、都民ファーストの会は二三日に都議選の公約を発表したが、市場移転問題については「市場のあり方戦略本部で総点検し総合的に判断する」とし、移転の是非には踏み込まず、知事の後ろにこっそり隠れる格好を取った。それにしても、「戦略本部で総点検し総合的に判断」とは、どう転んでも政党の公約表現ではない。知事発言そのものだ。都民ファーストの会は知事の言うなりです、と宣言しているようなものだった。

五月一四日、神田明神。

同日付の築地女将さん会のホームページにはこうある。「本日、女将さん会は神田祭に参加して来ました。築地市場の場内にある水神社は、元々神田明神内にある日本橋魚河岸水神社が本殿になります。築地市場に最も縁の深い神社だけあって築地市場関係者も多数来場していました。日本橋魚河岸会の皆様、本当にお疲れさまです。今日、最大の出来事は神田祭にいらした小池知事にお会い出来た事です。女将さん会の思いをしっかりと伝える事が出来ました。これも神田明神、日本橋魚河岸水神社のお導きかと思っています。本当にありがとうございました！」

女将さん会の山口タイ代表と小池知事のツーショット写真も掲載されている。

このころ私は、主にNHKニュースを毎日録画してチェックするのを日課としていた。前年九月の異動直後から細々と行っていたが、第二次自己検証報告書が落ち着いて以降、本格的に取り組んでいた。市場移転問題で大きな予定のない日は午後六時台の首都圏ネットワークと午後八時四五分からの首都圏ニュースを録画し、ビッグイベントが組まれる日には、予め朝夕夜の民放各社のニュース番組も予約してチェックしていた。

神田祭のニュース映像を流し見していた時のことだ。はたと目をとめた。巻き戻してもう一度見た。一瞬だが、小池知事が女将さん会のメンバーに歩み寄って何か声をかけるシーンがあった。もう一度、知事の口元に注意してビデオを再生し直す。

「ダ・イ・ジョ・ウ・ブ」

大丈夫。唇の動きは確かにそう話しかけている。女将さん会がホームページで誇らしげに報告しているのもうなずけた。知事は、築地残留派・築地再整備派の女将さん会に「（築地再整備は）大丈夫。私に任せておいて」と伝えたのではないだろうか。

流会

吊し上げ

第六回専門家会議は五月一八日、いつもと同じ場所で、いつもと同じ時刻に始まった。土曜ではなく木曜開催という点だけが違っていた。女将さん会のメンバーもいつものように傍聴席に陣取っていた。

結論を先に書く。第六回専門家会議は大混乱に陥り継続不能の末、流会に追い込まれた。

まず会議冒頭、平田座長のあいさつをさえぎる形で傍聴席から発言があった。

「情報漏えいについて謝るのが先ではないか」

この発言をきっかけに専門家会議批判（いやむしろ、平田座長への個人攻撃）が相次いだ。自然発生的に連鎖したというより、傍聴者らの示し合わせた組織的行動のように感じられた。見るに見かねた村松市場長が平田座長に合図を送り、自ら謝罪発言をしてその場をいったん収めた。

第六回の目的は、追加対策工事の具体的な内容を明らかにして議論しオーソライズすることだった。例によって分厚い資料の説明が一時間以上続いた午後二時五分前、傍聴席が騒がしくなった。突如、ひとりの傍聴者が立ち上がり発言を始めた。

「無害化は都議会、都民への約束だが、約束は守られていない」

「平田座長はこの約束を守る前提で議論しているのか」

「前提がなければ議論には入れない」

これまで専門家会議の議論で「無害化」が正面切って上に上がったことはなかった。発言者は弁護士、肩書は築地市場移転問題弁護団事務局長だった。専門家会議にはこの日が初めての参加であり、市場当局も平田座長も完全に虚を突かれた。弁護士の発言を合図に、傍聴席を埋めた反対派から平田座長に対する波状攻撃が開始された。

「でたらめ言うな」「嘘つき」「恥ずかしいと思え」「謝れ」「人間としてダメ」

もはや批判、抗議ではない。個人への誹謗中傷、人格攻撃でしかなかった。講堂内は際限なくヒートアップし、平田座長の吊し上げ大会の様相を呈してきた。そうした中、弁護士がその場をリードする。この手の集会の仕切りはオレに任せろ、といわんばかりの自信と余裕がみなぎっていた。いわばプロの仕業を思わせた。

午後二時四五分から一五分間の休憩をはさんだものの、殺伐とした罵倒がまだ続く。午後四時半、東卸組合の早山理事長の「明日の業務に支障が出る。組合の長としてお願いする。今日はここまでに」との発言を受け、平田座長は議論の暫時停止を宣言、会議はこうして打ち切られた。追加対策の議論は深まらず、結論は無期延期となった。

無害化を突破口に平田座長を責め立てて、知事の総合的な判断の前提となる追加対策工事の結論を出させないために専門家会議の議論を阻止して流会に追い込む。反対派のシナリオはおそらくそうだったに違いない。シナリオに沿って事前に役割分担や発言内容なども決まっていたのだろう。

ある程度の抵抗は予想していた市場当局だったが、まんまとしてやられた。反対派の専門家会議に対する破壊工作はものの見事に成功したのだった。

全員グル

頭を冷やして事の推移を数日前までさかのぼって確認してみたい。不可解なことがいくつもあった。キーワードは情報漏えいと無害化である。

第六回専門家会議の資料内容を知事に説明したのは五月一六日火曜、知事は終始渋い顔をしていたが、資料上のポイントは「追加対策工事を実施することによって、将来的に環境基準達成を目指すことが可能」とした点だった。環境基準達成は、都議会の付帯決議で言うところの「無害化」と同義である。ここで注目していただきたいのは、市場当局が用意した資料には、

「環境基準達成」の表記はあったが、「無害化」という言葉は一切使用していなかったということである。

ところが、知事に資料説明を行った日の翌一七日水曜、午後六時のＮＨＫニュースが「豊洲市場　新対策で無害化目指せる」とスクープした。

「無害化」のタイトル！

これは過去何度も繰り返されてきた情報漏えいとは明らかに違うと直感した。市場当局は無害化の文言は使っていない。市場当局以外の人物が市場当局の資料を基に「無害化」の三文字を意図的に追加してＮＨＫに持ち込んだとしか考えられない。

仮にＮＨＫが資料だけを何らかの形で入手したとしても、環境基準達成というわかりやすい言葉を、あえて視聴者にとって馴染みのない「無害化」に変換するだろうか。なぜなら、「無害化」という言葉は「汚染ゼロ」と誤解されやすい言葉であり（実際、そう受け止められることはしばしばあった）、天下のＮＨＫが自ら進んでそんな不確かな言葉を使用するとは考えにくい。

新聞各社はＮＨＫニュースを追いかける形で専門家会議当日の朝刊で同様の報道を打った。これが五月一八日の専門家会議冒頭の「情報漏えいを謝れ」発言につながる。

「無害化」は専門家会議で弁護士が攻撃材料に使用した言葉であることは既に述べた。さらに言えば、市場問題ＰＴの報告書素案で小島座長は再三「無害化」に言及していた。四月二七日の第二回市場のあり方戦略本部での知事からの質問も無害化についてであった。

不可解なことはまだある。第六回専門家会議が流会に追い込まれたあと、会場ではいつものように記者レクが行われた。記者からの質問に平田座長らが答える場である。

質疑の最終盤、ＮＨＫの記者が無害化について質問した。質問の相手先は平田座長ではなかった。あろうことか、その場に居合わせた小島顧問に対してだった。小島顧問はこれまでも専門家会議にはオブザーバーとして参加し沈黙を守ってきた。会議後の記者レクに顔を出すことはあっても、質疑に参加することはほとんどなかった。それがよりによって、無害化の質問を無害化の文言を使って報じたNHKの記者が無害化の約束が守られていないことを問題視する小島顧問に向けたのだ。

小島顧問が待ってましたとばかりに記者の質問に答えようとした次の瞬間、平田座長が毅然とした態度で質疑をさえぎった。

「ここは私が答えます」

平田座長も不穏な空気を感じ取っていたに違いない。片や発言の機会を平田座長に奪われた小島顧問は、この時どんな答えを用意していたのだろうか。

一連の出来事はすべて一つの言葉、「無害化」でつながる。

(全員がグルなのか?)

戦いの要諦は敵の弱点を徹底的に突くことだ。豊洲市場の最大の弱点は何か。謎の地下空間が存在することではない。地下水の高濃度の汚染が残っていることでもない。最大の弱点は、過去の約束を守れていない現状である。都議会、都民を裏切っている事実である。その約束が「無害化」=環境基準以下なのだ。

約束不履行は第九回地下水モニタリング結果で誰の目にも明らかになった。では、今後その約束を守れる確証はあるのか、確実な方法はあるのか。カギを握るのは追加対策工事を議論・決定する専門家会議である。専門家会議をぶっつせば、約束不履行状態を解消する具体的な方策を決める場が消失し、市場移転への道は閉ざされる。

築地再整備を実現するにはこの作戦しかない。攻撃目標、専門家会議。総攻撃の日時、五月一八日午後〇時三〇分。場所は築地市場三階講堂。準備万端、全員奮起し集合されたし。

小池知事も小島顧問も反対派を率いる弁護士も傍聴席の反対派の面々も、そして、信じたくはないが某国営テレビ局までもが、「無害化」総攻撃に加担していたとすれば……。

これは単なる妄想なのか。

関係者に問いただしても一笑に付されるのが関の山であることぐらい、よくわかっている。だが、状況証拠は十分にある、これは立派な妄想である、と私は思っている。

ワンボイス

流会となった専門家会議の翌日、小池知事に専門家会議の状況を報告する機会があった。小島顧問から既に詳細は入っていただろうが、役人としての役目を形式上果たす必要があった。かくかく云々、会議は休会になっている状態と説明すると、知事は小声で「朝鮮半島みたい」と漏らした。際どい冗談である。深読みすれば、知事自身、専門家会議が戦争状態だったと認識していたのだろう。

知事はまたこうも言った。

「訴訟のことを考えると、（専門家会議のステップを）飛ばしたというのはキツい」

この発言、専門家会議の流会は手続き論からは知事にとっても痛手だと認識されていたと解釈できる。もしそうなら、先ほど述べた、「全員グルの専門家会議総攻撃」説は修正の必要が出てくる。たしかに、大事なこの時期に専門家会議の議論がストップしてもらっては知事としても困るはずだ。首謀者が存在することは間違いないが、もしかしたら知事は全面的にこの作戦に乗っていたわけではなかったのかもしれない。

「仕方がないわね。そんなにやりたいなら、好きにおやりなさい」

「わかりました。思う存分やらせていただきます」

こんな程度の関わりだったのだろうか。だとすれば、次の発言はどう理解すべきか。知事はGブリ出席者全員に対して「バラバラになっているのを注意してください。ワンボイスでお願いします」と釘を刺した。

築地か豊洲かで市場問題PTとあり戦が対立しているように見られるのはよろしくない、庁内不一致を気にしていたということだろうが、ワンボイスと言われても、どっちのボイスなのか、あっちのボイスに統一しろと諭されても、「ハイ、そうします」とはいかない相談だった。

同日の定例記者会見で知事は専門家会議のことを聞かれると、「ロードマップに従ってひとつずつ進めている」と淡々と答えた。以降、何を聞かれても「ロードマップ（あるいは行政手続き）に沿って一つひとつステップを踏んでいく」が常とう句となった。

ＰＴ報告書素案

二〇一七（平成二九）年五月下旬、都議選告示まで一か月、新聞各紙は都議選特集を相次いで組んだ。四月二八日に都民ファーストの会の特別顧問に就任していた知事は五月二〇、二一の両日、立候補予定者の応援のため、初めて街頭に立った。集客力抜群、反応は上々だった。

ある有力紙の世論調査によれば、この時点での政党別投票先は自民二五％、都民ファーストの会二二％だった。他紙の調査でも数字こそ違え、自民が都民ファーストの会を上回る結果だった。一方、小池知事の支持率は各紙とも六〇％を超えていた。それでもこの時点では、あくまで都民ファーストの会がどこまで追い上げるかが焦点であって、自民党総崩れをほとんどの人が予想していなかった。

五月二四日、市場問題ＰＴが第九回会合を開いた。報告書の素案は一一〇ページから一五〇ページに加筆されていた。特筆すべきは、従来型の築地と豊洲の課題比較に加えて、築地市場のブランド力を前面に押し出した点である。

築地市場の特徴を「圧倒的ブランド力が作りだす〝にぎわい〟と食の技・流通の拠点」と定義し、高い知名度と長い歴史、抜群の好立地とともに、「食の技・目利きの技」と「食のテーマパーク」のコンセプトを打ち出した（このコンセプトが一か月後に物議を引き起こす伏線となる）。

続けてこんな記述もある。

「仲卸が築地市場の中心　築地市場の特徴は仲卸を中心とした食材の目利き（品質と値段設定）の技」

小島顧問の「市場観」が端的に表現されている箇所だ。築地イコール水産仲卸なのだ。仲卸ファーストなのだ。が、東卸組合の人達がこれを聞いたら泣いて喜ぶ、と思ったらそれは違う。水産仲卸は「卸あっての仲卸」であることをいやというほどわかっている。仲卸だけで市場をやろうなどとは、これっぽっちも考えていない。第一、できない。「卸、憎し」の仲卸もいないわけではないが、少数派に過ぎない。大半の仲卸は卸とともに生きていくしかないのだ。

豊洲市場に関する記述にも気がかりな箇所が散見さ

れた。まず千客万来施設について。「市場との一体的展開の必然性は全くない。むしろ、市場の物流の妨げになる恐れさえある」とボロクソだ。

千客万来施設は築地市場を豊洲に移転することを決めた際に江東区と交わした三つの約束のうちのひとつであることは再三述べた。千客万来施設が江東区との約束であると承知の上で報告書に記述したとすれば悪質ではないか。無害化の約束は絶対に守れ（だからこそ専門家会議は流会したのだ）、と迫っておきながら、そのくせ江東区との約束（自治体間の約束）はほごにしてもいいということらしい。典型的なダブルスタンダードである。

無害化三原則

一方、無害化の考え方は一段とパワーアップされていた。報告書案には豊洲市場用地の「安心の基準」は「無害化三条件」と明記された。築地も豊洲も法令上、安全との考えは市場問題PTも同様である。問題は安心が確保されていないことだ。安心は消費者心理次第でふわふわして雲をつかむような話だが、小島顧問は安心に具体的な基準を持ち込んできた。それが「無害化三条件」である。

小島顧問のいう「無害化三条件」とは、①技術会議により有効性が確認された土壌汚染対策を確実に行うことで②操業に由来いたします汚染物質がすべて除去、浄化され、③土壌はもちろん地下水中の汚染も環境基準以下になること、であると定義された。

②の表現で「……いたします」と丁寧語になっているのに違和感を覚えるが、実はこの表記は過去の市場長が都議会で答弁した時の議事録からそのまま抜粋（コピペ）したものである。議会答弁を引用することで、市場当局の逃げ道を塞いだ上で、「汚染物質をすべて除去」できない限り豊洲移転はありえないと迫ってきたのだ。

過去、当時の市場長が①②③と議会答弁したことがあるのは紛れもない事実だが、これには注釈が必要である。もともと繰り返し行われた答弁には「調査で汚染が確認できた箇所については」という前提条件が付いていた。つまり、「調査で汚染が確認できた箇所については、汚染物質がすべて除去、洗浄され」というのが正確な答弁だが、報告書案で引用された議会答弁では、どういうわけか肝心の前提の部分が落されていた。

市場当局の立場から解釈すれば、事実として「調査で汚染が確認できた箇所で汚染物質をすべて除去、洗浄した」わけだから、答弁もこの事実に則ったものであり、他の答弁との関係からも当然「調査で汚染が確認できた箇所については」を含意するものと解釈できる。しかし、前提の部分を省略して答弁を行った事実は覆せない。議会での発言は重く、「ウソを答弁した」との揚げ足取りが容易に想像される。

引用箇所の選定に意図的なものを感じざるを得ないが、小島顧問は市場当局側が簡単には反論できないことを見越して引用箇所をあえて見つけ出したのだろう。市場当局にとっては、少々痛いところを突かれた格好になった。

懺悔と思惑

小池知事の自民党離党届提出と都民ファーストの会代表就任によって始まった六月一日木曜、第二回都議会定例会が開会した。

都議選間近で浮足立つ議員らが集う本会議場で、知事は事前に調整された所信表明の原稿を読み上げた。冒頭からいきなり本題である市場移転問題に言及し、知事は市場業者と都民に陳謝した。具体的には、都議会が付帯決議した「無害化」の約束が守られていないことに対して、「業者の皆様」と「都民の皆様」に「おわびいたします」と述べた。こうして知事のみそぎは曲がりなりにも済んだ。残る大きな山は、専門家会議だけになった。

流会中の専門家会議の開催が六月一一日に決まった。

強行突破

それに先立ち、知事の強い希望で平田座長との会談がセッティングされた。六月六日午前一一時三〇分、会談が始まった。平田座長の隣に事務局の中島フェロー、反対側の席に中西副知事と村松市場長が着席した。前年一一月のときとは違い小島顧問はいない。代わりに宮地特別秘書が同席した。

知事は開口一番、「一一日の専門家会議はタイミング的に助かります。会議はこれで終了、進行し切っていただきたい」と、穏やかだが厳しい面持ちで座長に告げた。座長は「もう二回はない。審議は一一日に全部終わらせます」ときっぱり応じた。その後、十一日に結論を出す予定のリスク管理上の対策等についての資料説明があり、「ハイ、わかりました。ご苦労様です」と知事の一言があり、会談は短時間であっ気なく終了した。

知事は、とにかく専門家会議が結論を出す確約がほしかったのだろう。専門家会議は何をもたもたしているのか、と以前から不満を漏らしていたが、平田座長にしてみれば飛んだとばっちりである。築地市場業者（中でも生え抜きの反対派）の不平不満のはけ口を一身に背負い、業者からの罵詈雑言をひとりで受け止めて耐えに耐えていたのは、知事でもドクターKでもない、平田座長だったのだから。

専門家会議は六月十一日が最終回。小池知事と平田座長の意志を貫徹するためには、今度こそどんな議事妨害があっても最後まで会議をやり切らなければならない。事務方は何をしでかすか読めない反対派に対して、いくつもの場面を想定して準備に取り掛かった。

審議終了

運命の専門家会議が開催された六月一一日は日曜だった。

朝一〇時すぎ、大江戸線で決戦の地・築地市場に向かう途中、地下鉄の車内でガラケーが鳴った。着信音が止まってから着信履歴を確認して冷や汗が出た。小池知事からの電話だった。

（なんで、こんな時に……）

人がまばらな国立競技場駅で途中下車しホームで留守電を聞き、雑音を避けて改札付近まで移動した。折り返しの電話をしたが留守電に切り替わった。「また連絡します」とメッセージを残し、再び大江戸線に乗って築地市場に向かった。地上に出て電話を掛けるがつながらない。場内に入ったところで着信があった。知事からだった。

小池知事からは、民間ではトップが頭を下げるのは当たり前、斜め四五度でお辞儀をするように、と妙に具体的な指示を受けた。都議会で謝ったのだから、あなたたちもきっちり謝りなさい。私はそう言われている気分だった。

事前の計画では、会議の冒頭、市場長と私だけが起立し陳謝のお辞儀を行う予定だったが、知事からの指示を考えると、中途半端はよくないと判断し、出席する東京都職員全員が起立して頭を下げる段取りに急きょ変更した。

安全対策をまとめ、審議を終了した専門家会議

一〇〇人の傍聴者の八割は反対派及び反対派支持者だった。常連の反対派に加え、弁護士、学者、元国会議員、地元区議など、顔ぶれはこれまでになく多士済々だった。資料説明に四五分、委員による検討・審議に一時間を費やした。

審議の最後に平田座長は、用意していた結論ペーパー「豊洲市場における対応策について（案）」を参加者全員に配布し、これを読み上げた。読み終わると「以上で長期にわたった検討を終了する」と検討・審議の終了を宣言した。

この段階まで議場は荒れることはなかった。会議が始まる前、新市場整備部管理課長から「議事の進行を妨げる者は退場を命じる場合がある」と注意を発していた。これが少しは効いていたのだろうが、反対派の統制が取れていたとみるべきかもしれない。反対派も前回会議を流会に追い込んだことでそれなりの批判は浴びていた。

一五分の休憩ののち傍聴者との質疑応答に入った。いよいよ反対派の攻撃が始まった。口火を切ったのはまたしても東卸組合の山崎副理事長だった。

「議論をまとめてから質疑なんてありえないでしょ」

「結論ありきならやる必要なんかないっ」

矢継ぎ早に会議の進め方にかみつき、結論ペーパーを委員の座る机に叩きつけるパフォーマンスまで演じてみせた。

考えてみれば、傍聴者の意見によって専門家会議の結論が左右されること自体ナンセンスである。質疑はリスクコミュニケーションの一環で実施しているのであって、傍聴者側に決定権はない。理解を深めるために行っているのだ。平田座長は何度もそう説明している。だが、反対派はそう理解しない。無害化の議論が蒸し返され、専門家会議の結論を否定する意見・質問が相次いだ。

「座長は業者に寄り添っていない」

「信用できない」

「豊洲は諦めて築地にすべきだ」

「科学者としての良心はあるのか」

一方的な発言が繰り返され、自分たちの意見が受け入れられない限り専門家会議の結論を一切認めない姿勢があらわになった。これはもう質疑の域をはるかに超えた、言うなれば言葉による破壊活動だった。

東卸組合の早山理事長はあまりの混乱ぶりに「今日は休会にして、あす以降に再開してほしい」と切実に訴えた。続けて「このままでは受け入れられない」とも発言した。早山理事長にしては珍しく一歩踏み込んだ（反対派寄りの）意見表明だった。それほど、東卸組合内部も反対派の圧力が猛烈に強まり、制御不能に陥っていたということだったのだろう。

打ち切り

質疑応答は三時間半に及ぼうとしていた。我慢比べも限界に近づいた。

午後五時五五分、平田座長は暫時休憩を宣言し、他の委員とともに舞台裏にいったん引き下がった。暗い通路に専門家会議の委員と市場当局の幹部たちが集まった。座長も市場長も罵詈雑言に神経をすり減らしてぼう然とした様子だった。

平田座長の様子は、最終判断をしかねて誰かが最後の一押しをしてくれるのを待っているように見受けられた。私は座長と正対し、ささやくように、だが語気を強めてこう言った。

「座長、もう十分です。予定通り打ち切りましょう。これ以上やっても同じことの繰り返しです」

「そうですね……」

座長は口を半開きにして小さくうなずいた。

会議はすぐに再開された。平田座長は席に着くなり、「専門家会議の結論は変わらない」旨を傍聴者に向かって告げ、会を唐突に閉じた。

これには私も驚いた。まさにバシッという感じだった。数分間でも説明や傍聴者とのやり取りを行ってから「それでは……」と閉会するものとばかり思っていたので少々あっ気にとられた。私の斜め前に背中を向けて座っていたオブザーバーの小島顧問も「え？」と不意を突かれた様子だった。ただ、平田座長の心中を察すれば、むべなるかな、と思わざるを得なかった。

突然の打ち切りに会場は騒然となった。

「どういうつもりだ」「ふざけるな」「座長、これでいいんですかっ」

数名が座長に詰め寄ろうとした。身の危険すら感じる中、舞台裏に避難した。会場からは「座長、出てこい」の怒声の響きが伝わってきた。怒号はいつまでも鳴りやまなかった。

通路に面した休憩室兼給湯室に一時的に身を寄せることにした。委員らに一服してもらっている間に私は廊下に出て小池知事に会議の第一報を入れた。知事は私の報告に「はぁい、はぁい」と相づちを入れただけだった。

しばらくして折り返しで再び知事から電話が入った。

「荒れたんですってぇ」

悪い情報は小島顧問から筒抜けだった。だったら私からの報告はナシにしてほしいと思ったが、そうもいかない。反対派が騒いでいること、それでも会議は成立していること、専門家会議としての結論を出したことを再度伝えた。

広報担当課長から一報が入った。反対派の一部が平田座長を探し回っているという。うかうかしてはいられない。建物裏手に築地市場の庁有車を回して、座長はじめ委員たちを「脱出」させる算段を整えた。廊下や階段の各所に職員を配置し、人がいないことを確認しながら、委員らを職員が囲むようにして指定の場所まで移動した。裏階段を下りた場所が指定の位置だった。が、車は到着していない（急いでくれよ。こんなところを反対派に見つかったらヤバいよ）。

クルマはすぐに来た。委員らと市場長を押し込むように車に乗せ、別室に向かわせた。市場当局の職員は座長らを乗せたクルマの後を追い、身をかがめるようにして築地市場の入り組んだ裏ルートを駆け抜けた。銃弾は飛んでこなかったが、まるでどこかの国の脱出劇のようだった。

閉会して一時間が経過した頃、万一のために用意していた別室で記者レクを実施した。ドア前には、どこから聞きつけてきたのか、女将さん会のメンバー数名が押しかけていた。

記者レクの部屋は、専門家会議の審議が反対派によって中断させられた場合を想定し、テーブルをロの字に配置した会議仕様で整えていたものを急きょ記者レク用にレイアウト変更した。このため、床には録音マイクのコードなどが張り巡らされたままになっていて、記者がコードに足を引っ掛ける場面もあった。

記者たちはいたって冷静だった。改めて座長から会議の結論の短い説明があり、二、三の質問を受けて終了した。外はもう真っ暗だった。この日、どんな気持ちで帰宅したのか、全く覚えていない。

振り返って、専門家会議のあの閉じ方がベストだったのかと自問することもないわけではないが、反対派の攻撃に耐えて任務を完遂するためには、あの選択がギリギリの対応だったとしなければならない。

行って帰ってくる

ちょっと待って

知事の判断近し。

マスコミの関心事は知事の判断、この一点に絞られた。六月の第三週、六月一一日日曜の専門家会議強行突破で始まったこの週は、事態が二転三転する目まぐるしい一週間となった。

市場当局では専門家会議の開催と並行して次回の市場のあり方戦略本部の資料づくりを鋭意進めていた。作成に当たっては良くも悪くもドクターＫが深くかかわり、様々な指示（口出し）が下りてきた。

ドクターＫらは市場会計の持続可能性に並々ならぬ関心を寄せていた。築地市場の跡地売却に関しては、自律的な経営改善を阻むリスクだと厳しい見方を示していた。つまり、築地は売らない、貸してもうけるという考え方である。素案段階では「財務パート、全くダメ。やり直し」など手厳しい指示が飛んでいた。

一二日月曜から一三日火曜にかけて、一四日水曜開催予定のあり戦で使用する資料の知事説明を三回連続で行った。知事は「市場問題ＰＴとの対比ではない。資料の分厚さを競い合っても仕方がない」としきりに強調した。あり戦対市場問題ＰＴ、豊洲対築地の対立が際立つことを極度に嫌っているのが見て取れた。また「これはダメ、あれはダメと言われると私困っちゃう」とも……。選択肢の幅を役人に狭められることも嫌っていたようだった。

あり戦資料の説明が終わると、知事はこう言った。

「ちょっと待って、中身を詰めたいから」

イヤな感じがしない訳がなかった。

知事が即決をためらい案件を持ち帰り、ドクターＫ

の誰かと相談となれば、また時間が費やされてしまう。予定通り事が進むのか不安がよぎった。いずれにしても、あり戦の内容が自分の判断にどう影響を与えるのか、知事が非常にナーバスになっているのは間違いなかった。

一三日火曜の資料説明が午後二時だった。そして、その日の午後六時、市場長と次長、企画担当部長の三人が安藤副知事に呼ばれた。知事から指示があったという。「ちょっと待って……」から四時間も経っていない。これまでにないクイック・レスポンスである。

知事の指示は意外なものだった。市場のあり方戦略本部は二回やる。一四日水曜ではなく、一五日木曜と一六日金曜または一七日土曜の二回。

意味が分からなかった。水曜から木曜への後ろ倒しだけならまだしも、一回で済むことをなぜわざわざ二回に分けて、しかも連続して（場合によっては土曜まで使って）細切れでやらなければならないのか。凡人には知事の考えは理解不能だった。

知事からの指示はまだあった。

「築地をもっとシェイプアップしたい」

つまり、「資料上、築地の批判を長々とするな」ということである。

さらに聞き捨てならないことを知事は副知事に漏らしたという。

「豊洲に仮移転して、また築地に戻れないか？」

一瞬、耳を疑った。

副知事から知事の言葉を聞かされた市場長はテーブルに突っ伏し、私は天を仰ぎ、企画担当部長は私の横で目を丸くした。

それを言っちゃあ、お仕舞なのだ。

副知事はその場で「仮移転には一五年から二〇年はかかる」と知事を諭したというが、効き目があったとは思えない。とにかく、知事の真意は結局そこだったのだ。豊洲か築地か、プランAかプランBか、ではないもう一つの道、豊洲仮移転・築地再整備こそが知事の落としどころということか。

だが本当に本当なのか。築地市場の長い歴史において仮移転案は何度も検討され、その都度ボツになってきた。晴海を移転先として検討した際にも副案として登場したが、経費、工期両面でお話にならず、業界自らがダメ出しをした。

「行って帰ってくる」と言葉で言うのは簡単だが、現実に二度の引っ越しに業者は耐えられるのか。二重投資のツケは誰がどう払うのか。散々検討して業者も納得せず実現しなかったことなのだ。何を根拠に知事はこの期に及んで「豊洲仮移転・築地再整備」を言い出したのか。

最後に知事は副知事にこう付け加えたという。

「早山理事長に配慮したい……」

ここからは妄想するしかないが、知事の発言を素直に受け止めれば、落としどころにしようとしている仮移転策は中長期のビジョンに基づいた戦略などではなく、反対派の増長によって窮地に立たされた早山理事長以下東卸組合執行部に救いの手を差し伸べるための窮余の策ということになってしまう。

そんな馬鹿な。

反対派を勢いづかせたのはどこの誰だと思っているのだ。いや待て、知事の狙いはあくまで都議会議員選挙だ。選挙にとって何が有利か、知事の価値基準はそこにしかない。選挙に勝つには仲卸業者に騒がれては困る、彼らにび薬を嗅がせて大人しくしてもらわなければならない。実現不可能な「豊洲仮移転・築地再整備」案を持ち出して時間を稼ぎ、選挙戦を戦い抜かなければならないのだ。

自業自得

六月一五日木曜。

第三回あり戦は膨大な資料の割には淡々と進行し、正味一時間で終了した。冒頭、あり戦のトップを務める中西副知事が頭を下げた。これでざんげ行脚は、六月一日の知事、一一日の市場長、一五日の副知事で完結した（と思った）。資料説明が終わり質疑が終わり、締めの言葉を司会役の市場長が知事に求めると、知事は事務方が用意した原稿をすらすらと読み上げた。

これで閉会という時だった。最後にサプライズが待っていた。

「私自身、議会の冒頭で謝ったが、直接伺うのが筋、現場の方に謝るのが筋だと思う。段取りをよろしく」

知事は原稿にないことを口にした。予定にない発言ではあったが、知事は最初から、ざんげのラスト・ステージは築地市場と決めていたということだった。

一七日土曜。

この日の築地講堂は専門家会議の時のようなギスギスした空気は微塵もなく、知事への期待感がそこここに漂っていた。午後一時、小池知事は冒頭あいさつの最後に「皆様との約束を現時点でも守られていないことにつきましては、改めて都知事としてお詫びを申したく存じます」と築地市場の業者を前に深々と頭を下げて陳謝した。

約束とはもちろん、無害化のことである。同じあいさつの中で「無害化がロックのようにかかっていた」とドクターKが常用する表現そのままに知事は語っていた。

業者からの意見はそれぞれの立場から、築地残留を訴える者、豊洲移転を推す者など様々だったが、ラスト一一人目に指名された人物は正確には市場業者ではなかった。司会者から指名された築地場外市場の理事長はマイクを握り、「場外事業者に発言の場をいただいたのは初めて。感謝している」と述べた。

知事が築地市場関係者を前に頭を下げる直前の某日、知事はある人物らに密かに会っていたとの未確認情報がある。その人物とは東卸組合の早山理事長と山崎副理事長である。その場で知事は、「五年で築地に戻ってくる」と彼らに伝えたという。会合は一時間半に及んだとも言われている。これがもし事実なら（後日、複数のメディアがそうだったと報じているが）、知事は自らの考えを都民に発表する前に、一部の関係者にだけ意向を伝えていたことになる。

仮移転策とは、仮の市場としていったん豊洲市場を認め、再整備された築地市場を再び本市場として認めよと、農水大臣に申請することに他ならない。こんなフラついたご都合主義の認可を農水大臣が下すとでも思っていたのだろうか。

それでもなお、仮移転策に拘泥するのは、移転反対派の動きを制御できなくなった知事サイドが水産仲卸の主流派にすり寄るしかなくなったとの見方も成り立つ。

知事も小島顧問も反対派に媚を売りすぎたツケが回ってきたのだ。そうだとすれば、自業自得以外の何ものでもない。

一一日から一七日まで、六月第三週はひどい一週間だった。改めて振り返る。

一一日（日）専門家会議　怒号の中で審議終了

一二日（月）一四日予定のあり戦資料を知事に説明

一三日（火）あり戦資料を知事に説明後、突如、あり戦の日程変更の指示

一五日（木）第三回市場のあり方戦略本部（一時間）

一六日（金）第四回市場のあり方戦略本部（四〇分）

一六日夜から一七日未明、ドクターKとの調整難航

一七日（土）知事、築地を訪問し市場業者に陳謝

基本方針発表

築地業者らとの土曜の会合直後から翌一八日日曜の夜にかけて、馴染みの記者たちからは真偽不明の情報が断続的にもたらされた。知事はすでにしかるべき人物に会って意向を伝えた。都議会のある会派は了解したらしい。週明け月曜に会見を開く。豊洲移転＋築地活用の線で固まった。国家戦略特区の活用も検討している模様、等々。

さらにはこんな情報も漏れ聞こえてきた。日曜の夜、知事とドクターKたちとの会議が開かれたが、意見がまとまらず、まだぐらぐらしているようだ。築地市場関係者からの情報との触れ込みだった。

週明け月曜が有力

ついに東京都議会議員選挙の告示を週末に控えた週が始まった。選挙前に総合的判断を出す、いや出さない。ボルテージは最高潮に達していた。

知事の考えが示されなければ選挙は戦えない。いや、あいまいにしたまま選挙に突入する気だ、そのほうが選挙に有利なはずだ。知事の本心は築地再整備。そんなことはない、政策協定を結び選挙協力相手の公明党に配慮すれば豊洲移転しかない。

築地？　豊洲？　どちらに賭けるか。

マスコミは気が気ではなかった。他社より一分一秒でも早く速報を流すタイミングを見計らっていた。

二〇一六（平成二八）年八月に始まり一〇か月が経過しようとする市場移転延期問題がついに大きな節目を迎える時が迫っていた。

この時、私は、知事は都議選告示前に必ず決断を下すだろう、というより何かを都民に示さざるをえないのではなかと踏んでいた。理由はごくシンプルに二つ。公明党への配慮、そして自民党対策としての争点消しである。

公明党は市場移転問題に関して、都民を裏切ってきた市場当局、都幹部職員への批判を繰り返していたが、豊洲市場への移転もまた確固たる既定路線として堅持していた。過去の経緯から自民党と一緒に豊洲移転を推進してきた立場上、また現実的な対応としても豊洲に行かない選択肢はあり得ない。盛土なし問題と地下水基準値超えはむしろ、渡りに船だったに違いない。なぜなら、都の裏切り行為を徹底的に糾弾することで、自分たちの支持者への苦しい言い訳を成り立たせることが可能になったからである。悪いのは東京都であって、豊洲に決めた自分たちではない、と。そんな公明党の協力なしには小池知事は都議選を戦い抜けない。

そしてもうひとつ、自民党が「決められない知事」攻撃を続けている以上、このまま何も決めずに都議選に突入してしまっては敵に格好の攻撃材料を提供してしまうことになる。特に、都民ファーストの会が擁立する不慣れな新人候補者たちが有権者から「築地か豊洲か、あなたはどっちなのか」と迫られれば答えに窮するのは目に見えていた。小池知事がどちらでもいいから選挙前に決めてしまえば、自民党は攻め口のひとつを失い、新人候補者たちも知事の決定内容をオウム返しにしていればよくなる。

公明党にせよ自民党にせよ、あるいは築地にせよ豊洲にせよ、すべては選挙のため。間違っても築地で働く人々のためなどという綺麗ごとではなかった。それでもなお、判断しなくても都議選には勝てる、都議選後にじっくり総合的判断をすればよいではないかという説にも説得力は残っていた。とにかく、マスコミも市場当局も判断の決め手を欠きフラストレーションを溜めこんでいた。

正午のニュース

六月一九日月曜は静かな緊張感をもって始まった。

この日、多くの関係者が注目していたのがＮＨＫの朝のニュースだった。これまでの経験則から、午前六時四〇分台の短いニュース枠でアッと驚く情報が流される。小池知事周辺しか知り得ない情報が公共の電波に乗って都民や都庁幹部に届けられる、などということは一度ならずあった。

が、朝のニュースでは何も報じられなかった。正午のニュースもチェックしたが空振りだった。結局、この日は何も起こらなかった。関係者全員が大いなる肩すかしを食らった。ただ、夜のある民放の報道番組が不吉な情報を流した。

「築地市場には五年後にUターンする」

仮移転策を裏打ちするような報道だった。

嵐の前の静けさなのか。今日でなければ明日、明日しかない……。月曜の夜から翌火曜の朝にかけて様々な未確認情報が飛び交った。私のガラケーには引っ切りなしにメールや電話が入ってきた。ついに火曜に発表と主張する記者もいれば、木曜か金曜にずれ込むと予想する記者もいた。

六月二〇日火曜、朝のNHKニュースをくまなくチェックするが異常はない。

午前九時前、私のガラケーが鳴った。

「次長、今日ですよ」

電話の主は理由を告げずに、ぼそっと一言ささやいて電話を切った。午前一〇時、今日の午後二時に緊急記者会見が開かれるとの情報が入る。おまけに、会見に先立ち市場を担当する副知事、市場長が午前一一時に知事に呼ばれるとの噂がまことしやかにささやかれた。ただし、この情報に対しては、午後二時には別の会見が予定されていて物理的に無理だとの情報もあった。

一〇時半ごろから関係幹部らが安藤副知事室に集まっていた。一一時を過ぎても、知事からのお呼びは一向に掛からない。

(なんだ、ガセかよ)

一瞬、変な空気が副知事室に流れた。が、それもつかの間、第一報は意外にもテレビ朝日からだった。午前一一時台の短いニュースで「今日の午後、小池知事が市場移転問題で判断」と報じた。未確認情報が次第に信ぴょう性を帯びてきた。

「テレビ、つけてっ!」

副知事室にいた誰かが叫んだ。時刻は正午前。テレビ画面を数名で取り囲んだ。正午のNHKニュースが始まる。トップニュースだった。

「『築地に市場機能確保』方針固める」

全身から力が抜けた。

知事は築地を選んだ。だがしかし、である。都庁の事務方トップの面々が雁首そろえた挙句、都政の最重要課題の最重要大決定をテレビのニュースで初めて知ったのである。これほど滑稽な光景はない。これほど屈辱的なことはない。我々は完全に蚊帳の外に置かれたのだ。その場にいた全員がそう痛感した。

とにかく、報道は築地再整備を強く示唆する内容だ。がく然とすると同時に、この一週間の動向を冷静に振り返れば、「やっぱり」と受け止めるのが正しいのかもしれなかった。ただ、心のどこかに「もしかしたら」の思いが未練たらしくあったことも否定できない。

午後〇時一五分、村松市場長は市場当局の管理職を集めて、NHK報道に対して不用意なコメントや感想は厳に控えるよう注意を促した。

午後二時過ぎ、安藤副知事、中西副知事、村松市場長の三人が登庁したばかりの知事に呼ばれた。午後三時半から臨時の記者会見を行う旨が伝えられた。資料はなく口頭のみでの伝達だった。

午後二時二〇分過ぎ、臨時記者会見で使用されるパワーポイントの資料が報道課から届けられた。斜め読みしてその内容に改めて肩を落とした。「豊洲にいったん移るが、豊洲は物流倉庫にして、その間に築地を現在地で再整備して再び築地に戻ってくる」としか読めない内容だった。

やはり結論は仮移転策。NHKニュースは正しかった。我々がいくら説明し、その時はうなずいたとしても、しょせん、知事の真意は別の場所にあったということだ。

バラバラ感

午後三時三〇分、知事会見スタート。基本方針の発表である。

パワーポイントの資料は二〇数枚。知事は、三つの基本方針の一番目として「築地は守る、豊洲を活かす」のキャッチコピーを、「これ、いいでしょ」と自慢気に、だが、舌をかみながら声に出して発表した。

どうやらこのフレーズ、知事は気に入ってはいるものの、まだ自身の口に馴染んでいないらしい。せっかくのキャッチコピーを冒頭から言い間違えそうになったのは、自分で考えて決めたフレーズではないということなのだろう。

これに限らず、総じて会見そのものが急ごしらえのやっつけ仕事の印象を強く与えた。例えば、資料には「三つの基本方針」が冒頭と最後の二回出てくるが、表現やまとめ方が全然違っていた。

基本方針「その一」に関して言えば、冒頭では「築地は守る、豊洲を活かす」の大方針を打ち出し、その下に「築地市場は、長年培ったブランド力と地域との調和を活かしあらためて活用する」と「地下空間の追加対策、地下水管理システム補強策などを安全対策を講じた上で、豊洲市場を活かす」が並列で並べられている（一部、「てにをは」の初歩的な間違いは作成者のケアレスミスと思われる。「補強策などを安全対策を講じた」は「補強策などの安全対策を講じた」とすべきだろう。こんなところにもやっつけ仕事感が顔をのぞかせている）。

一方、最後に示された基本方針では「その一」が築地市場のことに特化され、内容もより具体的かつ詳細に示されている。「築地市場を五年後をめどに再開発する。環状二号線は五輪前に開通させ、当面、五輪用のデポ（輸送拠点）として活用。その後、「食のテーマパーク」機能を有する新たな場として東京を牽引する一大拠点とする」と勇ましい。

豊洲市場については、基本方針「その一」では一切記述されていない。その代わり、「その二」として「豊洲市場は、冷凍冷蔵・物流・加工等機能を強化し、将来にわたる総合物流拠点にする」と、ひたすら冷淡に物流センター化を標榜する。

役人の一般的な感覚からすると、基本方針の柱の内容が同じ資料の最初と最後で全く異なるというのは、まずあり得ない。最後のまとめで、より詳細に項目を分けて記述するというならまだしも、柱立てもバラバラ、内容もバラバラとはこれいかに？

私はてっきり、会見資料のすべてはあのドクターKのひとりが一から一〇まで作り上げたのだと思い込んでいたのだが、あの理論派で鳴らす人物がこんな未整

臨時記者会見を開き、基本方針を発表する小池知事

理でわかりにくい資料を作成するとは到底思えないし、思いたくもなかった。だとすれば、数名の人間が別々に作った資料を持ち寄って、短い時間でなんとか継ぎはぎして間に合わせたとしか考えられず、そう考えると資料のバラバラ感も妙に納得がいった。

豊洲市場は中央卸売市場

会見での知事の説明は、正直わかりにくかった。そうさせたのは、「築地再開発のために豊洲に移転する」、「豊洲に移って五年後に築地に戻ってくる」という基本コンセプトである。豊洲はどうなってしまうのか？と素朴な疑問が芽生えざるを得ないのだ。

これに輪をかけてつじつまを合わなくしてしまったのが、知事が「豊洲市場は中央卸売市場だ」と言い切ったことだ。知事は会見中、豊洲市場に用いる修飾語に「中央卸売市場として」という表現を三回使用した。たとえば、「豊洲市場については、総合物流拠点となる中央卸売市場となると考えている」といった具合である。

この表現にはちょっとしたカラクリがある。実は、会見直前の午後二時過ぎに二人の副知事と市場長が知事に呼ばれた時のこと、中西副知事が小池知事にあることを告げていたのである。

知事は執務室に呼び入れた三人の幹部職員を前にこう切り出した。

「ローリングはしませんから」

つまり、世上言われている「築地市場の現在地再整備」はしないと断言したのだ。「みなさんが心配している再整備はしないから安心していいわよ」と機先を制したようにも受け取れる。知事の言葉を聞いた中西副知事は、念押しのためにこう切り返した。

「豊洲市場は中央卸売市場として、ということでいいですね。お願いします」

中西副知事が既成事実を再確認するように静かにゆっくりと発言すると、知事は何の抵抗もなく了解したという。

知事はどういうつもりで副知事の言葉を受け入れたのかは大いなる謎である。なぜなら、基本方針のコンセプトは、どうひっくり返っても「仮移転」である。築地に戻ってくることが本筋で、豊洲は適当に物流センターにでもしておくというのがパワーポイント資料に書かれていることである。築地ではセリを行うとさえ明記されているのだ。だったら、豊洲市場が中央卸売市場だなんて口が裂けても言ってはいけない。それなのに、なぜか会見で知事は、はっきりと「豊洲市場は中央卸売市場」と発言した。

市場当局にとって知事のこの発言は、まさに干天の慈雨だった。もし、会見直前のタイミングで中西副知事から知事への「念押し」がなされなかったら、資料通り、豊洲市場はただの物流センターに成り果てていただろう。もし、基本方針の説明で「中央卸売市場としての豊洲市場」という表現が知事の口から発信されていなかったら、マスコミはほぼ間違いなく、豊洲仮移転・築地再整備と決めつけて報道していただろう。

そう思うと今でも背筋がぞっとする。ぞっとすると同時に、なぜ知事は会見直前の中西副知事の言葉をやすやすと受け入れたのか、やっぱり大きな疑問が残る。

小池知事は事態を正確に理解していたのだろうか。豊洲市場が中央卸売市場として機能する以上、近接する築地市場は中央卸売市場足りえない。副知事が言うことだから仕方がなく「豊洲市場は中央卸売市場」とリップサービスしただけなのか、あるいは「豊洲市場は中央卸売市場」と発言したところで、どうせ仮移転なんだから、何年かしたらまた築地に戻り築地市場が中央卸売市場になる、それでいいじゃないの、と高をくくっていたのか。はたまた、将来的に卸売市場法が改正されて、新しい築地市場は中央卸売市場でなくてもよくなると見越していたのか。

いずれにせよ、はたから見れば行き当たりばったり感が最終判断を下す段になっても残っていたことに変わりはない。このあいまいさが、基本方針の説明に大きく影響しないはずはなかった。

アドリブ挿入

先に引用した箇所を思い出していただきたい。

「豊洲市場については、総合物流拠点となる中央卸売市場となると考えている」。これは知事の発言そのままを書き起こしたものである。明らかに文章として「てにをは」が不自然で間違っている。知事の手元にあった読み原稿は「豊洲市場については、総合物流拠点となると考えている」だった。そこに知事がアドリブで「中央卸売市場となる」のフレーズを入れ込んだのだ。

不自然な発言はまだある。

「豊洲は将来的に物流機能も強化した中央卸売市場プラス物流センターとして、効率経営に徹する……」

これもまた、知事のアドリブ挿入によって意味不明の文章になっている。この部分、パワーポイント資料では「豊洲は将来的には物流機能を強化した物流センターとして、効率経営に徹する……」となっている。物流センターだから効率経営も可能だが、これに中央卸売市場を加味するのは無茶だ。第一、物流機能を強化した市場＋物流センター？　一体どっちなのか、意味不明である。

「中央卸売市場プラス」の部分は完全に知事の後付けであり、豊洲市場の修飾語として「中央卸売市場」を無理やり突っ込んだために論理が破たんしてしまったのだ。

会見場に居並ぶ記者たちもさすがに気が付いた。なんかおかしい……。説明後の質疑応答、トップバッターで指名された記者が質問した。

「市場が二つ存在することになるのか。豊洲市場はもう市場ではなく、物流センターになるのか」

知事の返答は（当然のことだが）歯切れが悪かった。豊洲市場については「新たな中央卸売市場としての機能を優先させる。物流機能をさらに強めていく」と話し、築地については「卸売市場法も転換期に来ており、それらをにらみながら市場としての機能が確保できる方策を見出していく」とした。知事の説明を何度聞いても、モヤモヤが払しょくされることはなかった。

ただ思うのだ。勝負勘鋭いあの知事が、こんな子供だましのアドリブ挿入を都議選告示直前の最も注目される会見の席でなぜやっちまったのか、と。

おそらく、知事は中西副知事の忠告を聞いたとき、ピーンと来たのではないか。豊洲市場の扱いを考えれば、物流センターとだけ決め付けるのではなく、中央卸売市場としての位置づけも与えておいたほうがこの先なにかと便利で都合がいいし、選択肢も広がる。さらに付け加えれば、後日、知事は周囲に「（基本方針発表のとき）築地に卸売市場を置くことについて確信が持てていなかった」と漏らしたとも言われている。つまり、基本方針の内容に一抹の迷いを抱いていた以上、リスクヘッジしておいたほうがいい。築地と豊洲の両方に二股をかけておくのが得策だったのだ。

あのとき、小池知事のなかで政治家の勘がひらめいた。

（よーし、「豊洲市場は中央卸売市場」って言っちゃおう。中西副知事、助言、ありがとう）

こう考えればスッキリする。スッキリはするが、知事の勘が当たっていたかどうかは微妙である。都議選を乗り切るには「どっちつかず」作戦はある程度、功を奏した。だが、そのせいで基本方針は「築地も豊洲も」のあいまいさを背負い込むことになり、知事はどっちにもいい顔をし続けなければならなくなる。「どっち？」と問われれば、不明瞭な答えを繰り返すしかなくなる。

そして、市場移転問題はこの二股作戦を知事が土壇場で選択したために、さらに複雑化・長期化し、迷走の度を深めていくのである。

書き換えとトラップ

「再整備」が「再開発」に

基本方針には、「豊洲市場は中央卸売市場」のアドリブ挿入以外に、もっと大きな謎が隠されている。パワーポイントの資料は会見で使用されたもの以外に、少なくとももうひとつのバージョンが存在した。

会見直前に政策企画局から市場当局に提供された電子データの資料は、「最終の最終」と表題にはあったが、実は、本当の意味での最終版ではなかった。午後三時半スタートの会見で使用されたパワーポイント（会見版）は、この電子データ版とは内容の一部が異なっていた。

何がどう異なっていたのか。市場当局に送られてきた電子データ版をよく読むと、築地に関する記述に「再整備」という表記が複数個所で使用されていた。

ところが、会見版ではこの文言がすべて「再開発」に言い換えられていたのである。

「整備」が「開発」に……。

たかが二文字の言い換えと侮ってはいけない。何度か触れたとおり、市場移転問題を語る上で、築地の再整備と再開発では天と地ほどの違いがある。

築地の再整備は現在地での市場そのものの再整備を指す。百歩譲って、どこか別の場所にいったん移転して築地に市場を再整備する場合もあり得る。まさに、基本方針が示した豊洲への仮移転策である。一方、再開発は文字通り一般的手法としての都市再開発であって、再開発後に市場が再建されるかどうかは再開発の計画次第である。

電子データ版で「再整備」の文言が使用されていたのは三箇所。

「①築地再整備＋②豊洲活用は、賢い支出のための選択」

「築地市場の再整備と豊洲の用途転用により、豊洲・築地合算のキャッシュフロー収支が黒字化」

「東京都の信頼回復のための行動　築地再整備において」

不思議なことにこの三箇所は資料上連続している。

さらに不可解なのは、「再整備」が使われている電子データ版では、「再開発」の表記も複数箇所で使用されているのである。同一資料上での「再整備」と「再開発」の混在、電子データ版における表記の不統一は何を意味するのか。

基本方針「その一」の説明には「築地市場を再開発する意味」と大書されており、次のページでは「現地再整備（営業しながら改修）は困難」と明記されている。このページの作成者は、現（在）地再整備が過去に失敗を繰り返した「営業しながらの改修」であることを十分に理解していて、再開発の表記との使い分けを正確に行っているようにみえる。

ところが、何ページか後ろの資料には、先に指摘した三箇所のうちの一つ目となる「①築地再整備＋②豊洲活用は、賢い支出のための選択」の表記が現れる。

このチグハグ感。

資料が複数の人物の手によって作成されたとしたら、どう解釈できるか。複数の作成者の中に、市場問題（再整備のことなど）に造詣の深くない（あるいは、収支などの金銭的な課題に関心はあるが、それ以外の事柄には無頓着な）人物がいて資料作成に関わっていたとしたら……。

市場移転問題への理解度に差がある複数の人物が分担して資料を作成し、その結果、世にも不思議な資料が出来上がったのではないだろうか。十分にあり得る話だ。が、もしそうだとしても、まだ謎は残る。「最後の最後」とわざわざ表題を付した資料をさらに改変した上で会見の場で使用したのはなぜかという疑問である。

電子データ版の「前回保存日時」は、基本方針発表の日の午後一時過ぎとなっている。ＮＨＫのニュース報道が正午にあって、午後二時過ぎに副知事らが知事に呼ばれたそのちょうど中間の時間帯だ。午後三時半に会見が開かれるまで二時間半を切っている。結構ギリギリのタイミングである。

ところがさらにこのあと、電子データ版には少なくとも一回改変が施された。築地の「再整備」から「再開発」へ。素人にはわかりづらい専門的な言葉の言い換えである。単に、最終チェック段階で表記のばらつきに気づいた誰かが急いで訂正したという仮説は成り立たないこともないが、それでは話が全然面白くない。

二段階書き換え仮説

妄想の出番だ。

外部からの何らかの要請（圧力）が、「再整備」から「再開発」への言い換えに関係しているのではないかと考えてみる。すると、どうなるか。

カギを握るのは公明党だ。側聞するに、小池知事の基本方針を公明党が受け入れる際、「築地再整備」の文言に同党が難色を示したと伝えられている。公明党は過去の都政を批判はするが、豊洲移転そのものをつぶす気はない。それに公明党にとっても「築地再整備」は現在地再整備を意味する忌まわしき表現であり、到底受け入れ難い（さらに言えば、共産党が現在地再整備を全面的に推す以上、公明党が現在地再整備を選択することはあり得ない）。

基本方針発表の当日、「再整備」から「再開発」への文言修正を条件に公明党が基本方針を飲んだと仮定すれば、空白の数時間の謎も氷解する。文字通り最後の最後で、残存していた「再整備」の文言は「再開発」に書き替えられたのだ。

「再整備」から「再開発」への言い換えは二段階で行われた可能性もある。初め、知事サイドが公明党に提示した基本方針はパワーポイント全文ではなく、作成者Aが作った骨格部分だけだった。ここには、平然と「再整備」の文言が使われていた。第一段階、知事サイドは公明党の要請に沿ってこれを急ぎ「再開発」に書き換えた。その後、作成者Bが作った部分を作成者Aの骨格部分と合体したところ、作成者Bの部分にも「再整備」の表記があることが判明し、まさに会見直前に滑り込みセーフで修正が加えられ、「再開発」に統一されたパワーポイント資料会見版が完成した。

この二回目の修正により、会見版からは「再整備」がすべて消えた。つまり、「再整備」と「再開発」が混在する電子データ版とは、「再整備」が残置された部分を合体させた直後の、かつ、滑り込みの修正が行われる直前のバージョンだったと妄想することもできるのである。

さらにもう一点。「①築地再整備＋②豊洲活用は、賢い支出のための選択」（電子データ版）の部分に着目したい。この部分では、再整備→再開発の言い換え以外にも、もうひとつ手が加えられていた。会見版では「②豊洲活用」の箇所が「②豊洲機能強化」へ、こっそりと文言修正されていたのである。この「活用→機能強化」は何を意味するのか。

「豊洲活用」は豊洲を物流センターとして使うことを意味する（市場ではない活用方法を念頭に置いている）が、「豊洲機能強化」とすれば、市場としての機能を強化すると読むことが可能になり、意味の幅は格段に広がる。こう理解するのが自然である。

この目立たない大変化を要求したのは、事の成り行きからして公明党しかないと思わざるを得ない。同党は、過去の過ちを反省しつつも豊洲移転を推進していた。豊洲市場整備につぎ込んだコストを回収するには、築地跡地を売却する必要があるというのが同党の立場である。築地に市場が居座り、豊洲が物流センターに成り果ててもらっては、築地が売れなくなって困るのだ。

こうして、いくつのも改変が段階的に施されて、会見版の資料は薄氷を踏むぎりぎりのタイミングで完成したとの推測が成り立つ。だが、言葉の入れ替えだけでは、全体のパッチワーク的なチグハグさまで消し去ることはできなかった。

こんな文言修正のドタバタ劇が二〇日の午前中から午後にかけて繰り広げられていたと仮定すると、もうひとつの小さなそごも説明可能になる。

当日流れた未確認情報によれば、当初、副知事と市場長が知事に呼ばれる時刻は午前一一時だったのを思い出していただきたい。だが実際、午前一一時に呼ばれることはなく、呼ばれたのは午後二時過ぎだった。

午前一一時情報が単なるガセだったのなら話はそれで終わりだが、一一時から二時への時間変更が実際にあって、それは「再整備」から「再開発」への文言修正、しかも二段階の修正に要した時間だと仮定すれば、バッチリつじつまが合うではないか。

妄想ついでに付言すれば、この日、知事が第一庁舎二階の車寄せに姿を現したのは午後二時、報道各社がカメラを構えて陣取っていた。この登庁時刻は予定通りだったのか。当日に急きょ変更されたものではないのか。もしも登庁時刻が午前一一時から午後二時に変更されていたとすれば、この三時間の間に知事は登庁時刻の予定を変更してまで、どこかで何かをしていたことになる、あの文言修正のドタバタ劇の最中に……。

いやはや、妄想も度を越すと、どことなく真実らしく見えてくるものである。基本方針の会見後、都議会の各会派は一斉に幹事長談話を発表した。

注目は公明党である。豊洲については「安全対策を施した上で豊洲移転の方向性を示したことを高く評価」する一方で、築地に関しては「築地再開発では、検討すべき課題も」あるとした。中でも「一部市場機能を有した再開発を行う」こと、豊洲から築地に戻る「業者のために、再整備を行う」ことに対して、「新たな市場を有することになり、規模感や豊洲市場との整合性」などを「改選後の議会で検討していく必要」があると非常にネガティブな反応を明らかにした。

知事の方針に真っ向から反対はしない（豊洲にはきっちり移転してもらう）が、言うべきことは言わせてもらいます、というスタンスである。また、この談話の中では、再開発と再整備の文言が見事に使い分けられている点にも留意しておきたい。

「築地再整備」トラップ

知事の基本方針の発表を受けて、マスコミ各社は大々的に報じた。二兎追う開発、併存に困惑、両立戸惑い、折衷案歯切れ悪くなど、総じて低評価だった。ここでケーススタディとして、読売新聞の報道を追いかけてみたい。興味深いことがゾロゾロ出てくる。

新聞各紙はすでに前週あたりから様々な憶測記事を掲載していた。「〜へ」とか「〜の方向で」とかいった類の記事である。だが、どこも確報は打てていなかった。確実な情報が得られなかったためだろう。

そうした中、読売新聞は六月二〇日基本方針発表当日の夕刊で確報を抜いた。夕刊一面トップに「豊洲へは仮移転　市場問題　五輪後再び築地へ」の大見出しが躍った。言うまでもないが、夕刊の原稿締切りの時点ではまだ知事会見は開かれていない。これを念頭に記事の中身を読むと、ゾクゾクする部分がいくつもある。

まずリード文で「市場を豊洲市場へいったん移した上で築地を再整備」とある。本文中にも「再整備した築地」の表記。さらに図表では「六月小池知事が築地再整備方針を発表」と、ご丁寧にも方針の名称にまで「再整備」を使用している。読売新聞はあくまで「築地再整備」なのだ。

当然のことながら、午後三時半に発表された基本方針に「再整備」の言葉はどこにもない。では、読売新聞は何を根拠に誰に取材して「築地再整備」の記事を書いたのか。

そしてもうひとつ。豊洲移転後、再び築地に戻る時期の表記が極めて特殊なのだ。記事本文には「早ければ二三年に」とある。二〇二三年のことだ。基本方針が発表された二〇一七（平成二九）年六月から換算すると六年後に当たる。なんとも中途半端な時期設定ではないか。

基本方針で「築地市場については五年後を目途に再開発」と明記されているのは周知のとおりだ。

二〇一七＋五＝二〇二二。

ではなぜ、読売新聞の記事は二〇二三年なのか。灯台下暗し、謎を解くヒントはすぐ近くにあった。市場問題ＰＴは、六月五日の第一〇回会合で取りまとめた第一次報告書を同月一三日、第一庁舎七階中会議室で小島顧問自ら小池知事に手交した。知事は満面の笑みを浮かべてこの報告書を受け取った。

報告書の一一二ページに「築地市場改修案の選択肢」をまとめた一覧表（一種のマトリックス表）が掲載されている。民間的手法導入（Ａ案）と移転して改修（二案）を組み合わせた場合、「工期三年半（都庁内手続きを含まず）　調査企画設計一・五年＋工事二年」との記述がある。注釈として「※民間的手法導入の場合、工期の前に都庁内での意思決定の期間が加算される」とある。

ＰＴ報告書が言う「都庁内での意思決定の期間」がどれぐらいかは明記されていないが、二〜三年と仮置きすると二〇二三年六月。

ビンゴ？「早ければ二三年に」とほぼ合致し、誤差の範囲内に収まったように見える。

探偵推理小説ごっこはこれくらいにして、あとは読み手の皆さんにお任せするが、読売新聞の取材活動を妄想的に総括するとどうなるか。

ある筋から確実な情報として基本方針発表のタイミングとその内容を入手した。だがそれは、会見版（＝築地再開発）ではなかった。文言修正前のバージョン、あるいは口頭による情報入手だったのかもしれない。だから、会見で「再開発」になるとはつゆ知らず「築地再整備」と書いてしまった。築地に戻る時期についても、会見版（＝五年後を目途）に依拠することなく、ＰＴ報告書に基づくと思われる時期（早ければ二三年）を記事にした。

情報源の確かさから、読売新聞はよもやこの夕刊記事が誰も気にしないし、気づいていない程度に誤報になってしまうとは夢にも思っていなかったに違いない。

同紙は翌日の朝刊でも「築地は再整備」と大見出しを打った。リード文でも本文でも「築地再開発」と書き、前日夕刊の「築地再整備」を修正しておきながら、見出しだけは変えようとしないアンバランスさをどう理解したらいいのだろうか。

「築地再整備」トラップ（わな）に引っかかったマスコミは読売新聞だけではなかった。午前一一時台に先行したテレビ朝日もまた「五年後を目途に築地を再整備」と報じていた。本文中には「築地を再開発して」とあるので、「再整備・再開発」混在バージョン情報に接していた可能性が高い。

片や、この二社とは対照的に時々刻々変化する当日の情報の流れの中で、地雷を踏まずに報道したところがある。ＮＨＫである。前述したように、ＮＨＫは正午のトップニュースで基本方針の内容を報じた。基本方針は「築地市場を豊洲に移転　将来的に築地に市場機能を持たせた再開発」とソツなく簡潔にまとめた。遅くとも午前中の段階で非常に確度の高い情報に接していたことをうかがわせる。地雷を踏んだ二社と同じ情報源だったなら、でかでかと「築地再整備」と報じていただろう。

では、二社との違いは何だったのか。情報入手の時間的差異はわからない。考えられるのは情報源の違いか。情報提供者が別々だったとみるのが順当だが、同一の情報提供者があえて異なる情報を別々にリークした可能性もゼロではない。いずれにしても、知事サイドも情報は一元管理されておらず、情報リークのトンネルが複数存在することを暗示させる事例である。

読売新聞に「築地再整備」の情報を持ち込んだ人物は、予想しなかった文言修正の成り行きに肝を冷やしたのだろうか。虚虚実実の報道合戦を妄想という名のメスで解剖すると、こんな病巣が摘出されるのかもしれない。

アウフヘーベン

テレビのワイドショーは基本方針発表当日の午後枠からお祭り状態だった。コメンテーターたちの反応は新聞報道にも増してシビアだった。中途半端、八方美人、どっちつかずの玉虫色の方針、推進派にも反対派にもいい顔をしている、都議選を乗り切るための小細工……。散々な言われ方である。

では、そもそも基本方針とは小池知事にとって何だったのかを改めて知事目線で考えてみたい。いつだったか忘れたが、後日あるとき、執務室の知事は独り言をつぶやくようにこう言った。

「あれは私が作ったのよ」

誰に自慢するでもなく発した言葉の真意はどこにあったのか。世上、あるドクターKの入れ知恵だとか、ドクターKたちとの議論の結果だとか、知事の主体性を疑わせる評価に対して異議を唱えたかったのだろうか。

妄想をたくましくして読み解いてみる。

「基本方針は、市場問題PTの報告書の内容にちょっと手を加えただけで、どっちつかずの中途半端な代物だとか、世間ではそんなふうに受け止めているらしいけど、それは違う。基本方針はそんな単純なものじゃない。あれをまとめるにはホント苦労したのよ。ドクターKたちの間で意見は割れるし、最後の最後で公明党は口出ししてくるし。でも、都議選を勝ち切るには移転反対派、特に水産仲卸の組合を抑え込まなければいけない。かんかんがくがく、収拾がつかなくなったとき、最後になんとか調整してまとめ上げたのは、この私。私がいなかったら、あの基本方針は完成しなかった。あれは誰でもない、私が作ったものなの」

では、知事は何をどう調整したのか。その痕跡は基本方針のパワーポイント資料に残されている。資料構成上のチグハグさ、柱立てや表記の不統一など、パッチワーク的な内容であることは既に指摘した。それでも肝心な部分は、あるドクターKの考えが貫かれている。このドクターKは築地市場の現在地再整備にこだわった。四月八日、築地市場内で現在地再整備私案をぶち上げ、移転反対派、築地残留派を勢いづかせた張本人である。市場問題PT報告書で再整備の詳細な手順を示しているくらいである。

一方、他のドクターKは土地の売却・保有を含めてクールにそろばんを弾くのに余念がなく、中央卸売市場など民営化してしまえばいいのだと考えていた。そのドクターKは三月末の「市場のあり方戦略本部」立ち上げの際には、現在地再整備派のドクターKを排除し主導権を握ろうともした。その後、あり戦の資料内容などに積極的に口を挟むようにもなった。

単純な二者択一ではなかったにせよ、築地・豊洲の扱いには知事サイド内部で温度差があった。彼らも首尾一貫して一枚岩であったわけではない。加えて、火に油状態の反対派がこれ以上、はじけないように細心の注意を払う必要もあった。知事自身、件のドクターKの行動を一〇〇％容認していたわけではなかったらしい。

基本方針発表直前、知事はある副知事にこんなことを漏らしている。

「反対派の対応は彼がやらなければならない」

あのドクターKの暴走気味の行動を小池知事自身、どこか苦々しく思っていたのか。都議選の告示日が迫る中、権力内部の意見対立、意見不一致を小池知事自らが主導して丸く収めたことへの大きな自負が「あれは私が作ったのよ」発言に凝縮されている。そう見立てるのは、うがち過ぎであろうか。

いや、そんなことはない。知事は「文藝春秋」七月号（六月上旬発売）への寄稿文の中でこう述べている。

「築地の改修案も市場問題PTから出され、百花繚乱の様相を呈しているが、ここはアウフヘーベンすることだ」

アウフヘーベン（止揚）。

随分、懐かしい言葉を引き出しの奥から引っ張り出してきたものだなと思った。だが、四〇歳代以下の人に通じるだろうかと心配にもなった。きっと、バウムクーヘンと区別がつかなくて困るに違いない。

それはともかく、アウフヘーベンの意は「矛盾する要素を対立と闘争の過程を通じて発展的に統一すること」。市場移転問題、基本方針にドンピシャな用語である。

築地か豊洲か、相矛盾する要素を政権内の対立・闘争を経て発展させ「仮移転策」に統一したのだ。知事が基本方針を自分が作ったと言ったのは、まさに「自分がアウフヘーベンした」の意味だったととらえるべきである。さらに言えば、「築地か豊洲か」をアウフヘーベンした以上に、「あのドクターKか他のドクターKたちか」をアウフヘーベンしたことに知事が重きを置いていたようにも思えるのだ。

ヘーゲルは矛盾を止揚することで哲学に新しい道を開いた。が、小池知事は市場移転問題を自分の都合のいいようにアウフヘーベンしてしまったが故に問題を先送りし、混迷の種をまき散らしてしまった。それでもなお、知事本人は基本方針は一〇〇点満点、我ながらよくやったと思っていたようである。

ちなみに、この年二〇一七（平成二九）年の新語・流行語大賞のノミネート語にアウフヘーベンは選ばれた。前年の「盛土」につづく二年連続のノミネート入りは都庁史上初⁉の快挙であった。

換骨奪胎

アジェンダ

六月二一日午後、知事から副知事に新たな指示が下されたことが市場当局に伝えられた。

「明日、市場のあり方戦略本部を開いてアジェンダを出す」

またまた急な話だ。それにまたまた会議だ。知事の（意味のない）会議好きにも困ったものである。

（だが、待て。この会議を利用しない手はない）

市場当局は、基本方針の発表によって、五年後に築地に戻るというミッション・インポッシブルを押し付けられてしまった。とはいえ、豊洲市場が中央卸売市場と知事に言わせることに（偶然にも？）成功した。この状況を奇貨として、なんとか反転攻勢の機会をうかがっていたのである。

もちろん、知事の基本方針にやんわりと楯突いたため、あるドクターKから呼び出しを食らい、人事権の行使を匂わせるありがたい助言をいただく破目にもなったわけだが、知事の会議招集の指示は利用価値大だと判断した。副知事との打ち合わせの場で意見を出し合い、知事から指示のあった会議の位置づけや進め方を議論した。

そのとき話し合われたアウトラインは、こんな感じだった。知事はあり戦を招集せよと言うが、あり戦は検討の場であり、アジェンダを出すのであれば、あり戦とは別に市場移転に関連する局の局長を集めて会議を開いてはどうか。基本方針を行政的に受け止めるために会議の場で知事から各局長に指示を下ろす形をとる。その際、知事にはこんな感じでしゃべってもらってはどうか。

「昨日は私の考え（基本方針のこと）を述べた。あれはひとつの方針、ひとつのビジョンだ。三つの基本方針にはいろいろなことが含まれているので、行政的な整理が必要である。課題を整理し、着実に行政のレールに乗せてほしい」うんぬん。

随分と市場当局に都合のいい我田引水的な中身だが、これぐらいしなければ仮移転策をフェードアウトさせ、本格的な豊洲移転に向けた反転攻勢を着実なものとすることはできない。付言すれば、このとき知事は会議開催の午後に築地に行くとも副知事に告げていた。まだかまだかとヤキモキさせられた基本方針が曲がりなりにも発表されたことにより、市場移転問題のフェーズはつき物が落ちたように大きく転回していく。

レールに乗せる

市場当局の仕掛けは素早かった。知事からのオーダーを行政ベースにアレンジした「市場移転に関する関係局長会議」は四人の全副知事及び九人の関係局長を集めて六月二二日正午前から開催された。冒頭あいさつで市場当局は知事にこう言わしめた。

「今回の基本方針は私が出した考え方である。今後、基本方針を元に市場移転問題の解決に向けて、物事を着実に進めていく必要がある。ついては、基本方針を踏まえた諸課題を行政のレールにしっかりと乗せ、具体的な取り組みにつなげていく」

知事は「諸課題を行政のレールにしっかりと乗せ」の箇所を「ルールに乗せ」と会議の場で言い換えた。あなたたちの敷いたレールにはそうやすやすとは乗らないという意思表示だったのかもしれない。

それはそれとして、「基本方針は私が出した考え」と言わせた意味は極めて大きい。この一言で基本方針が市場移転問題における都政の最上位概念ではなく、単なる知事の考えを示したものに大きく変容させたのだ。そして「基本方針を踏まえた諸課題を行政のレール（ルール）にしっかりと乗せ」ると言わしめた。

つまり、行政が扱うのは基本方針そのものではなく、あくまで諸課題であるとレベルを一段ガクンと引き下げ、かつ、行政の土俵の上で処理するように知事から指示されたと既成事実化したのである。

こうして二重三重に基本方針の位置づけを換骨奪胎し、仮移転策を無力化しようと試みたわけだ。知事は基本方針でいろいろ言っていますが、今後は行政が地に足をつけて現実的に処理していきます、と言い換えマジックを仕掛けたといってもよい。

これはちょっとした賭けだったが、知事は我々の作戦に（無自覚なのか意識的なのかは別にして）すんなり乗ってきた。基本方針に対する市場当局のレジスタンスはこうして開始された。

では、この言い換えマジックに沿って、関係各局は具体的に何に取り組むこととしたのか。それをまとめたのが関係局長会議で配布された「基本方針を踏まえて推進すべき事項」のペーパーである。

①豊洲市場への早期移転
②豊洲地区のにぎわい創出
③環状第二号線の五輪前の開通
④築地市場跡地のオリ・パラ輸送拠点としての整備
⑤築地の再開発に向けた検討
⑥財政収支の観点からの検討

基本方針発表時のパワーポイント資料の騒々しさはどこへやら、常識的な行政課題が淡々と列挙されている。

第一項目「豊洲市場への早期移転」には追加対策工事や環境アセス、風評被害の払しょくといった項目は並んでいるが、「仮移転」の文字はどこにもない。組織の目標はあくまで「早期移転」であり、物流センターの文字すらない。

第二項目「豊洲地区のにぎわい創出」は、基本方針では全く触れられていなかった項目である。移転延期の悪影響が千客万来施設事業者や地元江東区に及びつつあることを念頭に置いた事務方の懸念がにじみ出ている部分である。

第三項目「環状第二号線の五輪前の開通」と第四項目「築地市場跡地のオリ・パラ輸送拠点としての整備」は、五輪をにらんだハード整備ネタである。もたもたしていると、オリンピック・パラリンピックが本当にヤバいことになりますよ、知事、これまで何度も説明してきましたよね、わかってますよね、と念を押している。

第五項目「築地の再開発に向けた検討」に至っては、

市場機能はおろか、食のテーマパークも仲卸の目利きの力も一切登場しない。

正直、ここまで基本方針を無視していいのかと資料を作成している時から心配になるぐらいであった。こうまで露骨に役人サイドが基本方針をつぶしにかかっているのだから、知事のほうも「あなたたち、なに勝手なことしてるの。私の作った基本方針通りに動きなさい」と喝を入れればいいようなものだが、そんなことは一切なかった。知事は市場当局が用意した原稿を粛々と読み上げ、居並ぶ都庁幹部を前に「横の連携をとり、一つずつ課題を共有しながら進めていく」と訓示した。

知事は心変わりしたのか。それとも都議選に向けてのポーズだったのか。先ほど「市場移転問題のフェーズはつき物が落ちたように大きく転回」と書いたのは、こうした状況を指す。知事の真意がどこにあるにせよ、市場当局が基本方針の「転覆」を目論むまでもなく、知事自身が豊洲移転に積極的になり、移転を急いでいるようにも見受けられた。実際、マスコミのインタビューでは「豊洲移転は早ければ来年の五月」などと実に前のめりな発言をしていた。

都議会議員選挙告示

六月二三日、都議会議員選挙告示。

知事も都民ファーストの会の候補者たちも、選挙期間中、ほとんど市場移転問題に触れることはなかった。小池知事が築地市場にほど近い銀座で街宣車の上に登った時も市場移転問題に言及することはなかった。基本方針はさほど批判も追及も受けることなく、個別の政策課題で盛り上がることもなかった。

あれほど基本方針をコケにしていたワイドショーはと言えば、連日、自民党の国会議員の失態ばかりを報じ、知事と都民ファーストの会を側面援護するかのようだった。それはそれで仕方がないことだったと思う。豊田とか稲田とか……そのあんまりの言動に都議選の争点がかすんだのも無理はなかった。

結局、築地・豊洲併存の基本方針で選挙民を煙に巻いた知事が一番得をした。結果として知事の勘は当たったのだ。あのとき「豊洲市場は中央卸売市場」と言

小池人気で都民ファーストの会が大勝した都議会議員選挙

っておいて、知事的には正解だったのだ。知事の「市場移転問題隠し」作戦はまんまと功を奏し、あっという間に投開票日の七月二日を迎えた。午後八時ジャスト、NHKをはじめ開票速報を組んだテレビ各局は、都民ファーストの会圧勝の見出しを流した。

大敗と大勝

翌七月三日月曜、都庁は終日、静まり返っていた。

選挙前から自民党が負けることは、誰の目にも明らかだった。選挙中の都庁幹部の関心事は、もっぱら自民党の獲得議席数が四〇台に乗るかどうか、つまり、全員当選を前提とした公明党の議席数と合算して過半数六四に届くか届かないか、この一点に絞られていた。

結果は自民党の歴史的惨敗。五七議席から二三議席に激減した。一方の都民ファーストの会は、追加公認を含めて五五議席を獲得した。ここまで破壊的な勝利を収めてしまった以上、知事に何を言っても無駄なのではないか、庁内には早くもそんな空気が漂い始めていた。

同日、小池知事は都民ファーストの会の代表の座からさっさと降りた。表向きは二元代表制が機能しないとの批判に応える形だったが、都議選目当ての代表就任と選挙で圧勝した翌日の代表辞任という、自分ファーストの合目的的な変わり身の早さは誰にもまねすることはできなかった。

変わり身と言えば、「ジョブホッパー」の異名を持つ知事の輝かしい経歴がそのことを何より雄弁に物語っている。テレビ東京「ワールドビジネスサテライト」初代メーンキャスター→日本新党→新進党→自由党→保守党→保守クラブ→自由民主党→都民ファーストの会→?

次の跳躍地点を模索するかのように知事は七月七日、農林水産省に出向き山本農水大臣と面会、基本方針を自ら説明し「まだ先だが」と前置きした上で豊洲市場の認可を要請した。同日の定例記者会見では、移転日程を早期に詰めるよう幹部に指示したことを明らかにした。築地か豊洲かなどと言っていたのははるか昔、豊洲仮移転・築地リターンもなんのその、知事は豊洲移転に向けてギアチェンジしていた。

第三部

閉場後に外された旧築地市場の看板と豊洲市場開場式

続く余震

（二〇一七年七月から二〇一九年三月まで）

千客万来

撤退検討

七月一一日朝、宮地特別秘書から市場当局に問い合わせがあった。

「千客万来の担当は誰か?」

宮地SSからとは珍しい。しかも、千客万来についての問い合わせとは二重の意味で珍しい。そうこうしているうちに正午前になる。七階の待合いで待機中のときだった。私のガラケーにメールが入った。

「正午のニュースで千客万来施設を取り上げます」

千客万来施設とは豊洲市場の六街区の一部に民間企業が整備するにぎわい施設であり、その設置は江東区との約束になっていた。どういう内容かを確かめようとしたがかなわなかった。報道前に事前予告をしてくれる記者は少なからずいる。だが直前に知らされても手の打ちようがない(だからこそ教えてくれるのだが)。要は気持ちの問題、仁義を切るということである。

予告メールの直後、偶然にも鹿児島で震度五強の地震が発生した。このため、NHKの正午のニュースでの放映は飛んだ。

知事執務室に入る。知事は「万葉倶楽部には頑張ってほしい。豊洲のにぎわいのために」と発言したが、どうも様子が変だ。NHKのニュース報道の件を事前に知っている気配を薄々感じた。この気配は朝一の宮地SSの動きとも合致する。そうこうするうち、NHKは正午過ぎのラジオニュースで「万葉倶楽部、撤退の意向」と第一報を報じ、午後二時過ぎ、テレビニュースで改めて詳細を伝えた。これを受け翌七月一二日、新聞各紙は一斉に「万葉、撤退を検討」と報じた。

またしてもNHK先行報道・他社追随のパターン。万葉倶楽部の撤退検討の契機は六月二〇日の基本方針だった。知事が築地跡地に「食のテーマパーク」などを整備するとしたことに対して、「築地に千客万来施設と同じような施設ができれば採算が取れなくなる」と難色を示した。二日後の定例記者会見で知事は、「千客万来施設は豊洲に活気とにぎわいを生み出すために必要な施設」として「事業者には計画通り事業を展開していただきたい。誠意をもって説明する」と、市場当局が用意した想定問答の答弁を読み上げた。

千客万来施設

千客万来施設のことを少し詳しく述べておきたい。豊洲市場六街区の環状第二号線沿いに広大な空き地が広がっている。千客万来施設の建設予定地は約一・一ヘクタール。正確には交差点を挟んだ斜め向かいのゆりかもめ「新市場駅」脇の土地六〇〇〇平方メートル（うち半分は暫定活用）も含まれる。千客万来施設とは、築地市場が豊洲に移転する際、東京都が地元江東区に約束した三条件のひとつであり、築地市場の活気とにぎわいを豊洲市場で実現するための施設で、市場本体と一体となって開発するとされていた。

ここはいわく付きの土地だ。地下の汚染のことではない。過去、事業者が一方的に撤退し再募集を余儀なくされた経緯があった。「すしざんまい」の築地喜代村と言えば、築地市場恒例の正月明けの初セリで本マグロを競り落とすことで有名である。この喜代村は二〇一四（平成二六）年二月、大和ハウス工業とともに千客万来施設事業に名乗りを上げた。ところが、一年後、大和ハウス工業に続いて、名物社長が記者会見を開いてやむなく撤退すると宣言した。その時に流した社長の涙は色々な意味で語り草になっている。

その後、再募集で手を挙げたのが万葉倶楽部だった。三社が応募し、プロポーザル方式によって万葉倶楽部に決まる。本社は小田原にあり、創業者の高橋弘会長は神奈川県の立志伝中の人物である。家業の酒屋を皮切りに写真現像事業を経て現在の温泉施設「万葉の湯」の経営や老舗ホテルの買収と事業を急拡大してきた。豊洲ではホテル、温浴施設、築地場外をイメージした食の施設を整備する計画だった。

万葉倶楽部は、現地で地中深く温泉井戸を掘って汲み上げる方式ではなく、二〇トンの専用トレーラーで温泉の湯を湯河原から運んで利用する方式を採っている。その万葉倶楽部の姿勢が一八〇度変化したのは、六月二〇日の基本方針発表からだった（ということになっている）。基本方針には築地跡地に食のテーマパークを整備するとある。これに万葉側が「話が違う」とかみついた。

二〇一五（平成二七）年九月の「千客万来施設事業（六街区）募集要項」には、施設の整備目的として「築地特有の貴重な財産であるにぎわいを継承・発展させる」とあり、さらに導入する機能として「食の魅力を国内外に発信」「食との出会いや楽しさにあふれ、豊洲市場ならではの活気やにぎわいを一体的に感じることができる場を創造」とある。

こうまで定義して公募しておきながら、小池知事の考えひとつで千客万来施設に対抗するような施設を築地市場跡地に発案するとは何事か、一方的な信義則違反であり、事業採算上も極めて影響が大きいというのが万葉倶楽部の言い分である。至極もっともであり、知事が募集要項を無視したと言われても仕方がない。

基本方針発表以降、万葉倶楽部は終始、悪いのは東京都、なかんずく基本方針を勝手に出した小池知事であり、食のテーマパークを撤回せよ、でなければ事業推進は不可能であると主張していた。万葉倶楽部との関係は、移転問題の最終段階で市場当局の前にボトルネックとして立ちはだかることになる。

無害化を無害化せよ

なかったことに

七月の大仕事、それは無害化を無害化することだった。ダジャレを言っているのではない。

おさらいしておくと、市場移転問題における無害化とは、豊洲市場用地の地下水・土壌を環境基準以下にすることである。過去、市場長をはじめとする市場当局の幹部職員が都議会で答弁している（「無害」といっても決して汚染をゼロにすることではない。この点は改めて注意する必要がある）。また、都議会では無害化を豊洲市場の開場の条件とする付帯決議が可決されていた（付帯決議に法的拘束力がない点についても改めて注意）。

この延長線上、五月開催の第六回専門家会議では、反対派が無害化の約束が果たされていないことをやり玉に挙げて会議が紛糾した。豊洲市場に移転するには、無害化問題を何が何でも決着させる必要があった。

都議選の結果を受けて、市場移転問題の局面は大きく転換した。知事は豊洲移転に前のめりになった。その真意はわからない。一刻も早く豊洲に「仮移転」して築地に戻る姿勢を水産仲卸に示す必要に駆られたのか。あるいは、都議選で大勝利を収めた今、基本方針は「御用済み」で、むしろ、オリンピックの車両基地として築地市場を更地にする必要に迫られ、豊洲に一刻も早く移転したかったのか。とにかく市場当局は市場当局で、豊洲「本移転」に向け専門家会議でオーソライズされた豊洲市場の建物下における追加対策工事の実務的な詰めに入った。

他にも、築地市場に関しては解体工事、環状第二号線工事、輸送拠点工事など、市場移転延期で宙に浮いていた課題が山積みだった。所管各局は再起動すべく具体的なスケジュール作りに取り組んだ。

七月九日、都議選圧勝から一週間後の日、知事付きの補佐官から知事の動向に関する連絡が入った。

「知事は、無害化について都議会での付帯決議を打ち消す必要があるとおっしゃっています」

市場当局の目論見と知事の意向が図らずも一致してきたということか。つまり、基本方針の元々の狙いであった「仮移転」であっても、市場当局が巻き返しを図ろうとしている「本移転」であっても、豊洲市場に移転する以上（しかも、オリンピック・パラリンピックを考えれば一刻も早く移転しなければならなくなっている以上）、付帯決議によってロックがかかった状態にある無害化の約束をある意味、「なかったことにする」必要があった。

なかったことに……とは、随分乱暴な物言いである。が、行政は現実と向き合わなければならない。豊洲市場の敷地全体を環境基準以下にできれば理想的であるが、地下水モニタリングの結果、汚染が残置されていることが明らかになった。すでに完成した巨大施設の地下から汚染物質を環境基準以下にまで除去することは、コスト、時間、労力、どれをとっても非現実的である。過去に交わした出来ない約束にいつまでも縛られて現実社会の動きがフリーズしていてもいいのか。無理である以上は白旗を潔く上げて代替案の実施に舵を切るべきではないか。行政の責任において物事を前に進めるために何をすべきか。市場当局は、ただそれだけを考えていた。

両方生かす

無害化をチャラにする「無害化無害化」作戦の種は、実は一か月以上前にこっそりまかれていた。基本方針発表前の二日間連続（六月一五日、一六日）で開催した あり戦においてである。この時に配布した資料の中に、市場当局は極めて重要な要素を紛れ込ませていた。大項目「安全・安心な市場のための対応策」のまとめの項「豊洲市場の安全・安心の確保に向けて」の結論部分にはこう記載されている。

○地下水管理システムを適切に運用することにより、

地下水位を管理するとともに、システムの揚水機能を発揮し、中長期的に水質の改善を図っていく。
○豊洲市場の地下への的確な措置を講じることで、地上の安全に万全を期し、正確な情報を分かりやすく発信することを通じて、都民の安心につなげていく。

どうだろうか。このふたつの文章を読んで「市場当局は無害化の約束を放棄した」と受け止めた人はおそらくいないだろう。市場当局としても、知事がまだ基本方針を発表していない時点で、あからさまに「無害化放棄」とは言えなかった。

役人の悪い癖で、言いたいことがあるのに外野からのリアクションやハレーションを気にして表現をオブラートに包み過ぎたのだ。このため、関係局長会議の場で資料説明はきっちり行ったものの、知事もマスコミも全く無反応だった。

オブラートに包み過ぎた表現に至る過程では、副知事との間で少なからず議論があった。当初、市場当局が準備した資料には第三項として「将来的には無害化を目指す」の文言が存在していた。しかも、追加対策工事を施し、移転した後の話である。しかも、「無害化する」のではなく「目指す」のだから、これくらいは触れておかないと「無害化の約束」をいきなりばっさり切り捨てることになり、さすがの市場当局にも「良心のかしゃく」めいた感情があった。

ところが、安藤副知事も中西副知事もこの点は見事なほどに割り切っていた。将来的であっても、無害化を再び約束してしまえば、再び後世に過ちの芽を残すことになる。過去の市場当局が犯した失敗を繰り返すことになる。今、我々が味わっている苦しみを未来の職員に味わわせてはいけない。中途半端はいけないのだ。

「将来的に無害化を目指す」の文言は副知事判断によって跡形もなく削除された。両副知事の明確な意思表示は市場当局に勇気を与えた。こうして「無害化無害化」作戦の第一弾は空振りに終わったが、この経験が貴重な教訓となって作戦は第二段階に進んでいく。

舞台は七月二一日の関係局長会議。メーンテーブルには知事、副知事、関係九局長が座り、私は知事と村松市場長を結ぶ線上の斜め後列の席にいた。冒頭のあいさつで知事は、「基本方針の主旨は、豊洲と築地の両方を活かすということ」と発言した。正確には市場当局が知事にそう言わしめたのである。

「築地は守る、豊洲を活かす」ではなかったのか。

これは市場当局による確信犯的な言い換えである。「両方を活かす」とは、どちらも優劣なく活かすこと。であある。豊洲は中央卸売市場として、築地は再開発によって、である。さ末な言葉遊びに思われるかもしれないが、この微妙な表現の言い換えこそが重要なのである。築地を「守る」対象（＝市場機能を残す）から外して、「活かす」対象（＝再開発でどうにでもなる）に変容させたのだ。芸が細かい、でも相当にあざといと言わざるを得ない。

作戦発動

次は本題の無害化である。

六月一六日の反省に立って表現はわかりやすく明確に。資料のタイトルはズバリ、「豊洲市場用地の土壌汚染対策に係る〈無害化〉に代わる新たな方針」。これなら気づかれずにスルーされる心配はない。

○環境基準を達成できていない現状を真摯に受け止め、その反省を踏まえたうえで、安全で安心な市場の実現に向け、専門的・科学的で妥当な対策を講じる。

○追加対策工事の着実な実施により、地上の安全に万全を期する。

○地下水管理システムの適切な運用により、地下水位を管理するとともに、同システムの揚水機能を発揮し、中長期的に水質の改善を図る。

○専門家会議の助言に基づき、地上部の大気や地下水の水質を測定し、正確な情報発信を通じて、都民や事業者の理解と安心につなげていく。

今後は、無害化＝環境基準以下という数値目標を追い求めることをきっぱりやめて、具体的な対策の着実な実施と中長期的な管理、徹底した情報公開によって安全と安心を確保する。これを新しい方針として定めた。

あるべきはずの盛土がなかったこと、「無害化」を開場の条件とする都議会の付帯決議、都議会での「環境基準以下にする」と繰り返した市場当局幹部の答弁、安全と安心は別物とした小池知事のスタンス、その他諸々、これまでの経緯すべてを包含する形で過去を一気に清算し、けりを付けようとしたのだ。

私は村松市場長が読み上げる説明原稿に赤のボールペンで下線を引き、新しい方針が世に送り出されたことを確認した。これにより、「無害化無害化」作戦はひとまず当初の目的を達した。

関係局長会議と同日の定例記者会見。七月の幹事社は共同通信だった。知事の定例記者会見は東京都が主催するものではなく、マスコミ各社で構成する都庁クラブが開催する。毎月輪番制で幹事となる会社が決められ、冒頭、知事に優先的に質問する役目を果たす。

共同通信のキャップは、以前から理詰めで知事に迫ることで名を馳せていた。この日も、開口一番、「無害化は市場移転の前提条件だったが、今日それが方向転換された。知事の言葉で都民にわかりやすく説明してほしい」と詰め寄った。

知事は会見直前に行われた関係局長会議の資料の内容通りに返答したが、前置き部分ではこんなことも発言していた。

「私はかねてより、『無』であることは難しいと伝えてきた」

無とは無害化の無を想起させる言葉だが、そうではない。文脈上、知事が口にした無は、汚染ゼロ、ゼロリスクを表現する無である。無と言う言葉を介して、知事は巧みなイメージ操作を行おうとした。つまり、無害化の方針を転換したことへの批判を少しでも和らげるため、無害化＝環境基準以下が、あたかも無＝汚染ゼロと同義であるかのように偽装しようとしたのである。

だが、そんな小手先だましはキャップには通用しない。「ということは、追加対策が完了すれば、豊洲市場は安全だとお考えか」と痛いところを突いてきた。知事の答えは「専門家会議で示された工法をきっちりと進めていく。安心感を得るためにもしっかりとした対策を講じていく」だった。

短い返答の中で、「技術的」と「専門的」を各一回、「科学的」を二回使用した。相変わらず専門家会議頼みの姿勢に変わりはなかった。知事にとって天敵とも言えるキャップがあまりに攻め込んだためか、各社からは市場関連の質問は一問も出ないまま、この日の会見は終了した。翌朝の新聞では、数社が「無害化撤回」と大見出しで報じた。

嘆息日

まとまって帰る

七月三一日、土日明けの憂うつな月曜。この日のGブリの議題は築地市場解体工事の契約問題や千客万来施設の進捗状況などであった。最後の案件が終わると知事はこう切り出した。

「それはそうと、仲卸だけど……仲卸業者への説明はいつ？」

「今週の水・木です」

「そうだったわね。説明はしっかりと丁寧に。彼らは、まとまって豊洲に行きたい。それから、そのあと、まとまって築地に帰りたいの」

まとまって帰る。

知事は確かにそう言った。なにげない一言かもしれないが、市場当局としては看過するわけにはいかない。中央卸売市場である豊洲市場へは本移転であり、築地には戻ってきたい業者だけが戻ってくるのではなかったのか。たとえ知事の本心が仮移転だとしても、早期移転に舵を切り山積する課題を解決しようとしている今、水産仲卸がまとまって築地に戻ってくるなどと口が裂けても言ってはいけないのだ。そんなことを公言したら、豊洲に移転したい水産卸と青果が猛反発しかねない。そうなれば、豊洲移転は最悪、瓦解する。

基本方針発表後の一か月間、「豊洲仮移転・築地再整備」の悪夢をかき消すために市場当局は奔走してきた。「無害化無害化」作戦も上首尾だったではないか。それがまたしても土日を挟んでの知事の態度豹変。豊洲移転に向けた役人の努力は週明けの月曜、いとも簡単に覆されようとしていた。

説明終了後、副知事と市場長の二人だけが執務室に残された。あとで聞けば、知事から築地再開発のコンサルタント委託料を補正予算に入れるよう指示があったという。補正予算の追加はメッセージだとの発言もあったようだが、誰に対するメッセージなのか。もちろん都民などではない。水産の仲卸業者に対する「ちゃんと築地の再開発をやって戻って来られるようにしますからね」というメッセージである。

ほかにも知事は、「強制代執行はやりたくない」と漏らしたという。仲卸業者の一部が移転に反対して築地に居座ることを恐れているらしい。居座られて環状第二号線建設やオリンピックの輸送拠点整備に支障が出て自らが批判を浴びたり、居座り業者から逆に訴えられたりすることを危惧しているのだ。

架空の独白

またしても、あの人物の影が見え隠れする。以下、架空の独白にお付き合い願いたい。

水産仲卸に「知事の指示に全面的に従おう」と言って回っていますが、懐疑的な反応もまだありまして、彼らに気持ちよくそろって豊洲に行ってもらうためには、もうひと押しが必要です。築地再開発をすぐに動かし始める姿勢を明らかにして彼らに納得してもらわなければなりません。そのために補正予算に具体的な経費を計上しましょう。彼らの一部が築地に居座るようなことになれば、オリンピックサイドからの批判を知事が一身に浴びることになります。それはまずい。

都庁の役人は豊洲移転が最優先事項と決めてかかり、築地再開発のことはうまいことサボタージュするつもりにちがいないが、そうはさせない。築地再開発、いや築地再整備が最終目標なんですから、壮大な目標に向けて具体的な一歩を踏み出すべきです。その際、豊洲の千客万来施設など取るに足りないことです。事業者がつべこべ言ってきても気にする必要はありません。代わりなどいくらでもいますから。

それよりも、千客万来施設撤退による賠償責任が本当に発生するのかなど、リーガルチェックをしっかりやる必要がある。都庁の役人は多額の補償が必要だなどと言っていますが、彼らの言い分を鵜呑みにしてはいけませんからね。知事もご存じのように彼らは信用ならない。今でも裏で自民党とつながっているでしょうから、情報はほとんど漏れていると考えたほうがいい。

とにかく、安易に役人の提案に乗ってはいけません。くれぐれもご用心を。知事が役人に囲まれるGブリとかいう説明の場では、決して物事を決定してはなりませんぞ。そして、何かを決める前には、必ず私にご相談を……。

土日にどんなやり取りがあったかなど知る由もない。ただ、「信用ならない都庁の役人」像は知事自身が就任一年に当たっての某紙インタビューではっきり答えている。

「一年目は職員との間合いを取るのも、こう言っちゃなんだが微妙だった。相談すると議会のほうに全部伝わるので、あえて重要な相談はしなかった」

また、訴訟うんぬんの話は妄想とは言い切れない。市場の移転に絡んで訴訟沙汰になったケースは神田市場の移転問題で実際に起きている。

秋葉原駅に隣接する神田市場が廃止されたのは、バブル後期の一九八九（平成元）年五月六日である。しかし、廃止された後も跡地で不法占拠を続け営業行為を行う業者が少なからずいた。内訳は、仲卸業者一三者、関連事業者五者、買参人団体一者である。同年七月上旬には旧神田市場の周囲に囲いが設置されたが、設置した日の午後、一部の買参人によってこの囲いは破壊された。八月、不法占拠者一九者に対して建物明渡し等の請求の訴えを東京地方裁判所に提起し受理された。その後、不法占拠は順次解消されたが、すべての訴えが取り下げられるまでに二年以上を要した。

業者らによる不法占拠の最悪事態は小池知事の悩みの種となっていた。

二年目の夏

就任一周年

八月二日。

小池知事は就任一周年を迎えた。新聞各紙は知事就任一周年の特集記事を組んだ。日経新聞は二面で「国と連携焦点」として金融都市構想や法人減税を見出しに置き、社会面ではオリンピックを取り上げるなど正面切っての知事批判を避けたが、産経新聞は「基本方針は不確定要素が多い」、毎日新聞は「基本方針が幹部に知らされたのは記者会見の約一時間前」、読売新聞は三面で「小池都政、顧問が動かす」と大見出しを打ち、「いつどこで誰と決めたのか、全く分からない。我々は知事に信用されていない」との幹部の声を伝えた。

中でも朝日新聞の批判ぶりは群を抜いていた。社会面で「顧問重用、密室政治と批判も」とぶち上げ、六月二〇日の基本方針公表直前の緊迫した状況を生々しく報じた上で「今回のように都幹部を抜きにして重要政策を決めた知事はいなかった」と幹部職員の意見を紹介して締めくくった。

さらに極めつけは、この日の社説である。基本方針の不可解な決められ方を例示して、「議論の過程をできるだけ透明にし、結論を出したら、理由も含めて自らの口ではっきり語るのがリーダーの務めだ。この当然のことが小池都政はできていない。」と直球批判。「知事は従来の都政をブラックボックスと呼んで批判した。だが、これでは新しいブラックボックスが生まれただけ」と畳み掛け、「築地で業者らと面談した知事は最大の課題は都の顧問行政だと指摘された。この直言を重く受け止め、二年目に臨まなければならない」と結んだ。

朝日新聞がここまで反小池の論陣を張るとは思っていなかったが、社説で取り上げられた「業者からの直言」とは、基本方針発表二日後の六月二二日、知事自ら築地に出向いたときに青果の泉理事長が知事と面と向かって発した言葉そのものであった。

「できるできる」詐欺

八月二、三日の両日、築地市場講堂で水産仲卸主催の説明会が開かれた。これまでの経緯を担当部長以下、関係部課長が説明・対応した。紛糾は覚悟の上だった。「五年後に戻れるのか確証がない」「仲卸は中央卸売市場のもとでしか生きられない」など、水産仲卸の本音が吐露される一方で、「小池知事の言っていることと市場（当局）の皆さんが言っていることが違う」と核心を突く意見も出された。

そして、珍事は説明会後に待っていた。質疑対応を終えた担当部長が廊下に出ると、女将さん会の面々に取り囲まれた。吊るし上げられるのかと部長は一瞬身構えた。すると彼女たちは部長に向かって意外なことを口にした。「小池知事は信用できない」「知事に裏切られた」と言い募った。

思い返せば、四月、築地市場の講堂であの人物の現在地再整備案に狂喜乱舞し、五月、神田明神で小池知事から「大丈夫」と声を掛けられて有頂天になり、夢をはち切れんばかりに膨らませた彼女たち。豊洲移転は阻止できる、築地再整備は実現できると血が沸き立つ思いだったであろう。それが今や「できるできる」詐欺にあったようなものである。豊洲に移転して五年後に築地に戻ってくることなど、彼女たちはこれっぽっちも望んでいない。築地にずっといたいだけなのだ。だましたあいつが悪いのか、だまされた彼女たちが悪いのか。市場当局に身を置く者としては、どっちもどっちと小声で言うしかない。

裏切られたのは女将さん会だけではなかった。移転反対派は総じて「裏切りの季節」を迎えていた。もはやあの人物の大言壮語を鵜呑みにする者は誰もいなかった。反対派の技術的専門家も「都は結局、従来の主張に戻ってしまった」「小池知事が『真相究明』と言っていたのに、がっかりだ」と失望感をにじませた。

五月の専門家会議で無害化を持ち出し、反対派を仕切って会議を流会に追い込んだ弁護士も例外ではなかった。八月八日、豊洲市場用地の購入を巡り石原元知事の責任を争う裁判の非公開協議が行われた。二月に鳴り物入りで結成された都側の新弁護団が裁判所の判断に委ねる姿勢を示したのに対して、原告側の弁護士は「石原元知事の責任を認めない姿勢は全く変わっていない。都民から見れば極めてわかりにくい」と批判した。弁護士でさえ事態の推移を読み切れず、味方だと思っていた側に梯子を外されることもあるらしい。

こうして小池知事の何かにつけてのあやふやな態度（決して本心を見せず、取り巻きの意見に左右され、その場その場の有利不利だけで判断する態度）が被害者の数と範囲を拡大させていた。

AI発言

八月八日、都議選後初となる、会期が一日だけの臨時都議会が開かれた。新しい会派勢力図のもとで議長、副議長を決めるのが主な目的だった。自共共闘（自民二二人・共産一九人　※このときは自民党の一名が単独離脱）による市場移転問題特別委員会の設置動議は、知事与党の都民ファーストの会（五五人）と公明党（二三人）によって否決された。

前日の七日には、小池知事側近の若狭衆議院議員が政治団体「日本ファーストの会」の設立を発表していた。日本ファーストの名称は、トランプ大統領のアメリカ・ファーストのイメージが強すぎて評判は良くなかったが、民進党をはじめ、くら替えになびく政治家にとっては、小池知事が慈悲深い観音菩薩に見えたことだろう。当の知事は「都政に専念することで国政を牽引する」と真意を明かすことはなかった。

八月一〇日、臨時会後の定例記者会見は市場祭りの様相を呈した。まず知事は、市場移転関連の補正予算案を審議するための臨時会（つまり八月で二度目の臨時会）を二八日に招集すると発表した。補正予算案については九月の第三回定例会に上程する案もあったが、知事の強い意向を受け、八月末の臨時会に諮ることで決着していた。総額約七三億円の補正予算案と同時に

「築地再開発検討会議」の設置も表明。補正予算案には再開発の検討経費二千万円も含まれていた。

会見では、豊洲市場の追加対策工事に関して環境アセスメントの変更手続きに入ったことも明らかになった。当該アセスは全面やり直しではなく、事業計画の変更を行うための簡易な手続きである。二〇一一（平成二三）年七月に提出された環境影響評価書では、建物下に盛土を行うことが前提になっていた。これを今回、主要建物下の「盛土」を「地下ピット」に変更。盛土に代わる対策として専門家会議が承認した追加対策工事（建物地下の床面を全面にわたってコンクリート打設、加えて新たに換気設備を設置）及び地下水管理システムの機能強化を盛り込む内容となっていた。

知事の口からＡＩ発言が飛び出したのは、各種報告が終わり記者との質疑に入ったときだった。

六月の基本方針の決定過程について、ある新聞社が公文書開示請求を行った結果、「不存在」とされた。この点に関する質問に対し、知事は「文書が不存在であると、それはＡＩだからです」と発言した。少し間を開けてニコリと笑い、「外部の顧問や専門家会議で考え方を聞いてきた」と説明し、さらにこう続けた。

「最後の決めはどうかというと人工知能です。人工知能というのは、つまり政策決定者である私が決めたということです」

この唐突感のある意味不明なＡＩ発言、世間の評判は散々だったが、これもまた知事的にはクリーン・ヒットを飛ばしたつもりだったようだった。ＡＩ発言は案外、小池知事の本質を突いているかも知れない。ＡＩも知事も、外部からの大量のデータ（知事の場合、取り巻きなどからの偏った情報）がなければ何もできない。自らの創造力で新しい何かを生み出すことはしないし、できない。ただひとつ恐ろしいのは、何がどうつながって結論が導き出されたのかが皆目わからないブラックボックスであるということだ。何から何まで知事とＡＩは、相似形のようであると解釈することも可能なのではないか。

この時期、ＡＩ知事の口癖は「ワンボイスで」だった。好き勝手なことを外に向かって発言するな、という意味だ。七月中旬以降、新聞各紙には東京都幹部の発言とされるコメントがしきりに掲載された。

「知事の胸の内がわからない」「我々は知事に信用されていない」「説明しても聞いてもらえない」「ドクターKと相談してやるから、おかしな方向に進んでしまう」「（基本方針を）詳細を詰めずに公表した責任は知事にある」

市場当局の職員としては、どのコメントにもウンウンと大きくうなずいてしまったわけだが、知事はあるGブリの最後にこうつぶやいた。

「それはそうと、あまり面白いことをマスコミに言わないでね」

知事の口元は笑っていたが、目は笑っていなかった。就任一年、知事と都職員の間のギクシャク感は解消されないどころか、加速度的に深まっていた。

それを裏付けるアンケート結果が、「都政新報」（都や区市町村職員向けの行政専門紙）に掲載された。小池都政一年の特集で都職員アンケートを実施し基本方針を「評価する」「評価しない」の二択で聞いたところ、「評価しない」が八七％を超えた。市場移転という個別事項に対する評価とはいえ、九割近い都職員が都政トップの重要判断にNOを突きつけるとは異様である。さらに同アンケートでは、知事一年目の採点結果が示された。平均点は四六・六点、赤点だった。世の中の評判はどうであれ、都職員の心はあまねく小池知事から離反していた。

総代会

西新宿のごたごたと同様に、築地市場では内輪もめが繰り広げられていた。八月一〇日、水産仲卸の組合である東卸組合の一部組合員二一名が連名で同理事会に対して総代会を開催するよう要望書を提出した。

総代会とは、築地水産仲卸総勢約五〇〇人の組合員から選出された八六名の代表者（総代）が参加する会のことである。ちなみに、中小企業等協同組合法には、総代の五分の一以上で総代会の招集を理事会に対して請求できる規定がある。単に総代会の開催なら事は難しくない。問題は中身である。「小池知事の基本方針に全面協力し、ともに実現する」ことを決定するための総代会の開催だった。

二一名が提出した「東卸組合方針（案）」には、「確実に築地市場を五年後（二〇二二年）を目途に再開発する」ために、五年間の工程表の明示や十分な予算の計上、築地市場のアーチ型建物の残置などを組合として決定するという内容が書かれていた。平成三〇年度東京都予算編成に当たり、都議会で決議を求めることも盛り込まれていた。

一読して、築地市場の水産仲卸業者が作成した資料ではないと直感した。行政に精通した者が深く関与した組合方針（案）であることは、疑いの余地がないと感じた。八月一六日、東卸組合は臨時の理事会を開き、時期尚早との判断から総代会の開催要求を否決した。二一日には二一人の署名者のうち一〇名が要望を取り下げた。

いざこざはこうして一度は収まったものの、東卸組合内部の対立（早山理事長率いる理事会と、総代会の開催など数の力で形勢逆転を狙う勢力との暗闘）は、セミの季節が終わったあとも性懲りもなく続けられた。その後の経緯の詳細は省略するが、反対派の巻き返しにより総代会は一〇月二日に開催された。この総代会で築地再開発に向けた検討組織の設置を求める議案は、総代八五名中、賛成一九、反対四五で否決された。

公の場での決着はここまでだったが、反対派（と裏で牛耳る人物）は転んでもただでは起きない。総代会で自分たちの案が否決されると今度は、一〇月一七日、「築地市場再開発仲卸検討会」なる有志による私的組織の立ち上げを表明した。獅子身中の虫がまた変な動きをしている。東卸組合の早山理事長にとって頭の痛い状況に変わりはなかった。

パンダ大作戦

政務会見

一か月ほど時間が飛ぶ。第三回都議会定例会の代表質問を翌日に控えた九月二五日月曜、都政の枠を超えた激震が走った。

市場当局は代表質問の調整に追われていた。午前一〇時五〇分からの都民ファーストの会との答弁調整に管理職数名が都議会棟に出向いて行った。直前、答弁調整の会場から事務総長がこっそり出ていく様子が見受けられた。

荒木千陽代表、増子博樹幹事長ら六人の都議を前に答弁骨子の説明が行われたが、荒木代表はぶ然とした態度で一言も発せず、増子幹事長も無言だった。唯一、伊藤悠経済・港湾委員会委員長が「市場関係者の声を聞くことが重要」と発言しただけだった。市場当局が都議会棟に到着する前にこのメンバープラス小島敏郎事務総長の間で何があったのか、大いに興味をそそられる出来事だった。

ちょうどそのころ、広報担当課長から午後二時に緊急記者会見との情報が入った。パンダの名前を発表するとのことだった。

六月一二日、恩賜上野動物園でパンダの赤ちゃんが誕生して以降、上野・東京のみならず日本中がパンダ熱に沸いていた。名前の公募には過去最高の三二万件を超える応募があり、八月末、選考委員会によって八つの候補に絞られていた。予想は過熱し、ワンドショーばかりか報道番組も頻繁に取り上げていた。ネットでは早くも午後一時過ぎに「シャンシャン（香香）」との情報が流れた。

と同時に二時の記者会見に引き続いて、午後二時半から政務（都知事としての行政上の仕事ではなく、政治向きの要件）で緊急の記者会見との情報も飛び込んできた。前週末、新聞各紙は「二六日にも若狭新党旗揚げか」と報じ、小池知事の関与がどこまであるかを論じていたが、知事自身は党首就任を否定していた。政務会見の情報にＮＨＫはじめ民放ワイドショーはテレビで生中継の態勢を取った。

赤ちゃんパンダの名前発表の会見時の笑顔とは打って変わって、トレードマークの緑のスーツに身を包み政務の会見に現れた小池知事は、いつもとは明らかに様子が違っていた。息は上がり、変な緊張感に押しつぶされそうに見えた。

「この度、希望の党を立ち上げたい。若狭さん、細野さんらが議論してきたが、リセットして私自身が立ち上げ、直接絡んでいく」

こう宣言した小池知事の様子は、不思議なほどに大事を成す高揚感や晴々しさからは程遠く、焦りとも受け取れるテンパった印象がテレビ画面から強く伝わってきた。ただ、自ら命名した「希望の党」のフリップを手にしたときは満面の笑みを浮かべ、「新しい党として結党宣言をさせていただく」と声を張り上げた。

会見では、リセット、アウフヘーベン、シナジー効果など、得意の横文字が多く飛び出した。だが、都知事を辞して自ら国政に出る考えについては否定した。

またばくちを打ったなこの人、と私は思った。

国政新党立ち上げ会見の余韻が残る午後五時、翌日の代表質問の答弁ブリーフィング（答弁案に関する知事への説明・略して「答弁ブリ」）が七階執務室で行われた。病院経営本部、建設局、水道局、福祉保健局、総務局、都市整備局とあっという間に終わって、市場当局に説明の順番が回ってきた。執務室の知事は清々とした顔をしていた。計三問の答弁案に目を通す視線はどこか上の空で、なんのコメントも指摘もなく「ご苦労様」の一言で終了した。ものの二分間もかからなかった。

メディア戦略

パンダ会見と国政新党立ち上げの連続会見は、偶然同日に重なったのだろうか。

知事は会見直後のある新聞社のインタビューにこう答えている。「パンダには可哀そうだと思ったが、代表就任も早く発表しないと段取りがある」と、ふたつの会見がやむを得ず重なってしまったことを強調していた。

だが、誰もそうは思っていない。多くの人は、事前に予定されていたパンダ命名会見に新党発表を意識的に便乗させたと考えている。しかし、それも違う。事実はその真逆である。

パンダ命名会見の準備は極秘裏に進められていた。都民・国民の関心は極めて高く、関係者にとっても知事にとっても、命名会見は全国民が注目する一大イベントであり、情報が事前に漏れることに関係者は全神経をとがらせていた。政策企画局が調整役となり、所管の建設局公園緑地部と恩賜上野動物園を管理する公益財団法人東京都公園協会が連携して事に当たっていた。

当初、名前の発表は九月二二日金曜に設定されていた。二五日月曜などではなかったのだ。それがその週の半ばになって知事サイドから「金曜の会見は凍結」との連絡が突然もたらされた。理由は一切説明されず、「日程は別途指示する」、ただそれだけだった。

週明けの月曜に再設定されたことを関係者が知らされたのは月曜当日。その時点でパンダ会見の三〇分後に別の会見が組まれていることなど誰も知らされていなかった。これこそ、安倍首相が九月二五日月曜に衆議院解散の会見を夕刻に行うとの情報を察知した知事サイドが仕掛けたこうかつな広報戦略だった。

安倍首相は小池知事サイドの新党立ち上げの準備が整わないうちに解散に打って出れば選挙戦有利と踏んで週明けの月曜に先手を打とうとした。ところが、小池知事サイドはさらにその裏をかく形で、安倍首相の衆院解散会見の前に新党立ち上げを、しかもパンダと抱き合わせで発表したのだ。

パンダ会見を前週金曜から強引にずらしてでも自分にとって最も有利な状況を作り出し、敵に一番大きなダメージを与える瞬間に打って出る。パンダ作戦はズバリ的中した。パンダに引き寄せられたメディアはそのまま希望の党立ち上げ会見になだれ込み、テレビ局も全国紙もワイドショーもスポーツ新聞も小池マジックにまんまとはまった。

一番ほぞをかんだのは安倍首相だった。その日の夜のテレビニュースも翌朝の新聞も小池新党をこぞって大きく取り上げ、衆議院解散表明はいやが上にもかすんで見えた。

パンダさえも己の政争に利用する。それが政治家・小池百合子であった。パンダを客寄せに使い自らの政党立ち上げを際立たせ、返す刀で夕刻にセットされていた安倍首相の解散会見を埋没させただけでも策士の面目躍如であるが、加えてもうひとつ、小池知事は小さなサプライズを用意していた。

希望の党立ち上げ会見から一時間後、今度は小泉純一郎元首相を都庁に迎えて二者会談を行った。秘密会談のはずが都庁地下二階の駐車場で車から降りた小泉氏をテレビカメラが待ち構えていた。ふたりはエネルギー政策について意見を交換したと伝えられたが、その後、発表された希望の党の選挙公約には「原発ゼロ」が掲げられていた。

極秘に進められるメディア戦略。敵の裏の裏をかく作戦。最大の効果を狙う情報リークのタイミング。小池知事のやる事なす事すべてが思い通りに当たりまくった。今にして思えば、二〇一七（平成二九）年九月二五日月曜、この日こそ政治家・小池百合子が束の間の絶頂をおう歌した瞬間だった。

排除いたします

週末の二九日金曜、希望の党代表となった小池知事が初めて迎える定例記者会見が開かれた。この日から会見のやり方が大きく変更された。都知事としての会見と希望の党代表としての会見にけじめをつけて別々に行うことになったのである。前半が都知事会見、そして後半、場所は同じだが背景のボードなどを取り除くための時間を空けて政党代表としての会見を行う運びとなった。

はじめての試みとあって、多少の混乱も生じた。知事が「その質問はどっち？　後半のほうがいいんじゃない？」と質問した記者を諭す場面もあった。

この方式の変更と初日の混乱が、思わぬ結果をもたらすとは誰も予想していなかった。予想外の結果を誘引したのは、ベテランのフリー記者の質問だった。政党代表としての質問を都知事会見の中で行った記者に対し、知事は「その質問はこのあと、ちょっと場所を転換してお答えしたほうが良いのでは」と返答した。

彼はこれまでも築地市場での共同会見や豊洲市場でのぶら下がりの際に、知事の神経を逆なでする質問を繰り返していた「問題」記者だった。土壌汚染は残っているのに移転するのか、無害化の約束は守らないのかなど、決着がついた事柄を蒸し返すのが得意だった。そんなこともあってか、毎週金曜の定例記者会見では知事からほとんど指名されることはなかった。周りの記者たちにも、どこか彼を厄介者扱いする雰囲気があった。

ところが、この日だけは違っていた。知事は後半の政党代表会見の記念すべき冒頭、約束通り自ら彼を逆指名した。老練な「問題」記者は「繰り返しになりますが」と前置きし、「民進党の前原代表は『公認申請すれば排除しない』としているが、知事と言っていることが違う。だましたのか。リベラル派の大量虐殺とも言われている」と過激な言葉を交えながら知事に迫った。

内心気色ばんだ小池希望の党代表は「排除されないということはない。排除いたします」と苦笑いを交えながら、やんわりと応対した。会見場のマスコミも「つまらない質問をして……」と白けた雰囲気に覆われた。

これが「排除発言」の瞬間の状況である。誰ひとりとしてこの一言が小池新党の致命傷になるとは直感できなかった。ただ単に、厄介者のフリー記者が余計な質問をしたとその場の誰もが思っていた。知事も後に弁明しているように「排除」という言葉は知事オリジナルではない。思わずフリー記者の言葉をオウム返しに返答してしまっただけである。その記者でさえ自ら「排除」と言ったわけでなく、前原代表の発言を引用したに過ぎない。つまり、小池知事の排除発言は、正確には孫引きだったのだ。

しかし、この日を境に希望の党の大失速・急降下が始まる。そして、小池知事から「排除」発言を引き出したベテラン記者こそ、一年前、知事就任後初の知事会見でどん尻一六番目にやっと指名された横田一氏だった。彼こそ希望の党大敗・安倍自民党大勝を実現させた影の立役者だったと言えるのではないか。彼自身にしてみれば本意ではなかったとしても、戦後の国政史上に残る（とはオーバーだが）決定的なトリガーを引いたのは、紛れもない彼であった。

喉元にナイフ

記者会見がふたつに分かれて実施された初めての党首会見の冒頭に、あえて苦手な記者を逆指名した小池知事のふとした余裕が自ら墓穴を掘る結果につながったとは、なんという運命のいたずらであろうか。

「排除いたします」失言は偶然の産物であったにせよ、有権者はこの短いフレーズの中に小池百合子の本性を垣間見てしまった。排除もいとわない偏狭で冷酷で強権的な政治家・小池百合子を。清新なイメージづくりや健気に闘う女性像の演出を手助けしてきたマスコミの手のひら返しに遭遇し、小池知事は総攻撃を許すことになる。

申し添えるが、当時の状況下であっても、民進党を何の制約もなく丸ごと取り込むことなど政治のあり方としてあまりに邪道であることは自明である。基本的な考えや政策面で一緒になれるかどうかで線引きをすること自体、政党として至極真っ当なことである。にもかかわらず、孫引きした「排除」の一言が持つ負のイメージはじわじわと広がり、大衆が求める正のイメージに立脚した一政治家の喉元に逆イメージのナイフを突きつけた。

ひとつのイメージが、もうひとつのイメージに取って代わろうとする。それはあたかも、オセロの白い駒があれよあれよと言う間に黒へと裏返っていく様を見ているようであった。言葉に依拠する政治家のもろさ、危うさをまざまざと見せつけた出来事でもあった。

我々は二〇一七（平成二九）年秋の衆議院選挙の結果を知っているので、排除発言が小池新党の大敗を直接招いたと短絡して考えがちだが、排除発言直後に希望の党の命運が尽きていたわけではない。

当時を振り返ると、まず最初にあったのは、民進党議員の希望の党への雪崩を打つくら替えの動きだった。同時に、知事自身に対しては、「都知事と国政政党の代表の二足のわらじを履いて大丈夫か」といった懸念や批判が上がった。事実、新党立ち上げ会見の翌日、都議会では第三回定例会の代表質問が行われたが、与党であるはずの公明党からも「都政は踏み台か。都政に専念すべき」と苦言を呈せられた。

次に起こったのが「小池知事の出馬はないのか」という国政出馬（待望）論だった。仮に出馬となれば都知事を辞めることになる。正確に言えば、衆院選告示前の辞職には議会同意が必要であり、辞職せず立候補した場合は自動失職となる。いずれにしても都知事の職にはいられない。

一体、どれだけ多くの東京都職員が「出ーろ。出ーろ。コイケ、出ーろ」と心の中で叫んでいたことか。もしも衆議院解散正式発表（九月二八日）直後のタイミングで小池知事が希望の党党首として出馬宣言をしていたなら、選挙結果は全く違ったものになっていただろう（この時点ではまだ「排除」発言は拡散していなかった）。

出馬の憶測はしばらく続いたが、結局、立候補はなかった。知事就任一年二か月、途中投げ出しの批判が怖かったのか。世論を見極めたかったのか。衆院選である程度、議席を確保して次のステップで打って出るとの目論見があったのか。

政治に「もしも」はない。

小池百合子は崖から飛び降りることをためらい、人生に一度しかないビッグチャンスをむざむざ捨て去った。一〇月二二日の衆院選投開票日、小池知事は日本にいなかった。敗軍の将は、出張先のパリにいた。フランスの地元紙は「逃亡中の女王」と皮肉ったが、そこにパンダ作戦の時のドヤ顔はなかった。一一月一四日、小池知事は、この年二月に密かに商標登録を出願し、九月に満を持して自ら命名した「希望の党」代表の座を降りた。結党五〇日、線香花火のような退場だった。

移転日狂想曲

「しかるべき発信」とは随分と持って回った言い振りだが、これでもぎりぎり精いっぱいの表現であった。安全宣言から逃げ回っていた知事にそう言わしめたことは、世間にとっては小さな一歩かもしれないが、市場当局としては大きな一歩であった。知事の「心変わり」の兆候は一〇月初めに現れていた。一〇月四日、熊本に出張中の知事からのオーダーで、市場移転に残された課題とスケジュールに関して急きょ説明をすることになった。項目の最後に「安全宣言の取り扱い」の項目をあえて入れ込んだ資料を作成し、市場長が知事に説明した。

安全宣言嫌いの知事の神経を逆なでするリスクは覚悟の上だった。しかし、予想に反して知事は「安全宣言をする、しないで不安を広げるよりはね・・・」と、これまでとはニュアンスの異なる反応を示した。

しかるべき発信

話を国政から都政に戻そう。

豊洲への市場移転日を決めるための調整は最初の山場を迎えていた。一〇月一六日、新市場建設協議会を開催し、移転時期を翌年九月〜一〇月とする案を市場当局から業界に伝えた。協議会では月末までに意見集約を図って再度協議会を開いて合意を目指すことが決まった。その代わり業界からは知事の安全宣言を強く求められた。

こうした業界の意向も受け、一〇月一九日金曜の定例記者会見で知事は「安全面での条件が整った段階で、開設者としてしかるべき発信をしていく考えでございます」と市場当局が用意した文案を質問に答える形で読み上げた。

市場当局からの提案はストレートな安全宣言ではなく、追加対策工事も農林水産大臣の許可も完了した上で、手続き面も含めた安全性における条件が整った段階でその旨を知事が何らなの形で発信するという、かなりハードルの低い内容だった。ということは、知事にとっても受け入れやすい、マスコミにとっては不明確な、業界としては不満足なものだった。

そうであったにせよ、これまで何度となく「安全宣言」を拒んできた小池知事がこの日、初めて前向きな反応を対外的に示したのである。

これまでは、「なぜ安全宣言しなければならないのか、わからない」「既に法的・科学的に安全だと私は言っている」といった調子で、「知事、仲卸も地元住民も安全宣言を強く求めています」と市場当局がいくら進言しても、かたくなに首を縦に振らなかった。

そんな知事に方向転換をもたらしたものは何だったのか。このまま安全宣言を拒絶し続けると、かえってマイナスになるとようやく気付いたということか。だとしても判断が遅すぎる。態度があいまいすぎる。なぜここまで安全宣言に拒否反応を示していたのかは、自己保身のためとはいえ大いなる謎だ。

移転日はいつ？

一〇月末が迫るにつれ、業界紙を中心に移転日報道が相次いだ。早ければ来年九月、本命は一〇月だった。大安吉日の移転開業が業界の大前提である以上、移転候補日は自ずと絞り込まれた。正式決定される前から一〇月の移転日は透けて見えてしまっていたが、業界との調整はこの段階に至ってもなお一進一退を繰り返していた。

台風が二週連続で週末を襲った。明けて一〇月三〇日月曜の東京は強風の晴天だった。突然の衆院解散・総選挙で休戦状態になった移転日決定プロセスが静かに再起動していた。

市場当局は知事の「安全に関してしかるべき発信をしていく」発言を盛り込んだ文書を東卸組合に提示し、これを基に東卸組合は一〇月二六日から二八日までの三日間、全組合員を対象に説明会を実施した。予想されたこととはいえ、反対派の反論・攻勢は日を追って厳しくなり、早山理事長ら執行部を悩ませた。

当初の段取りでは、東卸組合の説明会を終えたあと、三〇日東卸組合の理事会開催、三・日早山・伊藤会談、一一月一日新市場建設協議会、二日知事築地訪問と開設者として移転日決定という、間髪入れない四連チャン作戦を市場当局としては組んでいた。だが、そんな夢のようなスケジュールはあっという間に吹っ飛んだ。まず肝心の新市場建設協議会の開催日程がぐらついた。

東卸組合は三〇日の理事会で移転時期を「来年一〇月」とすることで了承したものの、建設協議会開催日との間に数日間空けてもらわなければ飲めない、最速でも建設協議会は一一月四日でなければと主張する。伊藤会長はこの期に及んで、水産卸の社長たちから「移転日は九月下旬の線」の提案も出されたため社長会を開いた上で市場協会として議論する必要があると発言し始める。泉理事長は泉理事長で水産卸と東卸に一任と言っておきながら、東卸組合の提案する三連休の中日に建設協議会を開催するのは絶対にダメと言い出す始末であった。ひとつにまとまることを知らない築地市場業界の面目躍如、駄々っ子集団であることをまたしても証明して見せた。

一一月二日朝、伊藤会長が急きょ要望書を知事に提出することになった。午後一時市場長室、市場長に代わり私が伊藤会長から要望書を受け取る。要望は二点、翌年七月末までに追加対策工事と安全確認を完了させることと、知事自身が安全宣言を行うことである。これが開場日を決めるための前提条件となった。

伊藤会長は六日で日程を決めると意気込んでいた。東卸組合の早山理事長についても、新市場整備部の部長たちが頻繁に接触し動向を把握していた。部長らからは、早山さんもやっと腹をくくったと伝わってきていた。これで難産だった新市場建設協議会の開催は一一月六日で決着した（と誰もが思った）。

六日協議会開催の場合、一連の動きはこうなる。午後一時、新市場建設協議会を築地市場内で開催し、協議会として一〇月一一日移転開場で合意。同日午後四時、知事の臨時記者会見で正式に移転・開場日を表明。翌一一月七日午後、築地市場を知事が訪問し市場業者に対して直接発言、移転・開場日を内外にアピールする。分刻みの過密スケジュールではあったが、市場当局ではここまで精緻にスケジュールを組み上げていた。

一一月七日と言えば、小池知事の移転延期によって幻となった開場日である。それからちょうど一年後の同じ日に知事自ら築地市場に足を運び新たな開場日を宣言する。象徴的な場面を演出できると内心ほくそ笑んでいた。

決意なのか方針なのか

焦点は市場協会から出された二日の要望書に対して知事名でどう回答するかに絞られた。知事は要望書への回答に極めてネガティブだった。

「回答文を出さなければいけないのか」「工事の完了時期まで答えなければいけないのか」「回答文を出せば、それが『証文』になって利用されてしまう」

副知事のひとりは「このままでは知事がもたない」と感想を漏らした。回答の案文調整は難航した。

一一月四日土曜、市場長と私は築地市場に足を運んだ。緩やかに曲線を描く事務棟の突端に位置する中央魚類株式会社のオフィスに築地市場協会会長である伊藤氏を訪ねた。伊藤会長は「我々はリスクをしょっている。知事にも覚悟を示してほしい。そうでなければ受け入れられない」と一歩も引かない。伊藤会長は上着を脱ぎハンカチで汗を拭きながら、市場当局が示した回答文にかみついてきた。その日は一一月にしては暑い日だった。

回答文案にはこうあった。

「七月末までに専門家会議の確認も含めて工事を完了させる予定で進めており……」

伊藤会長は見逃さなかった。「予定とは何ですか？旅行の日程じゃあるまいし。こんなんじゃ受け取れませんよっ」とご立腹である。そして、是非とも「決意」という文言を入れてほしいと我々に迫った。この時のトップ会談は険悪な雰囲気にはならなかったものの、「決意」か「予定」かで折り合いがつかず、結局、物別れに終わった。

今度は、伊藤会長の意向を確認した市場当局が知事を説得する番である。調整の経緯を説明するため、知事に電話を入れた。電話口の知事の反応は厳しかった。

開口一番、「『決意』という言葉は行政文書で使わない。よく考えるように」ととがめられた。相手方の意向をくんで決意表明を文書上行うことで矛を収めてもらえるのであれば御の字なのだが、知事にはそこが通じない。今回もまた、自分の弱みを相手に握られて後日責められるのを極度に嫌がっている様子があからさまだった。

行政の長がコメントであれ、文書であれ「……していく決意である」と自らの前向きな積極姿勢を議会や住民に示す（リップサービスする）ことはさほど珍しいことではない。議会答弁でも、与党に対して表現を盛ってこびを売るときなどに使われる。何をそんなに嫌がっているのか、知事の反応は相変わらず理解に苦しむものだった。

結局、知事は「決意」に代えて「方針」という文言への修正で了解した。さてさて、こうなると、今度は再び伊藤会長を「方針」の表現で説得させなければならない。行ったり来たりの市場長と私は、童話に登場するコウモリさんの気分になっていた。

翌五日日曜、再度のトップ会談を開くことになった。場所は都庁近くのホテルのコーヒーラウンジ。伊藤会長の計らいで東卸組合の早山理事長も三〇分遅れで同席することになった。宿泊客やカップルで華やぐ日曜の午後のひと時、我々四人の一角だけがビジネス仕様の出で立ちと張りつめた空気を漂わせていた。

「決意」ではなく「方針」に書き換える代替案に対して、伊藤会長は黙ったまま首をかしげ顔に苦笑いを浮かべた。しばしの沈黙ののち、伊藤会長がぼそりと言った。

「これ以上だめですか？」

私は伊藤会長の目を見ながら無言でうなずいた。伊藤会長の様子から渋々だが了解されたものと受け止めた。一方、早山理事長は回答文の内容や表現にはさほど関心を示さず、むしろ東卸組合としてやっとここまでもってきたこと、豊洲市場に移転するまでの一年間、築地市場をちゃんと使えるようにすることの必要性を強調した。

早山理事長はこうも漏らした。マスコミに追い掛け回されるのは勘弁してほしい。仲卸の人間はセリ場に行けば競い合いはするが、いがみ合いはしない。そして最後に、セリ場は自分たちの聖地なのだと付け加えた。会談は正味四〇分ほどで終了した。

時期尚早

明けて一一月六日月曜、午前中に開かれた東卸組合の常務会は予想に反する結論を出す。

「本日午後の新市場建設協議会で移転日を決定するのは時期尚早である」

合意はあっ気なく反故にされた。早山理事長の意気込みはまたも尻つぼみに終わり、市場当局もマスコミも大いなる肩透かしを食らった。気が急いたNHKは正午のニュースで「午後、移転日決定へ　来年一〇月一一日」と報じた。誤報とまでは行かないが、明らかなフライングであった。見方を変えれば、あの抜かりのなさで群を抜くNHKでさえ、東卸組合の動きは予測不能、読み切れなかったことになる。

いつまで未決定の状態を続ければ気が済むのか、そんな怒りも脱力感にかき消され気味だった。聞けば、組織としての存在感を示すため常務会開催当日に移転日を決めるべきではない、そんな意見が大半を占めたという。

誰もが移転・開場日は一〇月一一日だとわかっていながら、またそう報じられもしているのに一向に決まらないもどかしさ、アホらしさをよそに、ともかくにも六日午後の新市場建設協議会は予定通り開催された。直前まで市場長と伊藤会長を軸に早山理事長、泉理事長らとケータイの通話を通して善後策が話し合われた。

この日の協議会では「来年一〇月中旬移転」までを合意した上で、週末の一〇日金曜に再度協議会を開催し移転日そのものを決定することを申し合わせた。業界に振り回された挙句に移転日決定プロセスそのものが瓦解してしまう最悪の事態だけは何とか避けられたと言えようか。

再々延期

市場移転問題では、二度あることは三度でも四度でも起こり得る。いや、実際に起こる、起こってしまう。

延期に延期を重ねてきた移転日決定のための新市場建設協議会は、一一月一〇日金曜にひとつの大きな節目を迎えるはずだった。移転日決定を妨げる障害物は何ひとつ残っていなかった。今度こそ移転日を決定できるはずだった。前日の九日木曜の朝刊を仲卸業者が目にするまでは。

築地市場関係者が愛読する業界新聞がいくつかある。みなと新聞、水産経済新聞、日刊食料新聞などである。一一月九日木曜、「豊洲の受け入れ〈現状困難〉 江東区議会榎本議長が声明」と一面で大きく報じたのは日刊食料新聞だった。

この日の朝に開かれた東卸組合の理事会で早山理事長は、「江東区が受け入れないとはどういうことだ」と理事たちに詰め寄られた。中には日刊食料新聞を丸めて振りかざす者もあった。最後には理事長も顔を真っ赤にして「こんなことでは移転日を決められない」と声を荒げた。

続いて行われた築地市場協会の正副会長会の場に伊藤会長の姿はなかった。体調を崩し欠席、代わりに青果の泉理事長が「あすの建設協議会は延期」と業界意見を取りまとめた。東卸組合が態度を硬化させ、キーマン不在の市場協会で意思決定は不可能だった。会議後のぶら下がり取材で泉理事長は「市場当局の情報提供がなっていない」と憤慨し、早山理事長は「千客万来施設に巻き込まれた。このままでは江東区に気持ち良く受け入れてもらえない」と発言した。

同日、急ぎ知事に協議会延期の一報を入れると、知事は「で、どうするの？」「この期に及んでまた文書でも出すとでも言うの？」と市場当局を冷たく突き放すと同時に、東卸組合や市場協会を念頭に置いてこうも言った。

「決めない理由を探しているのね」

日刊食料新聞は日刊とうたってはいるが、土日と休市日は休刊である。江東区から区長、区議会議長それぞれのコメントが出されたのは一一月六日月曜午後、新市場建設協議会で「平成三〇年一〇月中旬」を決定した日だった。同紙としては、七日火曜には間に合わず、翌水曜が休市日に当たり休刊となったため、最速で一報を報じることのできたのが九日木曜だったという単純なことだった。

ところが、その日は移転日を決する新市場協議会の前日、運悪くタイミングが合ってしまった。業界紙から多くの情報を得る築地市場業者は「豊洲の受け入れ〈現状困難〉」の活字に色めき立ち、移転日決定を土壇場で流した。

六日発表の江東区のコメントのことは市場当局も当然把握していた。その内容は、表現は多少厳し目だが自治体間での言葉の応酬としては常識の範囲内と認識し、特段の対応はとっていなかった。区長は「にぎわい施設を整備することが確定しない限り、市場の受け入れを再考せざるを得ない」とし、議長は「現状のままでは住民の理解を得ることはできず、市場の受け入れは困難と言わざるを得ません」とした。

日刊食料新聞が取り上げたのは議長コメントのほうだったが、このコメントは「本区議会は、三つの約束の確実な履行に向けて、今後より一層、真摯に取り組むことを都に求めます」と結ばれており、全体のトーンはいたっておとなしい。それを業界紙が「市場の受け入れ困難」の部分だけをわざわざ切り取って報じたものだから、ものの見事に東卸組合員の過剰反応を誘発したのだ。

市場当局の立場からは、むしろ区長コメントのほうが悩ましかった。市場移転日の決定とにぎわい施設（万葉倶楽部）とを直接結び付けて条件化していたからである。

三すくみ

江東区のコメント発表には前段があった。

コメント発表の四日前となる一一月二日午後、市場長は新市場整備部長を伴い江東区役所を訪問、山崎区長、榎本区議会議長らにこれまでの経緯を改めて説明した。江東区にとっては、蚊帳の外に置かれた状態のまま勝手に移転日を決定されてはメンツが立たない。コメントの意図は、新市場建設協議会の「移転は平成三〇年一〇月中旬」の決定に一言物申す程度のつもりだったのだ。俺たちのことを忘れちゃ困るよ、と。これが思わぬ化学反応を引き起こし、土壇場で移転日決定が延期されてしまったのである。

事態の本質は、江東区長が受け入れ条件のひとつである千客万来施設の整備に対して移転日決定の最終段階で争点化したことをきっかけに、江東区・万葉倶楽部・東卸組合のそれぞれの意思決定が負の連鎖で結びつけられてしまったことである。

東卸組合は江東区が受け入れを認めなければ組合員の合意を得られず移転日決定ができないとゴネる。江東区は千客万来施設が整備されなければ市場移転を受け入れられないと釘を刺す。万葉倶楽部は築地再開発で同じような施設を作らないことを都が明言しなければ事業決定できないと物申す。

市場当局の作戦は移転日の決定と千客万来施設の整備を分離して処理することにあった。それが、あと一歩のところで目論見が崩れ、すべてが万葉倶楽部の態度次第という状況に収れんされてしまった。

一一月一〇日金曜、新聞各紙は「開場日決定先送り」と報じた。同日午後二時からの定例記者会見の発言内容を知事に確認してもらう必要があった。午前九時半、知事の到着を待ち構えてこの日一回目のGブリを行った。

知事の態度は予想に反して軟化していた。


補佐官からの情報では、知事は「万葉倶楽部を引き留められないか」と言い始めたという。昨夜から早朝にかけて何かがあったのは確実だったが、何があったかはわからない。とにかく、江東区と折り合いをつけて受け入れ条件であるにぎわい施設の件をうまくまとめよ、との指示と受け止めた。

その後、一〇時一五分、一二時四〇分と連続して知事説明に入った。三回目のGブリの時、市場長は江東区に向かっていた。江東区との調整状況をA4ペーパー一枚に箇条書きして認識をすり合わせるためだった。

こうした最新の動きも含めて私から知事に説明すると、（市場長が調整のため江東区にペーパーを持っていたことについて）「やり過ぎじゃないの？　向こうから出させるべきよ」と小言をもらった。続けて「この間は、『決意』とか勝手に書くし……」と築地市場協会の要望書に対する回答文の件を蒸し返されて嫌味まで言われる始末だった。

入札異聞

別の意志

二〇一七（平成二九）年の一〇月から一二月にかけては、移転日決定の蛇行するプロセスと同時並行で、豊洲市場の追加対策工事の契約手続きが「三六五歩のマーチ」を奏でていた。要するに、移転日も工事契約も一歩進んで二歩さがる動きを繰り返していたのだ。

時計の針を一〇月三〇日に戻して、追加対策工事の契約に関する経緯について見ていきたい。

一〇月三〇日、移転日調整のすったもんだを市場長室で話し合っているところに、もうひとつのバッドニュースが飛び込んできた。地下水管理システムの機能強化工事の入札が三つの街区すべてで不調に終わったという知らせだった。全社辞退という悲惨な街区もあった。

入札が二回目、三回目と進められ、それでも不調の場合は四回目で特命随意契約に変更する暗黙の了解があったが、それでは専門家会議による確認を含む工事完了が翌年九月二五日にずれ込むとシミュレーションされていただけに、市場長室はダブル・ショックに打ちひしがれた。

入札不調の報に接した知事は財務局長に対して「これは一体、何なの？　どうするつもりなの？」と声を荒げた。マスコミ各社は知事の入札制度改革のせいで契約手続きが遅れた挙句、市場移転、ひいてはオリンピックの準備にも影響と報じた。

翌三一日、財務局から知事に入札の詳細説明が行われた。知事の表情は明らかに不機嫌だった。次の開札が一一月一三日に控えていた。換気工事一件と床面のコンクリート打設工事二件だった。

「開けてびっくりにならない？」

知事は右手をあごに当ててそう言った後、少し間をおいて「別の意志を感じる」と独り言のようにつぶやき、事務方のほうを見た。知事の視線に返答した者はいなかった。

知事の言う「別の意志」とは何か。豊洲市場建設を請け負ったスーパーゼネコン各社がこぞって入札に後ろ向きで仕事を取りに来ない。それは、工事案件にうまみがないといった経済的な要因ではなく、入札自体を意図的に成立させず知事を窮地に追い込もうとする意志が裏で働いているからである、と言う意味だ。安倍政権の中枢メンバーの親族がゼネコンにいるとかいないとか、出所不明の噂もささやかれた。とにかく、入札が思うように進まないのは制度改革上の問題ではなく、外部の圧力によってもたらされていると知事が勘ぐっていたことは確かである。

別の意志発言に続けて知事はこうも言った。

「今は試行期間中ということでいいですか？」

全員が伏せ目勝ちに無言でうなずく。知事は「トライ・アンド・エラー！」と努めて明るく振る舞い、最後に今後の対応についてA案、B案を考えるよう財務局に指示を出した。

翌一一月一日、川澄・長谷川両副知事と財務局、市場当局の幹部が膝突き合わせて練り上げた案を知事に上げた。それはまさに入札制度改革の本旨をいったん横に置いて緊急避難的にひねり出した苦肉の策であった。

制度改革によって変更された新ルールでは、最初の発注・入札が不調に終わった場合、その後二度の再発注が規定されていた。予定価格は事前公表から事後公表に改められ、これが入札制度改革の目玉のひとつだった。そして第一回再発注では予定価格は入札の前には明らかにされず、第二回再発注となった場合に初めて事前に公表されることになっていた。

この点が緊急避難案では、第一回再発注の段階で価格を事前公表し、かつ、第一回再発注が中止または不調の場合、第二回再発注で入札を行うことをスキップして、いきなり特命随意契約に持ち込む内容としていた。

財務局にとっては苦渋の選択だった。入札制度改革の柱である一者入札中止の原則と価格の事後公表を曲がりなりにも一度は実施し、改革の旗印に傷をつけないようにした上で、入札を諦めて特命随意契約、事後公表から事前公表という現実路線に乗り換えるのだから、トライしたけどエラーしてしまったことを認めたようなものだった。

デッドエンド

それもこれも、すべては二〇一八（平成三〇）年七月末に設定されたデッドエンドをクリアするためだった。このデッドエンドまでに豊洲市場の追加対策工事を完了させなければ、その後に続く豊洲市場への移転、築地市場の解体、環状第二号線暫定道路の設置、さらにはオリンピック・パラリンピックの輸送拠点（デポ）の整備、これらすべてが入札手続きの停滞のために遅れ遅れになり、最悪のケース、五輪開催さえ危うくなる。何としても、五輪開催から逆算したスケジュールの中に入札不調で生じた遅れ分を押し込める必要があった。

もちろん、財務局が調整の当初からルールの逸脱を容認していたわけではない。デッドエンドを一歩も譲らない市場当局と激しく対立した。契約担当と技術部隊には「一歩も譲るな」と市場長から厳命が下っていた。譲ってしまったが最後、移転日調整も含め移転そのものが再び漂流しかねなかった。このまま知事が自ら手掛けた入札制度改革にこだわり続けてルール通りに手続きを進めれば、市場当局は万事休すだった。

しかし、知事自ら「試行期間」「トライ・アンド・エラー」と発言し、方針転換を暗に示唆したことで一筋の活路が見い出された。一一月一日の説明の場で知事は「間に合わなければ（第一回再発注で予定価格を事前公表するのも）仕方がない」としながらも、最後の切り札である特命随意契約に触れて「特命でも断ってくることがあるの？」「特命でも、うじゃうじゃ言ってくるとすれば」と、前日に漏らした「別の意志」の存在をしきりに気にしていた。

「あとは、（特命随意契約にすることで業者の言いなりになり）結局、高くついたと訴えられる」

知事は「別の意志」が後々自分を高額契約で提訴す

る幻影におびえているようにも見えた。自分が訴えられるか否か、これが知事の価値判断の唯一絶対の基準であった。

豊洲市場建設費は「結局、高くついた」。当初予算額から段階を踏んで値上がりし最後は一・六倍にまで膨れ上がった。これを厳しく指弾してきたのは知事自身である。二〇一六（平成二八）年八月三一日の緊急会見で移転延期を表明した時も、巨額な整備費をやり玉に上げていた。それから一年二か月、鳴り物入りで始めた入札制度改革に足をすくわれ、高い買い物（特命随意契約で業者の提示価格に沿った契約）をさせられそうになるや訴訟を気にし始める。身から出た錆とはこのことである。

目の前の石ころを避ける能力には秀でていても、小石だけに拘泥し過ぎると大きな流れを見失い、結局はもっと大きな岩に行く手を阻まれる。そんな自らを窮地に追い詰める典型例と言えた。しかも悪いことに墓穴を掘っても、自分のせいだと認める素直さはこれっぽっちもない。ひたすら他者（この場合、「別の意志」）のせいにして、わが身を省みることがなかった。

さて、一一月一三日の入札結果である。六街区の地下ピット換気工事と床面等工事はいずれも不調、五街区の床面等工事だけが辛うじて落札された。これで、九件の契約のうち落札したのはわずかに二件。先は長い。何ともじれったい進捗状況だった。

ゆりこのゆりもどし

あとは会長次第

再び万葉倶楽部の事案に戻る。

一一月二一日、澄んだ冬の朝とは裏腹に、市場当局の空気は沈んでいた。前日二〇日の夕刻、村松市場長は小田原に出向き、万葉倶楽部の高橋社長、高橋専務らと一時間以上話し込んだものの、交渉の早期終結には至らなかった。

二一日午前、市場長は江東区に直行で向かった。区長、副区長、区議会議長らに状況を説明するためである。万葉倶楽部からいい話が引き出せなかった以上、江東区にもいい顔はできなかった。

万葉倶楽部の要求を丸呑みすれば知事が首を縦に振らない。知事がイエスと言わなければ万葉倶楽部は事業の推進を確約しない。撤退しないまでも事は前進しない。万葉倶楽部が知事の態度を人質に意思決定をズルズルと先延ばしにすれば、江東区はゴーサインを出さず、江東区の受け入れ表明がなされなければ東卸組合は移転日の組織決定ができない。東卸組合の合意抜きで移転日は決められず、翌年一〇月中旬移転開場というアバウトな時期だけが決定された状況がだらだらと続くことになる。

危惧した通りの展開だった。ここまで行き詰まってしまった以上、あとは知事から千客万来施設と築地再開発に関して踏み込んだ発言をしてもらうしかない。そのタイミングは週末の定例会見の冒頭しかない。

急きょ、市場当局が発言案文を作成し、副知事を退任して築地再開発に関わっている安藤参与に案文を説明。参与から知事に対して事前にささやいてもらった。これが功を奏したのか、市場当局の説明に知事は

「わかりました。これでいきましょう」と一発回答を出した。

こんなことはめったにない。いや、ほとんどない。知事が踏み込んだ発言をすることで万葉倶楽部の判断を促すと同時に訴訟リスクにも対応できる点を、知事自身が理解したと市場当局は素直に受け止めた。

一一月二二日、市場長は再び万葉倶楽部の高橋専務と接触した。市場長からは週末の定例会見で知事に発言してもらう内容の概要を伝えた。

「都として千客万来施設を最優先に整備する」「基本方針で示した『食のテーマパーク』はひとつの例として申し上げた」などの表現に対して高橋専務は「ここまで言ってもらえるならありがたい」と市場当局の取り組み姿勢を高く評価し、「あとは会長次第」と気になる言葉を漏らした。それはともかく、週末の会見で知事が市場当局の用意した発言案文を読み上げてくれさえすれば、万葉倶楽部の態度も氷解の方向に向かうと見込まれた。

ところが、である。発言案文はまたしても迷走する。

言わなきゃダメ？

一一月二四日金曜、市場長が江東区に出向いていた午前中、案文の確認を私から知事に行った時のことだ。まず、「都として千客万来施設を最優先に整備する」の部分に手が入った。「努力する」を追加して「最優先に整備するよう努力する」に変更すべしとの強い指示があった。

さらに、「基本方針で示した『食のテーマパーク』はひとつの例として申し上げた」の部分については、「ここ、言う必要あるの？」と疑問が呈せられた。万葉倶楽部との関係で必要な表現ですと重ねて説明したものの、「基本方針で示した『食のテーマパーク』は、これまでの築地の歩んできた歴史を踏まえ、ひとつの考えとして申し上げた」に知事自らその場で大幅加筆訂正した。

この人、またブレたな、と感じた。誰がどうやってそうさせたのかは知らないが、せっかくいい雰囲気になっている万葉倶楽部の反応が心配だ。

知事の修正指示を反映した案文を知事のもとに持ち

水産仲卸売場棟（6街区）の横に更地のまま広がる千客万来施設用地

込んだのは会見が始まる二〇分前だったが、それでもなお固まり切らず、会見開始直前まで一言一句をめぐる駆け引きが続いた。

指示通りに修正された案文を目で読み進む知事が最初に発したのは、「ここまで言っても万葉はまた何か言ってくる。『もっと』って言われたらどうするの？」だった。私はとっさに「これ以上、引き下がりません」と根拠のないハッタリをかました。

と同時に内心では「そりゃあ、万葉がまた何か言ってくるかもしれませんよ。それはそうですけど、今ここで知事が案文の内容を言わなければ関係はさらに悪化するだけです。仮に『もっと』と言われるにしても、それはその時に考えましょうよ。まずは事態を動かすことが先決なんじゃないんですか？」と、ふてくされ気味に思っていた。

知事は午前中には興味を示さなかった部分にも口を挟んできた。案文では千客万来施設の修飾語として「場外市場のにぎわいを引き継ぐ」が添えられていた。この表現は万葉倶楽部と結んだ基本協定書に明記されているものである。ところが、知事は「場外って言わなきゃダメ?」と言い始めた。

協定書のことも説明するが納得しない。知事は鉛筆で書き込みを入れ、その原稿を会見場に持ち込み、「築地特有の貴重な財産でありますにぎわいを引き継ぐ千客万来施設を最優先に整備するよう努力をしてまいります」と発言した。手書き修正だったため、原案の「場外市場」の部分が残ったままで、知事は危うく「場外……」と言い間違えそうになった。

要は場外市場への配慮なのだろうが、万葉倶楽部にすれば、「場外市場のにぎわいを引き継ぐ」ことは都が示した事業スキームの一部分である。知事の視線が万葉倶楽部から他の誰かに移ってしまったことは明らかだった。

案文に対する知事のこだわりは、まだあった。さらにもう一か所あったのだ。築地再開発に関する箇所に、「民間からの提案を募集する際には、先行する千客万来施設事業のコンセプトとの両立に十分配慮し、共栄共存を図っていく」との表現があったのだが、ここにも疑問を呈した。「共栄共存なんて、前に言ってた?」と、知事は突如言い出したのである。すでに会見開始時刻まで一〇分を切った段階だった。

こんな時はどうすべきか。万葉倶楽部への文書にも使っていますし……などと既成事実を盾に理屈っぽく反論するのは、「場外」の文言削除のケースと同様、知事には通じない。知事と押し問答をしていては時間切れになり、知事は会見場で「共栄共存」とは絶対に言わず、下手をすれば表現全体が落されかねない。ならば、何でもいいから代案をこちらから示して知事との(即席の)妥協点を見つけ出すしか、もはや道は残っていない。

「いやぁ、共栄共存って表現、万葉倶楽部への回答文には使ったことがあるんですけどねぇ」とかなんとか生返事をしながら数秒間の時間稼ぎをしつつ頭を回転させ、「そうですね。じゃあ、こんな感じはどうですかねぇ。千客万来施設事業のコンセプトとの両立や相乗効果を図るように努めるとか、配慮するとか」ととっさに修正案を口にしてみた。

知事は一瞬考えたのち、「たまには澤さんの言うことを聞きましょ」と、ことさら明るく承諾の意を表した。今思い返せば、知事に言うことを聞いてもらったのは、この時が最初で最後だったように思う。もう少しマシなことで言うことを聞いてもらっておけばよかった、とあとになってちょっとだけ思った。

知事の「わかりました。これでいきましょう」発言に始まり、恒例の一度決まったことを平気で揺り戻そうとする知事特有の反応によって会見開始一〇分前まで内容が固まらなかった一連の経緯こそ、小池知事の本質を根本的に象徴する事象であった。

市場当局ではこうした知事の言動パターンを指して「ゆりこのゆりもどし」と呼び習わしていた。頻発するゆりこのゆりもどしにより、市場当局に限らず我々都庁の役人は、知事のどの時点のどの発言を拠り所として業務を進めればいいのか、さっぱりわからなくなっていた。

週明けの二七日月曜、知事はある副知事に「金曜は清水の舞台から飛び降りたわ」と話しかけてきたという。あの会見の冒頭発言が知事としての精いっぱいの妥協案だったということなのだろうが、これしきのことで随分オーバーな物言いをするものだと感じた。

再び入札の話である。

一一月二七日月曜、七街区床面等工事の入札の札が開かれた。再発注二回目、事前に予定価格が公表された上で応札する業者があったことから、いやが上にも落札への期待が高まっていた。だが、結果は入札不調だった。

Z建設は予定価格の一・四倍の高価格で札を入れてきた。事前に予定価格を公表したにもかかわらず、四割増しで札を入れてくることなど常識では考えられない。落ちないとわかっていて応札したZ建設の行動は明らかにある意図を持ったものだった。あからさまに言えば、困難案件をこんな安値でやらせようとする都の姿勢に対してNOを突き付けたのだ。

危機管理

江東区との調整もまた茨の道だった。一一月二八日午前一〇時、江東区役所。長谷川副知事と村松市場長は山崎江東区長と会談した。事前の調整が難航し一日遅れのセッティングとなった。

江東区とは、会談時の副知事発言の要旨について一言一句に至るまで調整を行っていた。江東区の要請で一か所を手直しするとまた修正が入り、また修正すると別の表現で引っかかり……こんなことを延々と繰り返していた。なぜ、ここまで東京都側の発言を区側がコントロールしようとするのか、不可解だった。

しかも、多大な時間をかけて調整したにもかかわらず、いざ面会してみれば、江東区長は「地下鉄八号線の延伸で進展が見えない以上、今日のところは何とも言えない」とけんもほろろの反応を示した。言外にはこの日から始まる区議会への配慮ものぞかせていたとはいえ、つい二週間前には「三つの約束のうち、千客万来施設が一番の課題。これが解決できなければ快く受け入れることはできない」と区長自らが強調していた。だからこそ、この間、万葉倶楽部とも調整し、知事に最大限の内容で発表もしてもらい、薄氷を踏む思いで地ならしをしてきたのだ。

それがこの対応である。前日の調整段階から江東区側は突如として八号線延伸問題を問題視し、急ぎ都市整備局との文言調整に時間と労力を割いた。市場当局にとって、この流れは既視感があった。江東区からもまた万葉倶楽部と同じ体臭を嗅ぎ取ることは容易にできた。

意気消沈する副知事と市場長が江東区役所から戻っ

てきた。正午過ぎ、知事に経過報告を入れた。知事の反応は厳しかった。

「副知事が行ってもダメなんておかしい。そんなはずはない。寄ってたかって私の足を引っ張ろうとしている。これは危機管理ですっ」

副知事と市場長を前にして知事は一気にまくしたてた。入札を渋るゼネコンも、撤退をちらつかせる万葉倶楽部も、受け入れ三条件を盾に東京都に履行を迫る江東区も、知事にとっては関係者全員が自分を包囲して攻撃を仕掛けてくる敵に見えていたのである。

同日夜、都庁近くのホテルで「東京都局長会」が開かれた。退職した局長級職員を送別する恒例のパーティーで、知事も出席してあいさつする習わしになっていた。レセプションルームの壇上には一〇月に任期途中で退任した副知事三人の姿もあった。

知事は三〇分遅れで到着し、記念品の贈呈の場面では、安藤前副知事に「はい、一千万円っ」と軽くジョークを飛ばしていたが、裏では夕刻から行われていた市場当局によるZ建設へのヒアリング状況に気をもんでいた。

パーティー会場でへらへらしていた私は補佐官に呼び止められた。

「知事に今から報告を入れてください」

急きょ、立食パーティーで盛り上がる会場の向かいにある控室を確保し、市場当局の幹部らが待機した。知事、特別秘書、長谷川副知事を迎え入れ、全員立ったままで状況報告を行った。知事は終始、腕組みを崩さず硬直した表情だった。

「現在まだヒアリング中です。Z建設は工事をやる気はあると言っています。あとは金額の問題です」

そう第一報を伝えたが、知事の表情は微動だにしなかった。最後に「とにかく頑張りましょう」と出席者に発破をかけたあとだった。知事は市場長をにらみ付けて、はっきりこう言った。

「大変なことになりますからね」

アイスピックで心臓を一突きするような言葉を吐き捨てて知事は控室を出て行った。

三日後の一一月三〇日、午前七時過ぎだった。通勤途中の私のガラケーにメールが入った。市場当局の幹部職員からだった。タイトルに「七街区床面工事の再積算」とあった。再積算の結果、当初見積もりからある程度引き上げた。Z建設からこの金額で特命随意契約を受けるとの返答があったという。これで一歩前に進めると思った（アイスピックの傷も少しは癒えるかもしれない）。

ところが同日夕刻、長谷川副知事からの電話に再び体温が急降下する。Z建設了解の報を知事へは副知事から伝えてもらったが、知事は喜ぶどころか、「本当に大丈夫なのか。最悪の場合も考える必要がある。これは危機管理だ」と反応したという。

二回目の危機管理発言……。

自分の身が危機にさらされる恐怖に知事はおびえていたのだ。さらに、築地市場跡地に整備するオリンピック用のデポ（輸送拠点）について、就任したばかりの猪熊副知事に見直すよう下命したとも漏れ伝わってきた。知事は最悪の場合、入札が成立せず、結果、豊洲移転の時期がさらにずれ込み、築地市場跡地を五輪のために活用できなくなる事態までを想定し始めていたということである。

出血大サービス

一二月一日、第四回都議会定例会開会日。

冒頭の知事所信表明の内容は、調整最終段階で「千客万来施設を最優先で整備する」との文言がバッサリ消された。もうこの程度のことには慣れっこになっていたが、「地元区と知恵を出し合いながら」の「地元区」の表現までもが知事の指示で削除されそうになったときには、さすがに市場当局として必死になって押しとどめた。

すると知事は、「出血大サービスね」と、独特の表現で市場当局を皮肉った。「地元区と知恵を出し合いながら」の一体どこが出血大サービスなのか、皆目見当がつかなかった。そもそも、である。前週の金曜会見の原稿を調整する際に「地元区と知恵を出し合い」という新しいフレーズを提起したのは、誰でもない知事本人なのである。市場当局はそのフレーズに知事の思いを感じ取って所信表明に入れ込んだだけなのだ。

が、知事にしてみれば、出血大サービスは一回きり（記者会見の時だけ）で二度目はない（所信表明では言わない）、つまり「私の言葉を軽々しく扱うな」ということらしい。政治家の言葉の使い分けがこんなことでいいのかと思わざるを得なかった。

一二月二日土曜午前、水産卸業者による物流検証会が豊洲市場七街区で実施された。実際に一〇トンと二トンのトラックを使って走行実験を行った。伊藤会長は取材に応じ、「移転開場は、おそらく一〇月一一日になるだろう。年内に決めるつもりだ」と発言した。

四日月曜、NHKの正午のニュースが「追加対策工事の入札に関連して特命随意契約へ」と報じた。また抜かれた、と思った。知事の反応が心配だった。

NHKの報道を受け、知事はある副知事に「どんな影響があるのかしら？」と漏らしたという。今回に限っては、情報漏れに激怒するといったことは起こらなかった。もっと過敏に反応してもよさそうなのだが不可解だった。

知事サイドがNHKに情報を意図的に流して、世間の反応を探ろうとしたというのがシンプルな答えだ。入札改革を推し進める知事自身が入札から特命随意契約に舵を切るのは、改革に逆行するように見えてしまい相応のリスクを伴う。そこで、観測気球を上げたとしても不思議ではない。今後の開札の結果が不調に終わった場合に備えての布石とも考えられた。ただ、確証はなかった。知事を良しとしない内部の不満分子がリークした可能性は大いに残る。

七日木曜の正午過ぎ、市場長に伊藤会長から電話が入った。「早山さん、泉さんと会って話し合った。新市場建設協議会を今月一九日か二〇日に開きたい」旨が伝えられた。市場当局がまず一番に取り掛かったのは、築地市場内の講堂を押さえることだった。伊藤会長の言葉を信じたかったが事の推移はまだ不透明であった。それでも少しずつだが事態は動き始めていると感じた。

ラストスパート

入札と移転日の行方

じりじりするような一週間だった。

一一日月曜。

追加対策工事四件の開札の日。九時半を少し回ったころだった。

「四勝ですっ」

担当課長が血相を変えて次長室に飛び込んできた。良くて三勝一敗というのがマスコミの下馬評だったが、五街区の地下ピット換気工事に加え、地下水管理システム機能強化工事の三街区で三連勝。闇夜に光明がかすかに見えたように思えた。

一二日火曜。

築地市場では移転日決定に向けた地ならしが進められた。午前、市場協会の正副会長会が開かれ、一二月一八日の週に新市場建設協議会を開催し、その場で移転日を決めることで合意した。これに続き、東卸組合の総代への説明が早山理事長ら執行部によって行われ、年内に移転日を決定する必要があることに対して強い反対は出されなかった。

一三日水曜。

江東区議会の臨特委（正式名称、清掃港湾・臨海部対策特別委員会）が開催された。区議から批判が相次ぎ、新市場整備部の管理職一同はボコボコにされた。積年の恨みつらみのはけ口といった様相だった。一方、江東区長が「市場当局の努力は多とする。花を持たせてあげなければ」との認識を持っていると伝えられる。落としどころを見つけたいとのメッセージと受け止める。

一四日木曜。

市場長、精力的に動く。朝一で築地市場に出向き伊藤会長と今後の進め方を協議したのち、長谷川副知事との打ち合わせのため都庁にとんぼ返りして、午後は江東区関係者に連続して面会。午後二時、江東区長、二時半、区議会議長・副議長、三時、臨特委委員長・副委員長への説明をこなした。

一五日金曜。

第四回都議会定例会の閉会日であり、最後の二件の開札の日でもあった。七街区の地下ピット床面等工事は特命随意契約に変更されたため、残るは六街区の地下ピット換気工事と同床面等工事だけになっていた。一〇〇％近い落札率もなんのその、憂いが晴れる。

午後〇時半から東卸組合の理事会。午後一時、都議会開会。午後二時過ぎ、東卸組合理事会の状況を伝える一報が入る。議場に座す小池知事、長谷川副知事、村松市場長に手書きのメモを入れる。

「東卸の理事会終了　年内に移転開場日を決定することで話がまとまりました」

あとは早山理事長に一任とのことだった。その直後、伊藤会長から市場当局に電話が入る。市場長に代わって私がメッセージを受ける。

「年内に移転日を決めるための協議会を開催することで市場協会並びに各団体の長の合意が得られた。ついては、都に対し、新市場建設協議会の開催を要請する」

午後四時、都議会閉会後の定例記者会見。東卸組合理事会の決定内容は業界筋からマスコミに漏れる可能性があった。業界筋は概しておしゃべり好きで特定のマスコミとのパイプをそれぞれに持っていた。この日の会見でも、年内移転開場日決定について質問されるのを見越して知事用の想定問答を用意していた。知事は記者からの質問を待ちきれず、落札に関わる質問にからめて想定問答を使用した。

「先ほど、市場の業界で年内に移転日の合意を図ることで意見がまとまった。来週にも新市場建設協議会を開催するように都に要請があった。早急に開催日程を調整するよう市場当局に指示をしたところ」

言いたくて仕方がないといった様子だった。

一六日土曜。

午前八時半、築地市場の中央魚類社長室を村松市場長が訪ね、伊藤会長、泉理事長と会談。新市場建設協議会を二〇日水曜午後一時から開催し、移転開場日を二〇一八（平成三〇）年一〇月一一日とすることで合意した。これで根回しは江東区を残すのみとなった。

一八日月曜。

午前一一時の江東区役所区長室、長谷川副知事と市場長は山﨑区長から「移転やむなし」の言質を得る。ただし、午後二時に予定していた二〇日水曜の新市場建設協議会開催のプレス発表は、区議会議員への説明が終わるまでペンディングとなった。区議会議員への説明は都側で行うこととされた。結局、新市場建設協議会開催のプレス発表は午後五時のオープンとなった。

こうした中、豊洲市場では一足早く契約手続きが済んだ五街区の地下ピット床面等工事案件でコンクリート打設工事が着工した。マスコミ取材をオープンにしてコンクリートを流し込む様子を撮らせ、世間の風向きがいよいよ豊洲市場へと変わりつつあることを印象付けた。

二〇日水曜。

午前中、江東区が臨特委を開催。根回しの甲斐もあってか、移転やむなしの結論。一一時半から築地市場の第一会議室で女将さん会が緊急会見、訴訟も辞さずと主張。午後一時、築地市場講堂。難産の末に開かれた新市場建設協議会は総意として一〇月一一日の開場を決め、二〇分足らずで閉会した。

午後四時一〇分から会見前のＧブリがスタート。知事は「ご苦労様でしたっ」を連発し、ルンルン気分。不必要に力のこもった声で慰労された市場当局は内心シラケたが、そんなことにはお構いなしの知事は終始、上機嫌だった。

午後四時半過ぎ、臨時の記者会見を開催。知事は「市場の開設者として東京都として、正式に来年一〇月一一日を豊洲市場の開場日として決定しました」と宣言した。

二二日金曜。

九件の追加対策工事のうちで最後に残った七街区地下ピット床面等工事の特命随意契約でＺ建設との見積もり合わせが採用、決定された。これにより年内にすべての契約が完了した。

外から眺めれば、予定調和を絵に描いたような仕組まれたエンディングに見えたかもしれないが、内情は薄氷を踏む三か月だった。九件の契約案件のうち、どれかひとつでも違った推移をたどっていたら、全契約の完了は年を越し一月下旬にずれ込んでいたかもしれない。そうなれば、移転日にも決定的な影響を及ぼしていたかもしれない。

それほどの神経戦であったにもかかわらず、元凶となった入札制度改革は五か月後にあっけない幕切れを迎える。あれほど市場当局を苦しめ、改革の目玉とされた「一者入札原則中止」があっさりと撤回されたのである。

あ然とした。市場当局はこの間、入札が中止や不調になるたびに知事に説明を入れ、今後の進め方を協議してきた。知事もそのたびに「本当に大丈夫？」と念押しをしてきた。財務局とも大喧嘩を繰り返した。何のための苦労だったのか、首をかしげざるを得ない。まるで「一者入札原則中止」の影響を社会実験するために市場当局がモルモットにされたようなものだった。

なにはともあれ

移転開場日が決まる直前まで知事は弱気の虫だった。一二月一九日火曜から順次組まれたマスコミ各社の年末インタビューをすべてキャンセルすると言い出して知事周辺の事務方を慌てさせた。移転日が決まらない段階でインタビューを受ければ当然、質問はその一点に集中する。この一年を振り返り、「決められなかった」自分が浮き彫りにされてしまう。知事はこのことを極度に嫌っていたのだろう。

しかし、分刻みで設定された日程を直前になってドタキャンするなど非常識かつ非現実的である。当然、マスコミからは猛抗議が沸き起こった。結果的にスケジュールの微調整で収まり、マスコミの憤まんも解消されたからよかったものの、外に対してかっこいい姿しか見せたくない知事の姿勢は一体何なのか。もしその姿勢を貫きたいのなら、そうなるように配慮し努力してもらわなければ困る。事務方のお膳立てに乗っかって良い目ばかりを見られると思ったら大間違いである。

二七日早朝、開場日決定の報告と協力への御礼のため、小池知事が山﨑江東区長を電撃訪問した。ふたりの政治家は腹の内はともかくとして、和気あいあいと談笑し大人の対応で終始した。終わってみれば、想定外の紆余曲折を経ながらも、あれだけ難航した移転開場日は年内に合意・決定され、追加対策工事の入札等はすべて成立し、最後の最後で江東区との手打ちも済んだ。

一二月二八日御用納めの日。午前中は築地に出向いて年末のあいさつ回り。商売の合間を縫って駆けつけた早山理事長からは、開場日が決まった以上、今後は移転推進派の人たちが声を上げてくるので対応をよろしくと新たな課題を突き付けられた。反対派の次は賛成派……やれやれと思った。

なにはともあれ、とは二〇一七（平成二九）年の暮れに最もふさわしい言葉だった。この一年、一月の地下水モニタリング結果ベンゼン七九倍に始まり、専門家会議紛糾、百条委員会開催、ドクターKの暗躍、六月の基本方針発表、七月の都議会議員選挙・都民ファーストの会圧勝、無害化の解除、万葉倶楽部の態度硬化、追加対策工事の入札迷走、移転日調整の迷走、江東区との調整難航などを経て、年末までに業界の合意を得て移転開場日が一〇月一一日に決定した。

豊洲移転に向けて歩みは確実に進められたのだ。これを「なにはともあれ」と表さずして何と言うべきか。打ち上げ乾杯の宴も催されず、御用納めの日はひっそりと暮れていった。

招かれざる客

都庁爆破

二〇一八（平成三〇）年、豊洲移転の年が明けた。移転・開場というゴールが設定されたことで豊洲移転は格段に現実味を増していた。千客万来施設、追加対策工事、農水大臣の認可など、クリアすべき課題は山積していたが、ここに至るまでの魑魅魍魎がうごめく混とんとした状況に比べれば、視界は随分と良好に感じられた。

そんな正月は実家で過ごした。二日の夜、見たいテレビ番組が同じ時間帯で重なった。新春ドラマスペシャル「都庁爆破！」はタイトルの通り、都庁がテロリストに占拠され、展望室の観光客が人質になるクライムアクションもの。寺島しのぶが演じる都知事の名前が大池由紀子というところがベタすぎて笑えた。

爆破されたのは第一本庁舎北側三三階の会議室フロアという設定だったが、平成の後半の時期、このフロアには選挙管理委員会事務局があった。唯一の見どころは、北側三三階が爆破され三四階以上が折れて崩れ落ちるシーン。いろんな意味でスカッとしたが、話が進むに連れてだんだんと安手のB級アクションものになった。

チャンネルを変えた。変えた先のテレビ局では、「池の水全部抜く」のスペシャル版をやっていた。このシリーズで一躍有名になったのが、毎回のように登場する外来種アリゲーターガーと、もうひとつが「かいほり（池などの水を一時的に抜き取り、清掃すること）」という言葉だった。

一月四日、仕事始めの日。

知事は恒例の都庁職員への年頭あいさつに引き続き、

来年度予算の知事査定に臨んだ。予算原案を財務局主計部の各予算課長たちが直接知事に説明をする重要な場であり、彼らにとっては年に一度の緊張の舞台である。

この日、知事はなぜか「かいほり」に興味津々だった。なんのことはない、知事は大池都知事が登場する「都庁爆破！」はパスして、裏番組の「池の水ぜんぶ抜く」のほうを視聴していたと推測されるわけであった。都内で大々的にやろう、お宝出てくるかなぁ？などの軽口が飛び出し上機嫌だった。

翌五日、築地市場最後の初セリは、マスコミが築地最後と囃し立てた割には、クロマグロ三六四五万円とさほどの高値はつかなかった。

来てもらっては困る

豊洲移転の日程が決まり道筋も見えてきた年明け以降、都政ネタ、都知事ネタがマスコミに取り上げられる頻度がめっきり減少した。小池都政はニュースバリューなしとマスコミから見限られ始めていた。

都庁詰めの記者の中には都庁を離れ、ピョンチャン・オリンピックの報道に動員された馴染みの記者もいた。人員を縮小する社も出てきた。知事出席のイベント予定を通知しても、各社の反応は鈍かった。「えー、また土日ですかぁ？」「人も機材も割けないですよ」というのが彼らの本音であった。移転延期から延々と続いた市場移転問題フィーバーは、移転開場日の決定と同時に潮が引くように冷めていった。

そんなシラケた態度をよそに、知事は前年の一一月頃からしきりに築地に行きたいと漏らしていた。はじめは年明け五日早朝の初セリの視察を熱望していたが、さすがに警備上の問題もあって実現しなかった。初セリ訪問を断念した知事から次に出された宿題は、市場の業界団体との意見交換のセッティングだった。これさえも一月中は新年のあいさつなどで忙しいから、などと見え透いた理由をつけて市場当局は先延ばしにしていた。しかし、実態は築地市場の業界からこうキツく告げられていた。

「知事に来てもらっては困る。来てくれるな」

もっとあからさまに言ってしまえば、知事の築地訪問という政治的なパフォーマンスに我々は利用されたくない、利用されてたまるかとの強い意思が示されていた。知事は市場業界にとって「招かれざる客」に成り果てていた。

知事待望の築地訪問は、とうとう二月一七日にまでずれ込んだ。築地訪問は環状第二号線の視察などとセットで実施されることになった。業界団体との意見交換は冒頭のみをプレス公開とし意見交換そのものは非公開とした。これもまた業界団体からの要望に沿ったもので、知事に利すること（テレビカメラの前でのパフォーマンス）を極力排除する狙いがあった。

業界団体代表者との懇談は築地市場の第四会議室で四五分間行われた。知事あいさつに続き、六団体の代表が順番に発言し、その後、知事が全体を受けて発言した。その中で知事は、築地再開発に関連して「都として卸売市場を改めて作る考えはない」と市場当局が用意した想定問答通りに話した。普通ならここで終了モードになるはずだったが、知事はその後マイクを市場長と私に回し、市場当局からのより具体的な返答を促した。

私はその日の伊藤会長の発言にカチンときていた。会長は発言の最後に「知事が来てから（市場当局の）人数が大変増えた。局長級もかつては一人だったが、現在ここにいるように三人になった。管理職はこんなに多くいるのに非常に非効率的で物事が進まない」と不満を知事にぶつけた。

内容自体は前々からの持論だとはいえ、知事の前でこうまであからさまに批判されたのに黙っていては役人の名折れである。市場長からマイクを渡された私はこう切り出した。

「私自身、増員された局長級の一人なので言いづらいのですが、一応、目に見えないところで汗をかかせていただいております」

知事の顔をつぶさない範囲でやんわり切り返しておくことは、役人として最低限の礼儀だと心得る次第である。

知事と市場団体との意見交換後、ぶら下がり取材が行われた。知事は環二についての質問には、共通の目標に向かって業界と協力して取り組むと無難に応じた。一方、業界団体のぶら下がり取材で伊藤会長は「知事は築地に市場は作らないと言った」と発言。集まっていた記者はこの言葉に敏感に反応し一斉にペンを走らせた。

その直後、横にいた東卸組合の早山理事長が割って入り、「知事が言ったのは、都として卸売市場は作らないということ」ととっさに修正を図ったものの、効果は限定的で多くのマスコミが築地跡地には市場と呼ばれるものは何も作らないようなトーンで報じた。知事は翌日の取材時に「言葉に丁寧さがなかった」と自らの発言の火消しに躍起だった。

居残り問題

ここでちょっと、知事の頭の中がどうなっているのか、のぞいてみよう。

「築地に市場は作らない」との報道に知事がナーバスになった理由は、知事が築地に市場を作ろうと本気で考えているからではない。基本方針との矛盾を指摘されるのを嫌ったからでもない（それも少しはあるだろうが）。

築地に市場は作らないと断言してしまうとどうなるか。豊洲に移転した後に築地に戻ってきたいと考えているリターン派の仲卸業者の人たちを失望させ、敵に回すことになる。さらには、世論的には「戻りたくても戻れないなんて、仲卸の人たちが可哀想だ」となって、自分への風当たりが強まる。反対派もこれに乗じて息を吹き返しかねない。彼らをいきり立たせて、築地市場閉場時に引っ越しを拒否されて居座られては大迷惑だ。

居座り問題は単に移転の障害になるばかりではない。再三述べた通り、築地市場は移転後、速やかに解体し二〇二〇年オリンピック・パラリンピックのための巨大な駐車場として整備することが決まっていた。環状第二号線の暫定道路の整備にも影響を与えかねない。そんなことになれば、知事が市場移転を延期したせいでオリンピックも環二もできなくなったと、全責任を負わされることになる。それだけは何としても避けなければならない。

この時期、知事の二大関心事は、千客万来の万葉倶楽部と築地市場閉場後の居残り問題だったと言えるだろう。一、二月のＧブリの際、知事は何度も居残りが心配だとこぼしていた。ある時は「三里塚みたいにならないように」と、こちらがドキッとする言葉を口にしたこともあった。築地市場にムシロ旗が立つことを何より恐れているということか……。

水産仲卸の業者の一部がゴネて引っ越しを拒み、築地市場内に居座られでもしたら、オリンピックが止まる、都政が止まる。知事の政治生命も危うくなる。知事はそれほどの危機感を持っていた。それゆえ知事は環状第二号線の開通を急いだ。

業界団体からは、環二が開通しなければ豊洲市場の物流に大きな支障が出る、開場と同時に片側（豊洲から新橋方向）だけでも開通してほしいと強く要請されていた。少しでも業界の意に沿う姿勢を見せることが自分への批判を回避する最善の方策だった。

週明けの二月二〇日月曜午後、建設局と市場当局が緊急招集された。両局からは、道路を通すには築地市場を閉場した後に撤去すべき構造物が多数あること、警視庁協議や住民説明に困難を来すことなど、一筋縄ではいかない事情を説明した。

知事は「（環二を）すぐに使わせてくれと言われても、そんな魔法のようなことはできないわよね」と両局に理解を示す言葉を口にしたが本心は違っていた。業界団体からの要望に応えることが混乱のない移転・引っ越しを実現するカギであり、環二の整備の遅れが自分のせいにされずに済む道でもあった。

Ｇブリの終わりに知事は、こう言って両局幹部に発破をかけた。

「今やれることはさっさとやってください」

ずっこけポーズ

年度末

平成三〇年第一回都議会定例会は三月一日の代表質問を皮切りに質疑が始まったが、市場当局に対する質問は激減。三月二六日月曜、予算特別委員会締め括り総括質疑が行われ、実質的にはこの日で第一回都議会定例会は終了した。

翌火曜、局長級の四月の異動内示があった。私にも声がかかった。第一庁舎七階奥の特別会議室に四〇名近い幹部職員が三々五々集まり、その後、隣の部屋に一人ひとり入室して知事の前に進み出て直接口頭で異動先を伝えられる。長い列の最後のほうに並んだ私はしばらくの間、手持ち無沙汰だった。

ようやく呼ばれた私に知事は笑顔を浮かべて選挙管理委員会事務局長への異動を告げた。そして「今度のところは時間に少しは余裕がありますから」と冗談めかして言った。私は、吉本新喜劇よろしく、カクッと軽くずっこけるポーズをとって知事に愛想返しをしたが、部屋を出てエレベータホールに向かう長い廊下を歩きながら、ある感情が湧きあがるのを抑えることができなかった。

最前線の戦場から突然離脱を告げられた一兵卒の気分とでも表現すればいいのだろうか。空虚感と割り切れなさ、これまで一年半にわたって戦ってきた戦友たちへの申し訳なさが大半を占め、安堵感は微塵もなかった。第一庁舎南側三九階に戻り市場長に報告を済ませた。

市場当局を脱出できたと見なされた私は、会う人ごとに「おめでとうございます」「お疲れ様でした」「よかったですね」とねぎらいの言葉らしきものを投げかけられた。その都度、引きつった笑顔で対応しなければならず、正直それがおっくうだった。

別れの言葉

三月三〇日金曜、私は市場次長としての最後の日を迎えた。

夕刻、三九階のフロアに市場当局の職員が集合し、異動する職員からあいさつを行うセレモニーがあった。普通なら職位の上の者から挨拶を行うのが通例だが、私は司会役の総務課長に頼んであいさつの順番を最後にしてもらった。私には市場当局の職員に伝えたいメッセージがあった。

私の順番が回ってきた。

「市場移転問題がまだ決着していないこの時期に戦線を離脱することを心苦しく思っている。一年半の間、大きな過ち、小さな過ち、様々なミスを犯してきた。やらなかったミスもあれば、やったことによるミスもあった。常に後手後手に回って状況を打開することができなかった。市場当局が未曽有の批判にさらされる中、我々はどこまで深く自覚していただろうか。市場長がどれだけ苦しい立場にあったか、我々はどこまで危機感を共有できていただろうか。特に管理職のみなさんは一人ひとり胸に手を当ててほしい。顧みて自らに恥じることはなかったか、猛省してほしい。私は週明けからは違う局の人間だが、いつまでも声援を送りたいと思っている。みなさんも、もうひと踏ん張り頑張ってほしい」

……そんなことをしゃべった記憶がある。

ねぎらいと感謝の言葉を期待していた市場当局の職員にとっては、次長の退任あいさつは意外であり、かつ、冷たく心外なものだっただろう。もう少し自分たちの努力や苦労に暖かい目を向けてくれてもいいのに、と思っただろう。「みんな、よくがんばった」「ありがとう」と涙を流してほしかったのかもしれない。

だが、私が市場当局に在籍した一年半の間、職員、なかんずく管理職は持ち場、持ち場で最善を尽くしたのか、組織としてベストな対応ができたのか。答えはいずれもノーである。状況を見誤り、数限りない判断ミスを犯し、後手に回り、市場当局全体を窮地に立たせた責任は、一義的に市場幹部にある。と同時に、管理職一人ひとりも相応の責任を負っているのではないのか。少なくともその自覚はあったのか、と言いたかった。

だからこそ、一年半の出来事を単なる苦労話に矮小化してはいけないし、失敗から学ばなければいけない。私の思いがどこまで通じたかははなはだ心もとないが、言うべきことは言い残したつもりである。

同日、小さな記事が配信された。東京地検特捜部は百条委員会での偽証で告発されていた浜渦元副知事らについて不起訴処分にしたという内容だった。

二匹のタヌキ

会長指名

四月三日月曜。年度が変われば私はもう市場当局の人間ではない。選挙管理委員会事務局は第一庁舎北側三三階にあった。ここは正月のテレビドラマで木端微塵に爆破された、あのフロアだった。でも、事務局長の部屋は無傷だった。人間、そう簡単に意識を変えられるものではないらしい。しばらくの間、エレベータに乗ると市場当局があった三九階のボタンを押してしまうことも何度かあった。私の心が市場ロスにもんもんとしている間にも、市場移転問題を巡る状況は刻々と変化していた。

市場当局には年度末ギリギリになって小田原方面からグッド・ニュースが届けられた。高橋会長自らのメッセージとして近々、小田原に来てほしいと伝えてきた。それも担当部長をご指名だというのである。市場当局の幹部は少なからず色めき立った。三月二六日月曜の段階で、万葉倶楽部の高橋専務とは事業継続に関する条件面でほぼ折り合いをつけ、あとは会長の判断次第というところまでこぎつけていた。市場当局は万葉倶楽部側の設計会社とも打ち合わせを行い、実務的な詰めも進んでいた。

三日夕刻、万葉倶楽部の会長直々に指名された市場当局の担当部長は小田原に飛んだ。市場当局では「今度こそ、ついに会長の判断か」と期待が高まった。しかし、会長は担当部長に会うなり、「知事は謝れ。これまでにかかった経費一〇億円を補償しろ」とまくし立てた。がく然とする担当部長。

話は振り出しに戻った。ここまで高橋専務と積み上げてきた努力は何だったのか。会長の様子を担当部長から聞かされた市場長らは肩を落とした。四月一三日、高橋会長はMXテレビの取材に応じて、「知事は謝れ」「一〇億円損した」と繰り返し、加えて、これまでの市場当局との交渉経過までもぶちまけた。

市場当局の万葉倶楽部、中でも高橋会長に対する不信感は強まりこそすれ弱まることはなかった。この会社と長期的に付き合っていけるのか。市場当局の関係者ならそう思わざるを得ないのではないか、と私は陰ながら懸念した。

だが、市場当局のほうから一方的に縁を切るわけにはいかない。四月二五日までに回答するよう期限を切った文書を万葉倶楽部に手交したが、案の定、回答内容は会長発言をなぞっただけのもので、止めるとも、やるとも言ってこない。手詰まり感が高まった。

知事も来てます!

ゴールデンウィークの狭間の五月一日、長谷川副知事が小田原に出向き、会長との面会が設定された。部外者として固唾を飲んで推移を見守っていると、午後一時過ぎ、私のガラケーが鳴った。ある新聞記者からだった。

「知事も来てます」

思わず「副知事の間違いでは?」とメールを返した。続いて別の新聞記者からも「知事が(万葉倶楽部に)入りました」のメールが届く。

知事が直接動いたからには、当然、前さばきがあって事前に落としどころを調整してのことだろう、そうとしか考えられない、と新聞記者にメールを打った。

知事の動きはマスコミ各社とも寝耳に水の電撃訪問だったらしい。現場がどうなっているのか知るすべもなく、私はジリジリするだけだった。その夜のNHKニュースや翌朝の各社朝刊は小池知事の電撃訪問とその結末を報じた。

長谷川副知事が万葉倶楽部に到着した五分後に知事が白のワゴン車で乗り付け、約一時間、長谷川副知事、村松市場長らとともに万葉倶楽部の高橋会長と面談した。予定外の知事登場で、当初、高橋会長は「よく来てくれました」と上機嫌だった。会長に対する経緯説明を知事が長谷川副知事に促した。副知事の説明の途中、会長の様子が急変した。

「きみぃ、今日は何分、時間を取っていると思ってるのかっ」といら立ちを示した。その後は、会長と知事の言い合いになる場面もあった。会長が「舛添さんは延期はしなかった」と不満を漏らせば、知事は「都民が望んだことと」と突っぱねた。

結果、電撃的な頂上会談は決裂した。いやむしろ、高橋会長に主導権を握られる格好となった。これでは、何のために知事自らが小田原まで足を運んだのか、さっぱりわからない。見る人が見れば、東京都知事ともあろう大政治家が中小企業のオーナー会長にやすやすと手玉に取られたということだ。

知事の面目は丸つぶれになり、帰り際、ぶら下がり取材のマイクに向かって、「亡き父の霊前で手を合わせたら行って来いと言われたような気がしたので」などと神頼みのようなたわごとを口にしたのは、彼女なりの照れ隠しだったのだろう。

小池知事は、都知事選出馬で崖から飛び降り、半年前には突如「希望の党」を立ち上げて自ら党首に就いた。この二回とも虚をついた電撃作戦だった。そして今回も意表を突く行動に出た。結果は通算で一勝二敗とみるしかない。それも圧勝一回、大敗二回。冷静に評価すれば、政治家としての判断ミスが二度続いたことになる。その日の午後五時に緊急招集された関係局長会議は、もはや決着できなかった責任を関係局長らに分散して押し付ける空しいセレモニーでしかなかった。

大型連休最終日の日曜午後四時、川澄副知事室は二〇名に及ぶ幹部職員であふれかえっていた。急きょ参集を命じられたのは、官房三局の政策企画局、総務局、財務局と市場当局だった。連休明けに知事に局面打開のための案を報告する必要があった。

この日以降、秘密会議が連日のように川澄副知事室で行われた。財務局のスタンスは明快だった。何をするにせよ、あくまで市場会計の範囲内で処理すべきであり、外郭団体の活用を含め、税金の投入が想定されるスキームは絶対にあり得ないという立場である。財務局を首肯させる道は狭い。あるとすれば、万葉倶楽部が苦戦しているリーシング（テナントを誘致する営業活動）を市場当局が責任を持って肩代わりし、万葉倶楽部の負担を大幅に軽減することぐらいであろうか。

オプションとして、将来的に誘致した店舗が抜けた場合も市場当局の責任で穴埋めを行うこともあり得る。だがその場合でも、市場当局は店舗誘致を外注せざるを得なくなる。しかし、そこまで譲歩を重ねて万葉倶楽部の気を引く必要があるのかという根本的な疑問は残る。

五月一一日の定例記者会見で万葉倶楽部に関する質問があった。知事はぎこちなく「真摯に対応させていただく」の常とう句を繰り返すだけで、自信のなさが顔からにじみ出ていた。

市場当局は連日、知事説明を重ね、その回数は一か月で三〇を超えたのではないか。それほどまでに知事は万葉倶楽部の一件に神経をとがらせていた。

急転直下

そして、五月の最終週を迎え、事態はめまぐるしく変化する。

二八日月曜、万葉倶楽部からの回答期限の日である。午後三時半、万葉倶楽部の高橋専務らは都庁に到着し、市場長らと一時間ほど面会したが、持参した回答書に事業継続の可否についての記述はなく、これまで通り、築地再開発の具体像の提示や小池知事への謝罪要求など従来の主張を繰り返す文面だった。またしても万葉倶楽部の判断留保。取材に応じた高橋専務は「前向きに進めてきたし、これからも前向きに進めたい」と答えたが、回答書の主張と専務の発言の落差に市場当局ならずとも首を傾げざるを得なかった。

知事はその夜、関係局長会議を招集し、「早急に都としての結論を出せるようにしたい」と発言、ゴール間近、それも交渉打ち切りの可能性を臭わせた。マスコミ各社はいつでも速報を打てる準備に入った。

三〇日夜、風呂上がりの自宅。テーブルの上に置いていたガラケーが鳴った。ある新聞記者からだった。

「共同通信が打つみたいです」

私は「万葉撤退は不可避だと思うけど、報道するのは少し早すぎるのではないか」と一個人としての感想を述べた。

日付が変わった三一日午前二時、共同通信はネットで「都は万葉倶楽部と結んだ協定を解除する方向で最終調整」と第一報を報じた。朝刊では東京新聞が一面に「計画白紙へ」とぶち上げ、毎日新聞は「交渉を打ち切り　都が方針」、産経新聞は「協議打ち切り視野」と見出しを打った。

不思議だったのは、日経新聞が音なしの構え、朝日新聞は「きょう中の回答　事業者に求める」と冷めた見方。読売新聞に至っては万葉倶楽部の記事はどこにもなく、豊洲市場の維持費を巡る裁判で原告側が訴えを取り下げたことをベタ記事で小さく紹介しただけだった。NHKも共同通信の第一報を完全に無視した。

さらには、朝刊記事の火消しに市場当局ではなく、野田特別秘書が当たっているという情報が入ってきた。なぜ火消し役が市場当局ではなく、野田SSなのか。この動きにはさすがに違和感を覚えた。

三一日午後四時、小池知事は登庁時のぶら下がり取材に応じ、「先方から前向きな答えをいただき、事業について継続する」と発言、江東区に直接伝えたことも付け加えた。急転直下、万葉倶楽部が事業実施することで、この問題は決着したというのだった。あ然とした。何がどうなってそうなったのか。打ち切りから継続へ、一八〇度のどんでん返しだった。

後日わかったことだが、三〇日夕刻、知事から市場長に一本の電話が入った。

「内密に横浜に来てほしい」

市場長は職場の周囲には帰宅すると告げて、電車で横浜に向かった。指定されたホテルの一室には、小池知事のほか、万葉倶楽部の高橋会長と高橋社長、高橋専務がいた。小池知事の横には宮地特別秘書。他に見知らぬ二人が同席していた。電通の社員だった。ひとりは万葉倶楽部のテナント・リーシングの担当者、もうひとりが知事サイドとのパイプ役だった（と推察される）。

知事は会長に三回頭を下げた。知事が詫びを入れると、高橋会長は相好を崩して喜んだ。万葉倶楽部側からは、着工をオリンピック以降に延期したい旨の提案があった。ちょうど共同通信が第一報を準備し始めた時刻だった。専務の高橋氏は後日、「私も九九・九パーセントダメだと思っていました」と語っている。それほどの急転直下の大逆転劇だった。

翌三一日、知事が山﨑江東区長を訪問し、万葉倶楽部の了解を取り付けた旨を説明した。この訪問もアポなし、五月一日の小田原訪問と同じ手法だった。

万葉打ち切りを記事にした東京、毎日、産経の各紙は六月一日の朝刊で事実上の訂正記事を掲載した。一方、五月三一日に沈黙を守った日経新聞は地方面の半分を割いて詳細を報じ、朝日新聞と読売新聞はしれっと「業者、着工の意向　都に伝える」「都と業者が合意」と伝えた。私が終始マークしていたNHKは六月一日の午後五時台でまずネット配信し、六時台の首都圏版のニュースで報じた。

新聞・テレビのマスコミ各社は自社のウェブサイトを持っている。実際に記事にされたり放映される情報量を大きく超える文字情報がネットに掲載される場合がある。NHKのネット配信記事によれば、三〇日夜の電撃会談直前まで、市場当局は交渉打ち切りを視野に入れて準備していたこと、ここ数か月の水面下でのせめぎ合いの過程で、一時、千客万来施設を構成する商業棟と温浴・ホテル棟のうち、商業棟を万葉倶楽部ではなく都の外郭団体が直接運営する案まで検討されていたことなどが報じられていた。不明瞭だった交渉の経緯が詳細に記載されている点は注目に値する。

第二回定例会の質疑を通じては、五月三〇日夜の知事と万葉倶楽部会長との極秘会談に関するふたつの事実が明らかになった。会談の日、市場長が知事に同行していたこと、そして、会談の場に「千客万来施設のテナント・リーシングを事業者（万葉倶楽部）から請け負っている協力会社の社員も同席していた」（共産党代表質問に対する市場長答弁）ことのふたつである。

ここで言う協力会社とは電通のことである。なぜ一事業者に過ぎない電通がトップ会談の場にいたのか、大きな謎が残る。マスコミの中には、知事と高橋会長の間を取り持ったのが、この電通だったと種明かしをしてみせる者もいた。知事サイドから頼み込んで会長に会ったと推測していた私は「なぜ電通が？」といぶかしく思った。仲立ちを買って出る電通側のメリットがすぐには思いつかなかったからである。

ただし、私の知事懇願説も説得力に欠けていた。なぜなら、知事をあんなに毛嫌いしていた会長にもう一度会えたからといって、色よい返事をもらえる保証はどこにもなかっただろうし、思いつき単独行動を旨とする知事だとしても、リスク認識（二度も電撃会談を仕掛けたのに二度とも失敗に終わった時のダメージ）はあっただろう。

であれば、むしろ電通仲介説のほうが理屈は立ちやすい。電通が会長を何らかの方法で籠絡しトップ対談を持ちかけてセッティングに成功。お膳立てが出来上がったのちに知事は横浜に行き、急転直下の和解成立となった。

では、電通はどうやって会長を落したのか、電通が得るメリットは何か。都が万葉倶楽部を切って再公募という事態になれば、電通が万葉倶楽部から請け負ったリーシングの仕事がなくなる。これを阻止したというのが誰もが思いつきそうな筋書きだが、天下の電通がその程度のことで力技に打って出るだろうか。

知事は本会議場で「（万葉倶楽部と）新たに約束を交わした事実はない」と答弁した。これが事実なら、新たな約束は知事と万葉との間ではなく、万葉と電通との間で結ばれたのか。あるいは、新たな約束は電通が介在することで水面下に潜航してしまったのか。知事は立憲民主党・民主クラブの再質問に「五月三〇日の交渉経過はしかるべき時に説明する」と答弁した。

東京の狸と小田原の狸、どちらが上手だったのか、平成最後のポンポコ合戦の真相はいまだやぶの中である。

築地閉場・豊洲開場

安全宣言

専門家会議の平田座長が追加対策工事に関して「将来リスクを踏まえた安全性が確保された」との結論を公表したのは七月三〇日だった。そのとき久しぶりに平田座長の顔をニュース番組で拝見した。表情も明るく顔色も良かった。ここに至る道のりを考えれば、安堵に満ちた顔と言ってよかった。

翌三一日午後六時半過ぎ、小池知事は関係局長会議を招集。副知事、関係局長らを前に、専門家会議の報告を受け「安全・安心な市場として開場できる条件を整えることができた」と事実上の安全宣言を行った。やっと出したというべきか、何を今さらというべきか。安全宣言を出し渋る知事に振り回された身としては感慨ひとしおと言いたいところだが、専門家会議の判断にすがる姿勢（責任を専門家会議に押し付けようとする魂胆）は相変わらずであった。とにかく後世の人は、これをもって小池知事が自ら安全宣言をしたと認識するのだろう。

七月三〇日、専門家会議の安全確認。三一日、知事の安全宣言。八月一日、農林水産大臣に豊洲市場の許可申請。異常な猛暑が続く中、ホップ・ステップ・ジャンプの三日連続の手続き上の運びは外野から見ていても小気味よく、見事であった。

そしてついに九月一〇日、豊洲市場の開設認可が農林水産大臣から下された。これにより移転開場までの最終ステップがすべてクリアされた。

開会式典

九月一三日、大安吉日、晴天。

豊洲市場の開場式典は、実際の開場より一か月ほど早いこの日に挙行された。一〇月に入れば引っ越しや開場の準備に追われ、セレモニーどころではないというのが業界サイドの受け止めであり、早い段階から九月実施が決まっていた（業界からの条件はただひとつ、「式典は大安の日に」だった）。

ゆりかもめ「市場前駅」の改札は、式典開始時刻が近づくにつれて、背広姿の乗降客で込み合っていた。式典会場は七街区、水産卸売場棟一階にしつらえられた。細長いレイアウト上に千脚近いパイプ椅子が並べられ、はるか向こうにメーンの舞台が見えた。壇上には小池知事はじめ、向かって右手に農水省局長、江東区長、都議会議長、経済・港湾委員会委員長、地元町会長らが、左には市場長と、築地市場の水産卸、水産仲卸、青果の三団体の常連顔役たちが行儀よく並んでいた。

いかにも呉越同舟の名に相応しい顔ぶれだった。環境基準以下の付帯決議を都議会で推進した当時の民主党都議で二〇一六年の都議会選挙で都民ファーストの会に鞍替えして当選した都議会議員たち、受け入れ三条件（汚染除去、にぎわい施設、地下鉄延伸）を巧みに操り利益誘導を胸に秘めた地元区長、移転反対派に推挙されてポストを得ながらその反対派の妄動に手を焼く業界組合の理事長など、誰もが多かれ少なかれ市場移転問題を引っかき回した当事者たちだった。そんな彼らの中心に、市場移転問題を政争の具に利用し尽くした知事がいた。

「豊洲市場は安全、安心して利用していただける」「豊洲市場は日本の中核市場、最新鋭の市場として出発」うんぬん、市場当局からすれば「よくもまあ、こんな白々しい言葉を」と思えるスピーチを終えた小池知事にも社交辞令の拍手は起きた。半年前、一年前、知事が何をどう発言していたのか、九〇〇人の列席者の多くは、ちゃんと記憶に留めていたはずである。

農林水産省の局長が手にした祝辞を淡々と読み上げた。江東区長は、過去は水に流して前に進もうと参列者に呼びかけた。その上で、千客万来施設が二〇二〇年に間に合わないのは残念でならないと毒を含んだ心境を吐露した。私の席の三列斜め前には万葉倶楽部の高橋会長と高橋専務が来賓として座っていた。ふたりに山崎区長の言葉はどう響いたのだろうか。

築地市場協会の伊藤会長は誰よりも張りのある大きな声で、平成に入ってからの移転の経緯をるる語り、「あらゆる面で感慨無量」「二年間のマイナスは簡単には埋めきれない」と、壇上の何人かに投げつけたい言葉の数々をこの一言に代えてぐっと飲み込んだ様子だった。呉越同舟の壇上の人々は晴れがましい舞台であるにもかかわらず、（愛想笑いの小池知事は別として）誰もがしかめっ面で本心を覆い隠していた。

銅像

私の隣には何代も前の元市場長らが座っていた。浜渦さんは来ていないね、とそのうちのひとりが私に声をかけてきた。招待状も送っていないのだろうと言う元市場長は、浜渦さんこそ市場移転の最大の功労者だよ、東京ガスから豊洲用地を獲得したのだからとブラックジョークめいた自説を説いた。そして、豊洲市場に銅像を建ててもいいくらいだ、と言ってニヤリと笑った。

築地市場の現在地再整備が業者らのエゴで頓挫し、失いかけた市場移転の着地点を剛腕で手繰り寄せた「功績」は銅像にも値するとの見識は荒唐無稽であったとしても、あながち的外れではないと思わせた。少なくとも浜渦氏は、自分本位で市場移転問題をもてあそんだお歴々よりは、よっぽど職務（親分・石原慎太郎の命令）に忠実であった。

式典終了後、私はそそくさと都庁に戻ったが、式典会場の隣のスペースでは引き続き業界主催のパーティーが開かれた。あいさつに立った東卸組合の早山理事長はいつになく上機嫌の様子で、小池知事に登壇を願い出て、しっかりツーショットに収まっていた。

築地から豊洲へ

一〇月六日、築地市場閉場。

正午をもって築地市場は活動を停止した。マスコミは「さよなら築地」で埋め尽くされた。テレビ画面には涙を流す業者の顔がアップで映し出され、ニュース報道は感傷的な雰囲気にどっぷりつかった。

築地大橋を渡り、築地市場から豊洲市場へ大移動するターレ

市場が消えてなくなるわけではない。移転するだけである。ほとんどの業者は豊洲市場で営業を続ける。それにしては、随分とウェットでセンチメンタルな取り上げられ方だった。でも、これが日本人の感性と言ってしまえば、それまでのことではあった。

一〇月七日。早朝から環二を使ってターレの大移動が始まった。環二はまだ完成しておらず、供用開始の前だった。途中にオリンピック選手村に通じる交差点を横切る。この部分は既に公道として使用されていた。ターレの大半は車両としての要件を満たしていないため、本来、公道を走ることはできない。当初、この交差点を通過してターレが豊洲市場に移動することに警察サイドは強い難色を示していた。

ターレの大移動は市場当局にとっても、引っ越し最大の見せ場ととらえていた。地元の山﨑江東区長も常々楽しみにしていると公言していたし、春に他局に異動した私も同じ思いを抱いて引っ越しの推移を見守っていた。春以降の警察との粘り強い折衝によって実現した深夜早朝のターレの大行進は壮観だった。環二を渡って豊洲市場に入場するターレの運転者はみな晴れがましい顔をしていた。二度とない光景とはこのことを指すのだと思った。

一〇月一一日、豊洲市場開場。

マスコミは、今度は「豊洲スタート」で埋め尽くされた。早朝、ターレのボヤ騒ぎや人との接触事故があった。道路の渋滞、場内の混雑、買い周りの不便さなどが報道されたが、市場当局としてはほぼ想定の範囲内だった。

閉場した築地市場跡地で、反対派やその支援者たちが再三にわたる職員の制止を振り切って敷地内に入り込んだことも、想定の範囲内に収まった。とはいえ、反対派による不法占拠に対応するため、市場当局の管理職は人気のない勝どき立体駐車場四階の事務室に泊まり込み、一七日の完全閉場まで気を抜くことはできなかった。

人がいなくなった旧築地市場は瞬く間に悪臭で満ち満ちた。引っ越しの際、マグロなどの残りかすが放置されたままになり、不衛生極まりない状況だった。夜寝ていると、時折、場内に仕掛けられたトラップにかかったネズミの断末魔が聞こえてきた。泊まり込みの管理職が深い眠りにつくことはなかった。

開場日の早朝、小池知事は豊洲市場に出向き、豊洲初となるマグロのセリを見学した。業界の代表者たちを前に、白い長靴をはいた知事は「みなさんと連携し、より良い市場にしていきたい。豊洲ブランドを一日一日積み重ねていく」とあいさつした。終始笑みを絶やさない知事の言葉は市場の人々にどう響いたのか、いや果たしてちゃんと届いたのだろうか。おそらく市場の人々の頭の中は、自分の店の商売のことで手一杯だったに違いない。

オープン初日のニュース映像には、真新しい豊洲市場であるにもかかわらず、私にとっては見慣れた懐かしい風景が映し出されていた。狭い通路を行き交うターレと人、発泡スチロールの箱が雑然と積まれた水産仲卸売場、走行が厳しく制限されているはずの屋外をここかしこと走り回るターレの群れ、はては公道を我がもの顔で走行し警官に制止されるターレ。

すべては築地市場のままだった。ああ、豊洲市場は開場初日にして早くも築地市場化したのだ。同じ人たちが同じようにやっているのだから、場所が変わっても何かが変わるわけでもない。こうして築地の「にぎわい」は無事、豊洲に引き継がれた。

一〇月一三日、一般向けに見学や飲食店の利用が始まった豊洲市場には四万人の観光客らが詰めかけた。世の中の常識は一夜にして変わった。豊洲と言えば豊洲市場であり、築地と言えば場外市場（または中央区が設置した「築地魚河岸」）を指すのだ。これが豊洲市場開場後の新常識である。

世の人々は、築地の場外市場には足を運びこそすれ、早晩、築地市場のことなど記憶の片隅に追いやって忘れてしまうだろう。そして、ときどき思い出しては浅い感慨にふける。そういえば、昔、築地に卸売市場ってあったよね。そうそう、ごちゃごちゃしてたね。昭和だったね。平成まであったね。懐かしいね。

更地になった旧築地市場用地を見れば誰もがそう思うだろう。それは記憶のセンチメンタル・ジャーニーであると同時に、東京の地において江戸以来、数百年に渡って繰り返されてきた都市更新のダイナミズムの帰結に他ならなかった。

一〇月一七日、午後八時、旧築地市場の正門に設置された工事用のゲートが閉じられ、完全閉鎖された。マスコミと見物人がいるだけで反対派のシュプレヒコールはなかった。

お買い物ごっこ

明けて一八日午前一一時、一部反対派による抗議行動が開始された。封鎖された正面玄関からは敷地内に入ることはできず、環二の工事エリアから強行突入した。建設局所管の環二エリアには工事用の仮設階段が設置されていて、しかもその手前のドアには鍵がかかっていなかった。そのことを知っていれば、誰でも簡単に仮設階段の上り口に到達できた。およそ百人が次々に階段を上り下りして敷地内に侵入した。

市場当局の管理職らは手をつないで侵入を阻止しようとしたが、実力行使は選択肢にはなかった。多勢に無勢、双方が動画を撮影し合って相手をけん制する中、水産仲卸業者が乾物などを持ち込んで支持者が買い物をするという見え透いたパフォーマンスが始まった。所詮は、「マスコミのみなさん、どうぞ撮ってください。私たち、こんなに反対しているんですよ」とポーズをとっているに過ぎなかった。

市場当局は、この騒動の様子をその日のうちに知事に報告した。小池知事は開口一番、「だめね」と言い放った。そしてもう一度、「全然、だめ」と繰り返した。職員へのトドメの一言はこうだった。

「明日入られたら、終わりよ」

その場にいた誰もが、何が終わりで誰が終わるのかを瞬時に理解した。知事の本意はどうあれ、都庁幹部職員にとっては「あなたたちは、もう終わり」と宣告されているに等しかった。

公共工事を業務の一環として担うすべてのハード局に号令が下った。公営企業である水道局や下水道局も含まれていた。大至急、工事現場の仮囲い用の部材を片っ端からかき集めて築地に送るべし。反対派に突破された環二エリアには、一夜城ならぬ一夜城壁が設置された。

他にも反対派が侵入しそうな場所はそこかしこにあった。旧築地市場内に陣取り、勝どき立体駐車場に本部を構えた市場当局職員たちは、場内に打ち捨てられたフェンスやセリ場の台、椅子など、使える物なら何でも手当たり次第に集めて即席のバリケードを作った。時には管理職自ら、急ぎホームセンターで大量購入した有刺鉄線を慣れない手つきで要所要所に張り巡らせた。

即席バリケードの効果もあって、反対派は敷地から締め出されパフォーマンスの舞台探しに難儀した。以降、反対派の買い物行動は場所を転々としながら、ある時は場外市場の業者用に提供されたエリアに入り込んだはいいが、場外の人たちから「お前ら、出て行けっ」と追い出される憂き目にも会い、結局、行き場を失って旧正門前の横断歩道のスペースに落ち着いた。

買いものごっこの売り手役の水産仲卸業者とて築地市場に断固しがみついていたわけではなかった。一〇月一一日初日からしっかり豊洲市場内で営業していた。朝はそっちの商売が忙しいので（当たり前である。豊洲が本業なのだ）、アルバイト先の旧築地市場周辺での「営業」開始時刻がずれ込み、あえなく午後の開店と相成った。毎日だった営業日も火木土になり、一一月に入ると火曜と土曜、週二日間限定の激レアショップと化した。扱っているものは、百円ショップで売っているような缶詰の類やコーヒーに変わっていた。

反対派のオママゴトは年明け後、水産仲卸業者が離脱してもなおダラダラと形式的に続けられたが、マスコミが取り上げられなることはもうなかった。

一〇月一八日、営業権を主張して旧築地市場内の所有物を撤去していない水産仲卸数社と組合に対して、都は土地と建物の明け渡しを求める仮処分を東京地裁に申し立てた。都が業者を訴えるのは異例のことで、秋葉原駅前にあった神田市場が城南の埋立地（現・大田市場）に移転した際にも、居残り問題には難儀したがそこまでの措置は取っていない。

東京オリンピック・パラリンピックの車両基地を整備しなければならない小池知事にとっては、お尻に火がついた格好で、なりふり構わず強硬姿勢に打って出ざるを得なくなったのだった。一一月二二日、東京地裁は営業権を主張する水産仲卸業者二社などに対して土地と建物を東京都に明け渡すよう命じる仮処分を決定、二六日には東京地裁の執行官が所有物を撤去した。二七日、都はこの二社に対して豊洲市場での営業停止三〇日の行政処分を下した。

暫定開通

一一月四日、環状第二号線の豊洲・築地間が暫定開通した。引っ越しの時にターレが大移動した道路に加えて、旧築地場内の浜離宮公園側に設置された暫定う回道路が新大橋通りと片側一車線ながらも結ばれた。これにより豊洲から新橋・銀座方面へは常時渋滞する晴海通りを通らずに行けることになった。

環二開通は従前から水産仲卸業界の強い要望でもあった。私が市場当局に在籍していた時期には、豊洲市場開場と同時に豊洲市場から新橋・銀座方面の上り方向だけでも暫定う回道路を通してもらわなければ困ると東卸組合は頑強に主張していた。整備主体である建設局にしてみれば、勝手な振る舞いは晴海地区身周辺の住民や地元の中央区との約束を反故にするものであり、市場当局内でも実現は不可能視されていた。

ところが実際には、一〇月一一日開場日、豊洲市場から晴海のオリンピック選手村入口交差点までの間の上り車線を使えるようにして晴海通りに抜けられるようになっていたのである。誰かが誰かに泣きついたのだろうか。元関係者の端くれにとっては、不可解な出来事であった。

平成三一年

豊洲市場にとって二〇一九（平成三一）年は景気のいい幕開けとなった。平成最後のマグロの初セリでは史上最高値の三億三千三百六十万円で大間のマグロが競り落とされた。マスコミは三億、三億とはしゃぎ回ったが、喜んでばかりはいられなかった。

築地から引き継いだ豊洲市場の取扱量は漸減を続けていた。これは移転騒動の影響というより、卸売市場が抱える構造的な問題であった。元をただせば、移転を「する、しない」でもめている時間があれば、この問題にこそ業界を挙げて一丸となって真摯に取り組むべきであった。時間を空費した分、状況は厳しさを増していた。魚と野菜を巡る流通環境の激変にどこまで対応できるか、豊洲市場の中長期的な存亡はその一点にかかっていた。

一月二三日。

築地まちづくり方針の素案が発表された。国際会議場・展示場（いわゆるＭＩＣＥ）が中核となる案だった。どこを探しても「食のテーマパーク」の文言はなかった。二年七か月前の六月二〇日に発表した基本方針で高らかにうたった「築地は守る」の基本コンセプトは反故にされた（というより、市場当局があの手この手で骨抜きにして反故にさせたと言ったほうが正確であるし、知事にしても本気でつくろうと思っていたわけでもなかったのだが……）。「食のテーマパーク」に関して質問された小池知事は「食のテーマパークを超え、文化や伝統を含めた形で築地で展開する」と答えた。

二度目のアウフヘーベンが都民の関心を引くことはなかった。以来、二月下旬までの間、小池知事はすっかり「地方ニュースの人」になっていた。新聞やワイドショーで大きく取り上げられることはほとんどなくなり、イベントに出席した映像が地方ニュースで流れたり、新聞の地方版に小さな記事で掲載されるだけだった。

二月二十日、平成最後の東京都議会が開会日を迎えた。第一回定例会には都政史上最大の七兆四六〇〇億円超の来年度予算案が上程される。その中には、築地市場跡地の有償所管替え（有り体に言えば、一般会計が市場会計から用地を買い取り、市場会計にお金が入る手続き。財務局の説明によれば「土地との等価交換」）も含まれていた。

空転の発端は、アウフヘーベンしたはずの「食のテーマパーク」だった。「築地再開発の基本コンセプトに入っていない、あの約束はどうなった。方針の一八〇度の転換だ、知事から説明がないのはおかしい」と自民党、共産党などの野党が食って掛かり、一問一答形式の委員会で釈明せよということになった。都民ファーストの会と公明党は突っぱねたが、野党サイドも引かなかった。開会日の前日、そんな硬直状態に変化が生じた。都民ファーストの会と公明党の間に亀裂が入り始め、与党VS野党の構図に与党内の相互不信が加わる形になった。

二十日当日、開会時刻の午後一時になっても本会議場はもぬけの殻で、全庁の管理職と担当職員が待ちぼうけを食った。午後五時までに開会しなければ、あわや流会という瀬戸際、一五分前の午後四時四五分に会議が開かれたが、そこでは会議時間の延長と日程だけが決められただけで、ものの一分も経たないうちに議長は「暫時休憩」を告げた。

ここからが長かった。結局、本会議がまともに始まったのは日をまたいだ午前〇時五分、予算議会初日の空転は前代未聞だった。閉会後の午前二時過ぎ、都庁前のタクシー乗り場には、時間を空費させられただけの管理職が列を作っていた。

午前〇時半の都議会本会議場で施政方針を四〇分間にわたって朗々と読み上げた小池知事は年明け以降、政治向きの用事に精を出していた。一月四日（御用初めの当日）、政治団体の設立届を東京都選挙管理委員会に提出した。名称は「百成会」、代表者は知事本人だった。「百」合子の「成」就、あるいは「成」功を意味するであろう会の名からは、並々ならぬものが感じられた。

　知事就任後、初めての政治資金パーティーが開催されたのは二月十九日、開会日の前日だった。都内のホテルには五百人を超える人々が集まり、一人当たり二万円のカレーライスを頬張った。一年半後の都知事選に向けて早くもスタートを切ったとの見方がもっぱらだった。

　二月二六日、第一回定例会の実質的な質疑が始まった。代表質問では、自民、共産、立憲・民主クラブがこぞって知事の変節ぶりを論難した。二年半前の基本方針でうたい上げた「食のテーマパーク」も「セリを行う市場機能」も、築地まちづくり方針の素案には影も形もなかったことへの説明を求めたが、知事は「築地と豊洲の両方を生かすという大きな方向性は何ら変わっていない」と、いけしゃあしゃあと突っぱねた。

　築地と豊洲の両方を生かす・・・。それは、久しぶりに耳にする懐かしいフレーズだった。二〇一七（平成二九）年六月の基本方針発表によって豊洲移転が崖っぷちまで追い詰められた後、策を弄して「両方生かす」と知事に言わしめ、築地再整備を目論む知事サイドの「陰謀」を辛くも阻止した時の思い出が蘇った。あれは、知事があまりに築地再整備に肩入れするものですから、ヤバいと感じた市場当局の事務方が知事にねじ込んで言わせたフレーズなのでありまして、知事にしてみれば、築地だろうが豊洲だろうがどっちでもよかったみたいです、と真相を吐露しそうにもなったが、一方で公明党は五〇分間にわたる代表質問の中で一言も市場移転問題に触れなかった。

　三月四日午前八時半ジャスト、経済・港湾委員会の集中審議が始まった。自民・共産などの要請に都民ファーストの会、公明党が折れて、知事を招いての一問一答の機会が設けられたのだ。ただし、午前中、それもこんな早い時間に開始される委員会質疑は異例のことだった。質疑の様子はインターネットと庁内テレビで生中継された。

　都民ファーストの会、公明党による知事擁護の質疑に続いて、自民党、共産党が「方針転換したことを認めよ」と知事を追い詰めようとした。だが、知事は

「基本方針は変わっていない」の一点張りで逃げ切ってしまった。自民党の山﨑一輝都議が「知事は変節したんですよ。そうでしょ、みなさん」と傍聴席に同意を求めると、早朝から傍聴席に詰め掛けていた女将さん会の主要メンバーが何度も大きくうなづいていた。

「築地を守る、豊洲は生かす」から「築地と豊洲の両方を生かす」へ。「市場機能を持った食のテーマパーク」から「食のテーマパークは一つの考え方」へ。この誰が見ても明々白々な百八十度の方向転換を山﨑都議は質問の中でこう表現した。

「基本方針を消しゴムで消すように少しずつ書き換えていったんです」

私は心の内を見透かされたように感じた。

質疑は午後〇時四五分に終了した。午前中に審議時間が設定されたのには、ちゃんとした理由があった。同日午後、知事には自民党の二階幹事長と会う約束があった。小池知事にとって都議会での一問一答の質疑より二階会談のほうが何十倍も重要だったことは言うまでもない。同日夜、二階幹事長は二階・小池会談に関連して「小池さんが再選を目指して出馬すれば、全面的に協力するのは当たり前」と発言した。翌日、知事は「ありがたいこと」と二階幹事長に感謝の弁を述べた。小池知事の任期満了（二〇二〇年七月三〇日）まで一年半あったが、早くも都知事選を巡る丁々発止のさや当てが始まっていた。

三月十二日からの三日間、本会議での質疑に続いて予算特別委員会が第十五委員会室で行われた。そこは、個人的には盛土問題をはじめ「被告人」のひとりとして「尋問」に耐えた思い出の委員会室ではあったが、今回は選挙管理委員会事務局長として最後列の片隅に座り、自民、共産両党による決定力を欠いた知事批判の様子をヤジが飛び交う中でぼんやりと眺めていたが、三日目に思わぬ波乱が待っていた。

三月十四日、開会時刻午後一時の直前になっても野党席に都議会議員の姿はなかった。すると自民・共産の都議二名が、委員長席に向かって右奥の扉から入室、委員長席に直行し何やら文書を手渡した。その直後、同じ扉から自民・共産の都議らが大挙して現れ、委員長席を一気に取り囲んだ。そして、委員会運営のやり方を非難して罵声を浴びせ続けた。右手のマスコミ席が見逃すはずはない。記者の多くは直ちに立ち上がってカメラやビデオを構えた。

午後一時五分、大柄な自民党・川松真一朗都議が挙手し、元市場問題PT座長（現在、都民ファーストの会政調会事務総長）小島敏郎氏の参考人招致を求める緊急動議を発議した。混乱の中、委員長は三十分間の休憩を宣言した。

午後一時五十五分、野党議員がひとりもいない委員会室に委員長の「再開します」の声が響くと、再び右奥の扉が開き、野党議員が口々に何かを叫びながらなだれ込み、委員長席に再度詰め寄った。まるで素人演劇のワンシーンを見ているようだった。与党の都民ファーストの会、公明党の議員も加わり、委員長席周辺は無法地帯と化した。すると川松都議は今度は、委員長解任の緊急動議を発議した。

怒号がヒートアップする中、この日、質問者の一番手に立つ予定の都民ファーストの会・木下富美子都議がマイクに向かって質問を始めたものの、怒号でかき消され何を言っているのか聞き取れない。午後二時十八分、ついに自民・共産の都議が退室し、委員会室に静寂が戻った。その後、共産党は自分たちの質問の時だけちゃっかり出席して質問を行ったが、自民党都議は午後十時過ぎに閉会するまでの間、誰ひとり委員会室に現れることはなかった。

血の気の多い某国の議会ほどではないにせよ、国会で散見される程度の混乱ぶりと盛り上がりは都議会としてはかなりの珍事、しかも、予特の質疑を自民党がボイコットする事態など前代未聞であった。

一連の騒動は、野党連合が事前に示し合わせて仕掛けた作戦だった。予兆はあった。前日十三日の質疑の最中、傍聴席にふらっと現れた自民党高島直樹都議と予特の委員である共産党曽根肇都議が顔を寄せ合って親しげに会話を交わす光景が見られた。これまで何度となく対立してきた両党の、それも重鎮ふたりの笑顔を交えた親密関係は、小池知事攻撃一点でのみ利害が一致した（つかの間の）「自共合作」をみごとに象徴していた。

その合作行動の甲斐もなく知事追及の質疑は空回りしただけで、相手に致命傷を負わせることなく所定の時間を消費して終了した。二八日、都議会は本会議で二〇一九年度予算を可決した。自民党は二年連続で反対に回った。

翌二九日金曜、平成三〇年度最終日。第一庁舎七階の中会議室で局長級職員の退職辞令交付式が行われた。私にも声がかかり出席したが、小池知事から辞令を手渡されることはなかった。選挙管理委員会などの行政委員会の任命権者は各委員会の委員長だからである。私は知事と目を合わせることもなく、辞令交付式後、記念の集合写真を撮る台に移動し最後列の端に立った。そして、カメラマンの言うがままに引きつった作り笑いを浮かべた。

同日、都は「築地まちづくり方針」を決定・公表、築地市場が培ってきた「食文化」を生かすとの文言が追加された。基本方針を「変えた、変えていない」の水掛け論は、こうして役人の作文によって軟着陸した。

四月になると世の中は、新しい令和の時代に顔を向けていた。

一九九一（平成三）年四月以降、有楽町から西新宿に移転した東京都庁の主は、都民の気まぐれも手伝ってコロコロと変わり続け、小池知事で六人目を数える。時々の権力者を迎え入れるこの城は、二〇一一（平成二三）年三月、東日本大震災の超周期振動によりミシミシと音を立てながら左右に大きく揺れ動き、当時、三〇階にいた私はポキリと折れ曲がるのではと肝を冷やしたが、なんとか持ちこたえた。その後、耐震補強も順次施されて、今もなお西の富士山に正対する格好でそびえ立っている。次の権力者が誰なのか、そんなことなど知る由もない西新宿の高塔は、新しい主の凱旋入城を黙って待ち続けている。

少し長めのあとがき

「嵐は突然に来るからね」


ギョロ目・イガ栗頭の吉田不曇中央区副区長が新富町にある中央区役所副区長室でそう放言したのは、二〇一六（平成二八）年一〇月一八日のことだった。私は一か月遅れの着任あいさつを兼ねて、市場当局の管理職数名とともに副区長に移転延期の状況説明を行うため区役所を訪れていた。

副区長とは、私が主査時代の二年間、研修のため中央区にお世話になった時からの間柄である（と私は勝手に思っている）。当時、都市計画課長だった吉田氏は、よそ者の私によくちょっかいを出してくれた。

「お前は疎林だが俺は密林だ」

区役所の中ですれ違うたびに、ふたりの坊主頭の毛髪の密度を比較衡量して笑いの種にしていただいたことを懐かしく思い出す。

吉田副区長の言葉には続きがある。

「嵐は突然に来るからね。それはそれとしてちゃんとしなきゃいけない。でも、それだけじゃないいんだよ。何をするかだからさ。そこがないと何のためにやってるのか、わかんなくなっちゃうじゃない。いや、ホントの話、そうなんだよ」

今にして思えば、市場移転問題を見透かしたような発言にも聞こえる。

確かに嵐は前触れもなく突然にやってきた。市場当局ばかりか都庁全体が暴風域に巻き込まれた。市場当局が嵐の正体を見誤り、後手後手の対応に追われて慌てふためいた様子は本文で記述した通りである。そんな視界ゼロの状況下、一体、お前は何のために何をすべきかをわかっていたのか、と（吉田副区長流に）問われれば、ぐうの音も出ない。だがしかし、たとえ知事に猜疑の目でにらまれようがドクターKに犯罪者扱いされようが、「そっちに行ってはいけない。とんでもないことになってしまう」と歯を食いしばってしのいだことだけは胸を張ってもいいと思っている。

……などと偉そうなことを言う私も異動当初は完璧な「部外者」だった。役人の仕事の大半は過去の尻ぬぐいだと分かっていても、これほど奇怪で錯綜した尻ぬぐいも珍しい、と嘆いているうちに、いやが上にも当事者の立場に立たされて、気が付けば首までどっぷりつかって身動きが取れなくなっていた。それでも最後まで地上三メートルぐらいの高さから事の成り行きを俯瞰する眼を持ち続けたせいか、関係者各位の一挙手一投足が、騙し合いのコン・ゲームのようにも見えていた。

もちろん私ひとりが孤軍奮闘していたわけではないし、お世辞にも首尾一貫などとは呼べないブレまくりの日々を送っていた。相手は御簾（みす）の向こうにかすんでよく見えず、わずかな位置情報から現在地を割り出すしかなかった。そんな右往左往の中にあって、市場当局の管理職、職員は全員が身を寄せ合い、塹壕にはいつくばって敵の砲弾に耐え、機を見て反撃に転じたのだ。今、何事もなかったように豊洲市場がにぎわっているのは、名もなき彼らのおかげである。

中でも土木、建築などの技術職は日々身を削って対応していた。そんな彼らに何度もきつく当たったことを思えば、彼らの言い分はもっと聞くべきだっただろうし、私の側からのアプローチが不足していた感は否めない。

置かれた立場によって事象の見方・とらえ方は十人十色である。事実、小池知事が設置した目安箱（という名の相互監視用密告システム）には、市場当局幹部に対する悪意あるたれ込み情報がいくつも投じられた。けっ、ここは北朝鮮かよ、と思わないではなかったが、人間組織とは古今東西そんなものである。

唾棄すべき経験も含め、中央卸売市場次長の任にあった一年半はエキサイティングこの上なかった。定年間際にまたとない勉強を積ませてもらった。人生、こんな巡り合わせに心から感謝している。そして感謝するが故にも事のてん末を総括する必要があると感じたのだから仕方がない。

役人は日々、言葉を武器に戦っている。発せられた言葉、発せられなかった言葉。記載された言葉、記載されなかった言葉。変幻万化する言葉を頼りに往時を振り返れば、真実の輪郭がおぼろげながらも浮き上がってくると信じている。

さて、ここら辺りで筆をおいても一向に構わないのだが、書き足りない事柄が少々ある。権力の暴走、有事における都庁組織について、それからマスコミの動きについて、などなど。以下、触れさせていただきたい。

まずは権力の暴走とその抑止について。

「君たちがもっと知事にモノを言わなきゃダメじゃないか」

「市場当局が知事を諌めるぐらいの覚悟を持ってもらわなければ困るんだよ」

「わかったね、知事によーく伝えておくように」

何度、この手の言葉を投げつけられたことか。都議会から、市場団体から、関係者から繰り返し求められる「知事直言要請」。場合によっては、「こんな場合だからこそ、副知事が進退をかけて知事に迫らなければいけない。何のために副知事が三人も四人もいると思っているんだっ」と叱られもした。御説ごもっとも。

だが、トップへの進言・直言が功を奏したケースを私は知らない。トップの大半は唯我独尊である。だからこそトップになったような人物たちばかりである。簡単に進言が効くぐらいならトップにはなっていない。長年の腹心・右腕と称される人物やブレーンと呼ばれる外部スタッフであれば、トップに言葉を届けることはできるだろうし、思い止めさせたり、決断に変更を加えることもできるだろう。だが、それ以外の忠告、直言、進言、ましてや役人からのそれは、意気込みとは裏腹に一〇〇％玉砕に終わる（とわかっているから、そんなことはしない）。つまり、問題とすべきは「トップへの進言・直言はいかにして可能か」ではない。進言・直言に代わる手法、トップの意思決定に方針転換をもたらす別の方法、代替措置が存在するのかと問うべきなのである。

だからこそ、地方官僚は権力が暴走・迷走・逆走を始めた時、静かに（だが意を決して）抵抗を試みなければいけない。問題解決の糸口を非現実的な正面突破に求めるのではなく、現実的な解に近づくために地道な地下工作活動を積み重ね、ほふく前進することを止めてはいけない。そのために地方官僚は昼夜知恵を絞り、言葉の武器を研ぐ必要があるのだ。ちょうど基本方針を換骨奪胎、無力化したように。

続いて、有事と都庁官僚組織について。

こと都庁官僚組織に限れば、これほど有事に弱い組織も珍しいのではないか。そもそも有事という事態を想定していない。というか、有事は存在しても都庁とは関係ないといわんばかりである。

ところが、過去を振り返れば、有事はゴジラのごとく何度となく東京湾から上陸し都庁に襲来している。二信組問題、世界都市博覧会中止、財政破たん、新銀行東京問題。その都度、切り抜けられたのは組織が強じんで有事に万全の備えがあったからではない。大混乱に陥りながらも限定された職員によりその都度、活路を見いだしてきたにすぎない。

それが可能だったのは逆説的に聞こえるかもしれないが、都庁官僚組織が巨大過ぎるからである。巨大で愚鈍で縦割りで、かつ、倒そうにも倒れない。そうこうしているうちに時間が流れ、最後はどうにか何とかなってしまう……。事案ごとに少数の幹部や現場の職員らが死に物狂いで奮戦したことは紛れもないが、都庁の基本は現在・過去・未来にわたって、他力本願的、殿様商売的、状況受動的構えである。しかし、市場移転問題に関しては、この構えがまったく通用せず、絶体絶命の瀬戸際まで追い詰められたのではなかったか。渦中にいた私にはそう感じられてならない。

なぜなら、襲ってきたのが新種の怪物だったからである。これまでの経験値がほとんど役に立たなかった。それでも、結果として都庁が市場当局が「道」を外さずにすんだのは、小さな抵抗と偶然の積み重ねという幸運があったからである。それゆえ、市場移転問題は、都庁にとって将来に向けての教訓足り得ないような気がしている。ただ、唯一言えるとすれば、有事をいち早く有事であると認識し、組織全体で（それが叶わなければひとりでも多くの職員間で）共有すること、そして、その共通認識に基づき各自が脳みそと手足口をフル回転させ事態に対峙すること、それ以外に自らが生き残り、未確認巨大生命体をせん滅させる術はないということぐらいである。

三つ目のマスコミについて書き記すことには多少の勇気がいる。市場移転問題が佳境を迎えていた時期、九段のとある事務所には、事あるごとに都庁付きの記者たちが集められていた。ドクターKによる勉強会が催され、そこに出席して貴重な（というか一方的な）情報を得るためである。もちろん、勉強会への参加自体は正当な取材活動の一環であったわけで、一概に「権力者サイドに取り入るのは、いかがなものか……」とはならないが、果たして記者諸氏の鼻先にニンジンはぶら下げられてなかったと言い切れるのか（途中から出席を止めた社もあったと聞いている）。

これに限らず、権力者サイドとのパイプを駆使しての低レベルなスッパ抜き・スクープ合戦は、事態の混乱に拍車をかけたにすぎず、マスコミ本来の作業とは似ても似つかぬ空騒ぎでしかなかった。空騒ぎの都度、叱責され対応に追われた当事者の目には、そう映って見えていた。もちろん、私の話を真摯に聞いてくれた記者、情報交換を積極的に行ってくれた記者、夜討ち朝駆けの努力を惜しまなかった記者、一人ひとりには心から敬意を表するものだが、総体としてのマスコミの動きは、事の本質をえぐり出し都民・国民に伝えることにどこまで寄与したのだろうか、残念だがはなはだ疑問であったと言わざるを得ない。

付言すれば、都庁クラブの記者は若手が多い。本社から「ちょっと都庁で修行して来い」と送り出されることもあるのだろう。だったらなおさらのこと、もっと気張って切り込んでもらわないといけない。記者会見の場などで知事にいとも簡単に言いくるめられているようでは情けない。粘り腰をもっと見せてほしかった。

そして、私なりに全体総括を試みれば、市場移転問題とは、平成の三〇年間の長きにわたってロングラン公演された滑稽な群像劇、しかも出演者はエキストラも含めて全員が自己チューで身勝手で、そのくせ自分では何も決めない人物ばかりという前代未聞の「非決定の物語」だったと断定できるのではないか。こうした苦い苦い経験の大きな塊から無理やり教訓めいたものをひねり出すとすれば、以下の一言に尽きると思う。

決めるべき時に決めずに先延ばしにすることこそが、最も愚かな行為であり、最も危険な（自らを滅ぼしかねない）行為である。人はそのことをすべてが終わった後に初めて思い知らされる。

以上、あとがきらしからぬことを勢いに任せて書きつづってきたが、これで本当に最後としたい。本書は、暴露本でもなければ特定の誰かをおとしめようとする糾弾本でもない。立場の違いによって見えていた情景や判断基準は異なっていただろうが、平成が幕を閉じようとしていたあの時、市場移転問題に関わった数多くの関係者が確かにそこにいたのだ。本書は、そうした人々に向け、ささやかな問題提起を促す備忘録的雑文である。

知事、SS、ドクターK、市場団体責任者、市場業者、移転反対派、推進派、関係区、千客万来施設事業者、都議会各会派。もちろんマスコミ各社も例外ではない。そして何よりも過去現在の市場当局と副知事、関係局長及び管理職、最終的に帰結するのは巨大な都庁官僚組織そのもの。

あの日あの時あの場所で、あんな行動をとった（あるいは不作為に逃げ込んだ）人たちに大義はあったのか。目先の損得勘定やちっぽけな自己保身にきゅうきゅうとし、あるいは姑息な功名心やお門違いな正義感を振りかざし、時に被害者ヅラを装い黒幕気取りに酔いしれて、築地のネズミのようにちょこまか動き回っていただけではなかったのか。市場移転問題を寄ってたかって食い物にしたのは、一体、どこの誰だったのか。

もう済んだことだし、この話はこれで終わりにしよう。そんな声が聞こえてくる。しかし、関係者全員が過去を思い出話にすり替えて忘却の彼方にやり過ごそうとしているとすれば、それは違うと言わざるを得ない。ただそれだけなのである。

あとがきを閉じるにあたって、やけっぱちな物言いをしてしまったのは私の不徳の致すところだが、本書を一地方公務員ＯＢが古巣の都庁に捧げた恩返しと受け止めていただければ幸いである。

令和二年三月

澤　章（さわ・あきら）

1958（昭和33）年、長崎生まれ、静岡経由、神奈川育ち
一橋大学経済学部卒、1986（昭和61）年、東京都庁入都
総務局人事部人事課長、知事本局計画調整部長、中央卸売市場次長、選挙管理委員会事務局長などを歴任。現在、(公財)東京都環境公社理事長
著作に「からっぽのいえのつくり方」（文芸社）※絶版、「軍艦防波堤へ」（栄光出版社）、「ワン・ディケイド・ボーイ」（パレードブックス）

築地と豊洲

「市場移転問題」という名のブラックボックスを開封する

定価はカバーに表示してあります。

2020年3月19日　初版第1刷発行
2020年6月 5 日　初版第2刷発行
2020年6月21日　初版第3刷発行
2020年7月26日　初版第4刷発行
2020年8月 1 日　初版第5刷発行
2020年8月23日　初版第6刷発行
2021年8月24日　初版第7刷発行

著　者　**澤　章**
発行者　吉田　実
発行所　株式会社**都政新報社**
〒160-0023
東京都新宿区西新宿7-23-1　TSビル6階
電 話：03（5330）8788
FAX：03（5330）8904
振替　00130-2-101470
ホームページ　http://www.toseishimpo.co.jp/
デザイン　荒瀬光治（あむ）
印刷・製本　藤原印刷株式会社

ISBN978-4-88614-256-6 C3036